Als Dankeschön für Ihre Hilfe in Nepal

Robert Rosenstatter · Peter Daniell Porsche

Die KUNST *zu* LEBEN

KULTURVERLAG POLZER

1. Auflage / November 2010
ISBN 978-3-902658-20-3
gedruckt in Österreich

KULTURVERLAG POLZER

Medieninhaber: Kulturverlag POLZER GmbH / www.polzer.net
Herausgeber: Robert Rosenstatter / www.bioart.at
Gestaltung: Michael Diess / www.mig.co.at
Bildbearbeitung: Alexandra Diess
Lektorat: Markus Deisenberger
Produktionsleitung: Bodo Polzer

Druck: Niederösterreichisches Pressehaus / www.np-druck.at

-gedruckt nach der Richtlinie »Druckerzeugnisse«
des Österreichischen Umweltzeichens, NP DRUCK, UW-Nr. 808

INHALT

Einleitung 07

0 Prolog

Robert Rosenstatter – **Seinen Platz finden** 10

1 Leben, Kunst & Kultur

Peter Daniell Porsche – **Wagnis Leben** 20
Georg Daxner – **Der Mut zu scheitern** 32
Peter Semperboni – **Das Wesen der Dinge** 46
Oskar-Peter Korber – **Aus der Not geboren** 54
Robert Costa – **Späte Berufung** 62
1000& – **Zwei Leben, eine Kunst** 68
Matthias Michael Beckmann – **Die Alchemie der Seele** 82

2 Soziales, Therapeutisches & Pädagogisches

Anton A. Bucher – **Die Wissenschaft vom Glück** 94
Gerhard W. Hacker – **Stress aus der Erde** 112
Astrid Walter – **Heilen durch Bewegung** 126
Ursula Demarmels – **Zurück zum Licht** 138

INHALT

3 Wirtschaft, Geld & Politik

Max Deml · **Macht Geld glücklich?** 148
Markus Pausch · **Der Streit ums gute Leben** 160
Erwin Thoma · **Das Leben, ein Traum** 172
Walter Trausner · **Rezept des Lebens** 180
Reinhold Barta · **Das Glück ist grenzenlos** 186

4 Abschied, Reisen & Ankommen

Theo Häni · **Wohin geht die Reise?** 194
Jutta Costa · **Der Weg ist das Ziel** 200
Gottfried Sandböck · **Die Reise ins Innere** 208
Roswitha M. Reisinger & Christian Brandstätter · **Gracias a la vida** 214

5 Aussicht, Umsicht, Einsicht

Katerina Jacob · **Brainstorming** 222
Peter Hecht · **Die Kunst zu sehen** 226
Josef Loimer · **Der perfekte Kreislauf** 234
Hermann Rosenstatter · **Kreativität à la carte** 240
Hermann Rosenstatter sen. · **Bereit zu verändern** 250

· **Epilog** 254
· **Bildnachweis** 256

Von der *Kunst* geprägt, vom *Genuss* getragen

Schon seit einigen Jahren ist die Idee, ein Buch über »die Kunst zu leben« umzusetzen, in meinen Gedanken. Aber wie bei vielen Dingen im Leben braucht alles seine richtige Zeit, oder besser gesagt den nötigen Anstoß. Darum freut es mich ganz besonders, dass ich *Daniell Porsche* kennenlernen durfte. Nach mehreren persönlichen Treffen und Gesprächen war er es, der mir diesen Anstoß gab. Daniell hat bereits mehrere Bücher herausgebracht und mit diesen Erfahrungen und seinen freundschaftlichen Kontakten zum Kulturverlag Polzer war das Fundament für unser gemeinsames Buchprojekt relativ schnell gelegt. Da wir »die Kunst zu leben« nicht nur aus einem Blickwinkel betrachten möchten, waren wir von der Idee, mehrere Persönlichkeiten als Mitautoren einzuladen, sofort begeistert.

BioArt »die Kunst zu Leben« steht für einen nachhaltigen Lebensstil und einen ethisch korrekten Umgang mit allen Beteiligten, ohne dabei auf Spaß und Freude zu verzichten.
Sie fragen sich jetzt bestimmt: »Geht das überhaupt?«

Viele Menschen haben bereits ein großes Wissen über »die Kunst zu leben« durch Seminare, Ausbildung, Ratschläge und verschlungene Bücher. Das alles nützt aber nur sehr wenig, wenn wir nicht anfangen, dieses Wissen zur Wirkung zu bringen, indem wir es *leben*. Ähnlich verhält es sich auch mit unseren guten Vorsätzen. Alleine es zu wollen und zu wissen ändert noch gar nichts. Erst die Tat, und ist sie auch noch so klein, bringt eine Veränderung.
Daher lautet unsere Devise: »Tu es jetzt!«

Sie halten ein von der Kunst geprägtes und von Genuss getragenes Buch in Händen. Es wird all unsere Sinne berühren und uns gemeinsam in eine neue Welt aufbrechen lassen, ohne unsere gelebten Traditionen zu vernachlässigen. Es wird uns durch den Einblick in die Gedanken und das Leben unserer 26 Mitautorinnen und -autoren inspirieren und Motivation geben, um »die Kunst zu leben« auch tatsächlich zu leben.

0 Prolog

Seinen Platz finden

Genuss ohne Verzicht? Ganzheitlich betrachtet kein Problem, meint *Robert Rosenstatter* und zeigt, was Bio mit (Land-)Wirtschaft und Öko mit Kunst & Kultur verbindet. Dass sich dadurch die Lebensqualität unseres Planeten verbessert, nimmt er dabei gerne in Kauf.

Wie wirkt sich das Zusammenspiel von bodenständiger Biolandwirtschaft mit moderner und kunstvoller Produktgestaltung auf unser Kaufverhalten aus, welche Möglichkeiten kann eine ganzheitliche Betrachtungsweise von Wirtschaft, Biolandwirtschaft, Öko-Tourismus und Kultur bieten? *Robert Rosenstatter* nimmt uns mit auf eine Reise, die uns einen Einblick in eine *bessere* Welt gewährt, und zeigt uns Wege auf, die wir ohne großen Verzicht bestreiten und trotzdem das eine oder andere zur Verbesserung unseres Planeten beitragen können.

Keine Angst! Wie in unserer täglichen Arbeit auch, möchten wir uns auch hier nur auf das konzentrieren, was wir auch wirklich in die Tat umsetzen können. Wir sind keine Fundamentalisten, wissen aber um die nachhaltige Wirkung biologischer Landwirtschaft. Wir sind keine Idealisten, haben aber unser Ideal für die Entwicklung von BioArt-Genussprodukten gefunden. Unser Bestreben ist es, Verbesserungsansätze in der Einfachheit zu finden, die von jedem von uns umsetzbar sind. Einmal ehrlich, wollen wir nicht alle Meister sein und »die Kunst zu leben« dementsprechend in die Tat umsetzen? Genau hier fängt es für mich an, spannend zu werden. Aus meiner Erfahrung als Vater von vier Kindern und meinen bisherigen praktischen Erkenntnissen als *in Verkehrbringer* von Biospezialitäten weiß ich, dass man mit *»Du sollst«* oder *»Du musst, damit dies und jenes …«* nicht wirklich weiter kommt. Irgendwie habe ich das Gefühl, dass der Mensch als kleiner Egoist auf die Welt kommt und seinen Platz im Leben erst finden muss. Was ich damit sagen möchte ist, dass wir mit sozialen Slogans wie *»Bitte lieber Kunde kaufe dieses Produkt, damit unsere heimischen Bauern leichter über die Runden kommen oder damit die Menschen in der so genannten Dritten Welt nicht verhungern müssen«* alleine keine positive Kaufentscheidung herbeiführen können. Wenn wir jedoch den *Eigennutzen* des einzelnen Konsumenten in den Vordergrund stellen und zusätzlich dazu unsere Lebensmittel mit den oben genannten Komponenten aufladen können, schaffen wir eine weltumspannende Win-Win-Situation. Was halten Sie davon?

»Die Kunst zu leben« bedeutet für uns anspruchsvolle Genießer, die das Besondere suchen, gleichzeitig für unsere heimischen Landwirte und unsere Partner in den Ländern des Südens zu sorgen, damit sie für ihre Rohstoffe einen lebensgerechten und fairen Preis bekommen. Sie merken schon jetzt, welches Potenzial in diesen Bereichen steckt. Auf unserer Reise werde ich Ihnen Menschen vorstellen, von denen jeder für sich eine eigene Sichtweise für »die Kunst zu leben« gefunden hat – Sichtweisen von Menschen, wie sie unterschiedlicher nicht sein könnten – Künstler, Wissenschaftler, Biobauern, Anthroposophen, Biospitzenköche, Banker, um nur einige zu nennen.

Was mich betrifft, so betrachten Sie mich als jemanden, der die Chance bekommen hat, einzigartige Menschen und einzigartige Genussprodukte unter dem Dach »Die Kunst zu leben« zu vereinen, und als jemanden, der bereits sehr früh die Erfahrung machen durfte, dass im Leben das Sein wichtiger ist als das Haben. Lassen Sie mich Ihr Begleiter auf dieser vor Ihnen liegenden Genuss-Reise sein und entdecken Sie mit mir die Vielseitigkeit der vier Bereiche, wenn Sie so möchten, nach BioArt.

Die Kunst zu leben

Wenn man »die Kunst zu leben« so verstehen möchte, dass es sich dabei um einen ausgelassenen Lebenswandel handelt, der obendrein noch auf Kosten anderer geht, hat man den Titel dieses Gemeinschaftswerkes falsch verstanden. Meinen Mitautoren und mir geht es in diesem Buch vor allem darum, einen Kontext zwischen Nachhaltigkeit und Kunst herzustellen oder zumindest den Versuch zu wagen. Natürlich geht es dabei um einen neuen Lebensstil voller Energie und einem inneren Gefühl des Gleichgewichts ohne Verzicht (wie bereits erwähnt) auf Spaß und Freude. Und es geht weniger um ein Niederschreiben von weisen Sprüchen und Zitaten, sondern darum, anhand von gelebten biografischen Sichtweisen verschiedener Persönlichkeiten einen Weg aufzuzeigen, der bereits erfolgreich beschritten wurde. Und zwar von Menschen, von denen ich das Gefühl habe, dass sie ihre Lebensbalance bereits gefunden haben; die sogenannte innere Ruhe durch Gleichgewicht und nicht durch das Einstellen von Aktivitäten. Sie werden vom Tatendrang der einzelnen Mitautoren beeindruckt sein. Obwohl die folgenden Beiträge aus verschiedenen Bereichen kommen, geht es letztlich doch immer um »die Kunst zu leben«.

Um Ihnen eine bessere Übersicht zu verschaffen, haben wir das Buch in fünf Kapitel gegliedert:

- Leben, Kunst & Kultur
- Soziales, Therapeutisches & Pädagogisches
- Geld, Wirtschaft & Politik
- Abschied, Reisen & Ankommen
- Aussicht, Umsicht, Einsicht

Es erfüllt mich persönlich mit großer Freude und Stolz, dass ich derjenige sein darf, der mit Unterstützung von *Daniell Porsche* die Möglichkeit bekommen hat, so charismatische, intelligente und talentierte Menschen in diesem Buch zu vereinen.

Als ich als gelernter Koch und Kunsttischler die Möglichkeit bekam, 1996 die Geschäftsführung der Firma Bauernkörberl zu übernehmen, waren mir die Dimensionen der Lebensmittelbranche nicht bewusst. Dennoch wohnte den Bemühungen, bäuerliche Qualitätsprodukte zu vermarkten, von Anbeginn an ein gewisser Zauber inne. Mit vollem Elan und einer inneren Überzeugung, die eigentlich schon arrogant wirken musste, ging ich ans Werk. Mir wurde erst einige Jahre später bewusst, wie lächerlich ich teilweise auf andere gewirkt haben muss, die mit diesem Thema schon länger beschäftigt waren. Nach und nach stellte sich heraus, dass der eingeschlagene Weg kein leichter war, ganz im Gegenteil. Wahrscheinlich hätte eine Vielzahl von Leuten in meiner Situation das Handtuch geworfen und sich etwas anderem zugewandt. So hörte ich nicht nur einmal »*Warum tust du dir das eigentlich an?*«. Aufzugeben kam mir jedoch nicht in den Sinn. Das ginge gegen mein Naturell, das hatte ich auch von meinen Eltern und meinem Lehrmeister zum Kunsttischler anders gelernt. Wenn mich ein Satz besonders prägte, dann war es dieser: »*Geht ned – gibt's ned*«. Mit diesen Worten im Rücken ging ich umso verbissener ans Werk und übersah beinahe alles um mich herum. Hätte ich nicht in meiner Frau einen Menschen gefunden, der ähnlich gestrickt ist, stünde ich jetzt wahrscheinlich ohne Familie da.

Das Ziel, hochwertige heimische Spezialitäten zu vermarkten, war nach wie vor fest im Fokus, nur der Weg an sich war noch nicht griffig genug. Auf der Suche nach diesem wurde auch ein großer Teil an finanziellen Mitteln verbraucht. Und nachdem die persönlichen Haftungen ihren Anschlag gefunden hatten, gab es immer wieder sogenannte Krisensitzungen in der Familie. Mich erfüllte es mit tiefster Ehrfurcht, wie in diesen Zeiten meine Eltern und Brüder und insbesondere meine Frau und meine Schwiegermutter hinter mir und dem Aufbau einer professionellen Biovermarktungs-

struktur standen. In diesen Phasen lernte auch ich ein ganz eigenes Bild von der »Kunst zu leben« kennen. Durch unser vielseitiges Engagement und permanentes *Tun* hat sich dann schließlich eine ordentliche Unternehmensstruktur heraus entwickelt. Mehrere Schlüsselerlebnisse bestärkten uns, den eingeschlagenen Bioweg weiter zu gehen. Nach diesem mühevollen Aufbau waren wir nun der bedeutendste regionale Bioverteiler in Salzburg. Mehrere Projekte wurden verwirklicht und weitere Vertriebsschienen entstanden. Aber eines berührte mich nach wie vor sehr und zwar das negative Vorurteil gegenüber Bioprodukten. Für mich sind Bioprodukte das hochwertigste, das wir in unserer Lebensmittelproduktion hervorbringen, einzig die Vermarktung war mehr durch Lendenschurz und Jesussandalen geprägt als durch ein modernes und *stylishes* Erscheinungsbild.

Bitte nicht falsch verstehen, ohne diese idealistische Aufbauarbeit hätte Bio nicht den Stellenwert, den es heute hat. Aber eines ist auch klar: Ohne einer modernen und frischeren Aufmachung der Bioprodukte würde sich eine neue Konsumentengeneration nicht angesprochen fühlen. Dies war die geistige Geburtsstunde von **BioArt »die Kunst zu Leben«** – eine moderne, fast schon künstlerische Bio+Faire-Genusslinie. BioArt hat mich persönlich auch sehr stark mit dem Thema *Loslassen* konfrontiert, indem ich nach hinten schieben musste, was mich in den letzten Jahren so sehr eingenommen hatte. Das war nicht einfach, doch weniger Gepäck bedeutet auch mehr Energie. Jetzt verstehe ich auch all jene, die jahrzehntelang etwas aufgebaut haben und sich dann irgendwann mit dem Thema Unternehmensübergabe oder dergleichen auseinandersetzen müssen, viel besser. Bei mir hat schon der Gedanke daran, von einem bisherigen Weg etwas abzuweichen und loszulassen, den nötigen Platz für etwas Neues geschaffen.

Damit meine ich nicht nur unsere neue Lebensmittelmarke BioArt, sondern auch unsere Vermarktungsaktivitäten in einer neuen Gesellschaftsform der BioArt AG fortzuführen. Frei nach dem Prinzip »*Was einer nicht vermag, schaffen viele*«. Es ist schon sehr beeindruckend mitzuerleben, welche Kraft entstehen kann, wenn mehrere Gleichgesinnte an einem Strang ziehen und so ein klares Ziel verfolgen. Unsere BioArt AG möchte in den nächsten Jahren zu einem *Zentrum der Nachhaltigkeit* werden und somit den Beweis antreten, dass ein verantwortungsvoller Umgang mit uns Menschen und unserer Umwelt auch mit wirtschaftlichem Erfolg vereinbar ist. Für mich gibt es nichts Schöneres, als Tag für Tag einem großen Ganzen zu dienen, indem ich alle Kreativität und Innovationskraft in die Entwicklung und Vermarktung von ethisch korrekten biologischen Genussprodukten stecke.

Da wären wir wieder bei der »Kunst zu leben«:
Jeder sollte das machen dürfen, für das er auch selber steht. Ich habe mir angewöhnt, Menschen in meinem Umfeld in dem zu bestärken, was ihr innerlichstes Streben ist. Wie oft sehnen wir uns doch nach jemandem, der zur richtigen Zeit zu einem sagt: »*Du schaffst es*« – aber leider hören wir allzuoft das genaue Gegenteil. Freilich ist es nicht immer einfach, mit gutem Beispiel voranzugehen und als Ermunterer und Ansporner aufzutreten. Doch eines sei Ihnen garantiert: Auch Ihr Leben wird dadurch beglückender, ist doch mittlerweile wissenschaftlich erwiesen, dass der Mensch am glücklichsten ist, wenn er helfen kann. Große Freude würde mir eine Entwicklung der Gesellschaft weg von einer Neidkultur hin zu einer Anerkennungskultur bereiten. So wie ich nach längerer Zeit zu meinem Lebenssinn gefunden habe, haben auch unsere Mitautoren ihre Berufung gefunden. »Die Kunst zu leben« ist ein derartig tiefgründiges Thema, vielleicht sogar das tiefgründigste überhaupt, und es hat viele Gesichter. Wenn wir es einmal auf die Menschen beschränken, meine ich sogar, dass »die Kunst zu leben« so viele Gesichter wie Einwohner auf der Erde hat.

Wir möchten Ihnen mit diesem Buch einen kleinen Einblick in diese Vielseitigkeit geben. Einerseits mit einer Sammlung an biografischen Sichtweisen und zum anderen mit psychologischen wissenschaftlichen Betrachtungen. Da es noch viele weitere interessante Menschen und Projekte aus dem Umfeld der Nachhaltigkeit gibt, soll es nicht bei diesem ersten Buch bleiben. Sollte Ihnen beim Durchblättern der folgenden Seiten jemand in den Sinn kommen, der auf ähnlichen Gebieten wie unsere Mitautoren engagiert ist, freuen wir uns über einen Kontakt. Mit Themen, die uns auf dem Weg zum Nachhaltigkeitsleader begleiten und die uns helfen können, unsere wahren Werte zu finden. Die einzelnen Beiträge spiegeln die Auffassung und Meinungen der Mitautoren wider und wurden von uns ohne Zensur übernommen. Offen treten wir den verschiedenen Sichtweisen gegenüber und sind überzeugt, dass dieses erste Gemeinschaftswerk bereits ein kostbares und spannendes Instrument für ein nachhaltiges Leben darstellt.

Mein Dank gilt allen Autoren, die sich bereit erklärt haben, uns einen Einblick in ihr Leben und Schaffen zu geben. Ein Gemeinschaftswerk wie dieses braucht auch einen flexiblen und ambitionierten Verlag. Ein besonderer Dank gilt hier *Bodo Polzer* vom Kulturverlag Polzer aus Salzburg.

Um verschiedene Handschriften in einem Buch zu vereinen, bedarf es eines feinfühligen Lektorats – besten Dank an *Markus Deisenberger*.

Michael Diess beherrscht »die Kunst zu gestalten« – Gratulation und Dank zugleich für dieses kleine Kunstwerk.

Viele Ideen schlummern vor sich hin und brauchen nur noch einen kleinen Anstoß. *Daniell Porsche* war derjenige, der diesen Anstoß gab und mit seiner Unterstützung diesem Buchprojekt zur Umsetzung verhalf. Herzlichen Dank dafür und für die vielen wertvollen Anregungen.

Für jedes verkaufte Buch geht ein Betrag von € 5,– an die *Paracelsus*-Schule Salzburg (Bildungsstätte für seelenpflege-bedürftige Kinder und Jugendliche) in St. Jakob am Turn.

Viel Vergnügen mit der »Kunst zu leben«!

Robert Rosenstatter

* 1972 in Salzburg. Gelernter Kunsttischler (Möbelwerkstätte *Robert Costa*) und Koch (Bio-Hotel Schiessentobel). Seit 1996 engagiert in der Biovermarktung. Obmann vom »Bio Paradies Salzburger Land« und Vorstand der BioArt AG. Er ist Vater von vier Kindern und lebt mit seiner Familie in Seeham. Sein Lebensmotto: *Tu's jetzt! – Was wir heute tun entscheidet, wie die Welt morgen aussieht.* ▹ *www.bioart.at*

Peter Daniell Porsche ~ Wagnis Leben 20
Georg Daxner ~ Der Mut zu scheitern 32
Peter Semperboni ~ Das Wesen der Dinge 46
Oskar-Peter Korber ~ Aus der Not geboren 54
Robert Costa ~ Späte Berufung 62
1000& ~ Zwei Leben, eine Kunst 68
Matthias Michael Beckmann ~ Die Alchemie der Seele 82

1 Leben, Kunst & Kultur

Wagnis Leben

Jede Entscheidung ist ein Wagnis und daher Kunst. Fehler führen – entsprechend wahrgenommen – zu ständigem Fortschritt, zu ewiger Entwicklung, sagt *Peter Daniell Porsche*. Nur so lernt man mit sich und der Welt immer besser, immer reiner, immer selbstloser umzugehen, den Anforderungen des täglichen Lebens gerechter zu werden und sich selber dabei nicht zu verlieren.

Das moderne Leben gleicht einer Gratwanderung. Nur selten befinden wir uns in jenem ausgewogenen Urzustand, in dem Körper, Seele und Geist gleichermaßen gesund sind. Und dennoch sind wir freie Lebewesen, die denken und handeln können, schlicht Menschen. Und Menschen machen Fehler. Dass Fehler aber nichts sind, vor dem man sich fürchten muss – nein, ganz im Gegenteil, dass genau sie es sind, die zu ständigem Fortschritt, zu ewiger *Entwickelung* führen, zeigt *Peter Daniell Porsche* in seinem Beitrag. Sich und sein Handeln immer und immer wieder in Frage zu stellen und dabei den Humor nicht zu vergessen, sich unaufhörlich weiter zu entwickeln und dabei niemals aufzugeben, lautet seine Devise.

Die Kunst zu leben …, Das Leben (hin) zur Kunst, Das Leben ist Kunst, oder Die Kunst ist Leben … und noch viele Varianten wären zu denken und alle gehören sie zusammen, so unterschiedlich sie auf den ersten Blick auch scheinen mögen!

Die Kunst zu leben … – ein Spektrum, das nicht einfach so in ein Buch zu binden ist – jeder Mensch hat hierzu seine eigenen Erfahrungen und Vorstellungen, seine eigenen Ansichten und *Er-leb-nisse*. Also möge das Thema dieses Buches einerseits sehr umfassend und andererseits die vorliegende Form auch *nur* ein Abriss aus einer unendlichen Weite an Möglichkeiten – ein Anstoß zum Ergänzen für jedermann werden.

Die Kunst zu leben … … wahrlich ist es eine Kunst! Eine Kunst sich in den verschiedensten Gegebenheiten im alltäglichen Leben zurechtzufinden, den entstehenden Forderungen gerecht zu werden und sich selber dabei nicht zu verlieren. Für mich ist das Leben immer wieder wie eine Gratwanderung mit ungewissem Ausgang, aber eben genau deshalb ist es Kunst, ist es spannend und lebenswert. Nichts ist wirklich vorbestimmbar, aber in allen Momenten des Lebens habe ich die Möglichkeit, mich auf eigene Weise, so wie ich es will oder eben aus der Situation heraus für richtig erachte – auch wenn dieses so manches mal sehr beschränkt ist – dazuzustellen, mich aktiv einzubringen. *Ich* bin ein freies Lebewesen, ein Lebewesen, das denken und handeln kann – *ich* bin Mensch! Als Mensch umgeben mich viele Bereiche hier auf dieser Welt und um diese herum, und ich kann versuchen, sie zusammenzufassen in: Das Mineralreich, das Pflanzenreich, das Tierreich und das Reich der Menschen. In all diesen Bereichen bin ich zu Hause und aus all diesen Bereichen bin ich gebildet – in all diesen Bereichen stehe ich!

Das Mineralreich ist fest und man möchte sagen wie leblos. Alle Veränderung entsteht durch Einfluss von außen. Es bildet feste und ewige Strukturen, Kristalle, geometrische Gestalten nach regelmäßigen Gesetzen. Kein lebendiges Wachstum ist vorhanden, ausschließlich Substanzaufbau … SUBSTANZ und MATERIE!

Das Pflanzenreich ist lebendig, trägt Wachstum und Substanzen des Mineralreiches in sich. Freiheit, Wiederholung im Ähnlichen, nie im Selben. Pflanzen sind in den meisten Fällen in sich beweglich, aber als Ganzes gesehen dennoch ortsgebunden, nur ihr Duft und ihre Samen nicht. Wachstum und Fortpflanzung, Kommen und Gehen, sanfte Entwicklung sind jenem Reich eigen … WACHSTUM und FORMERHALT!

Das Tierreich hebt sich deutlich von den beiden zuvor genannten Reichen ab. Wenngleich die physischen Körper der Tiere aus den Grundsubstanzen des Mineralreiches aufgebaut sind und durch die im Pflanzenreich hervorgehobenen Wachstums- und Bildekräfte geformt werden, sind dem Tier zusätzlich freie Beweglichkeit und Gefühlstrieb gegeben
… BEWEGUNG und GEFÜHL!

Das Menschenreich umschließt alle Bereiche in sich selbst. Substanz und Materie aus dem Mineralreich bauen unseren physischen Leib auf, erhalten ihn, machen ihn angreifbar, ertastbar, fügen ihm seine *Bau-substanz* bei. Wachstum und Formerhalt aus dem Pflanzenreich bilden die mineralischen und festen Stoffe in körpereigene Stoffe und Substanzen um, schaffen unsere eigene Körpergestalt, erhalten diese, geben uns das Leben auf stofflicher Ebene – erst nach unserem Tode zerfallen diese physischen Stoffe dann wieder in sich und folgen ihren eigenen und mineralisch-stofflichen Gesetzen. Bewegung *(Freiheit)* und Gefühle (Emotionen), Triebe (Laster) … all dies haben wir mit dem Tierreich gemein, können es aber durch unser Denken verwandeln und beeinflussen, müssen nicht wie die Tiere unabdingbar den Trieben folgen.

Eben das freie Denken und das ICH-Bewusstsein sind es, die sich in aller Bescheidenheit und Verantwortlichkeit erheben über all jene zuvor geschilderten Bereiche. Durch die eigene Willenskraft ist der Mensch in der Lage nicht nur *sein* Umfeld wahrzunehmen, sondern auch mit Verstand auf alles von außen Auftretende zu *re-agieren*. Meine Handlungen kann ich selber bestimmen, kann sie beeinflussen und steuern, kann Physisches, Untersinnliches und Übersinnliches mit einfließen lassen und habe die Verantwortung als Mensch aus wahrer tiefer und innerer Einsicht und religiöser Haltung heraus Handlungen zu setzen, die dem Fortbestand der Erde und aller ihrer Lebewesen, welche dem Fortbestand der untersinnlichen und übersinnlichen Welten dienlich sind, zu tätigen … ICH-PERSÖNLICHKEIT und FREIES DENKEN!

Auf unserer Erde begleiten mich als Mensch drei Bereiche: Wirtschaft und Wissenschaft; Kunst und Kultur; Soziales, Therapeutisches und Pädagogisches. Hieraus ergeben sich die drei Grundsäulen des Lebens, in die man sich mehr oder weniger ausgeglichen einzugliedern imstande fühlt. Diese sind – mit religiöser Haltung verbunden – der Urquell … der Kunst zu leben! Um als Mensch in all seinen Gefügen wahrhaft gesundend und für die Zukunft fruchtbringend wirken zu können, bedarf es auch eigener Gesundheit.

So stehen wir als Menschen stets zwischen den beiden Gegensätzen der Krankheit: der Verhärtung (Sklerose) und der Auflösung (Entzündung). Fast alle Erkrankungen sind zu starke Tendenzen in die eine, oder aber auch in die andere Richtung. Es ist eben die Kunst zu leben, für sich selbst den richtigen Ausgleich zu finden. Die leicht bewegte Mitte ist also Gesundheit!

Die Kunst zu leben … bedeutet daher auch auf einen gesunden Körper, eine gesunde Seele und einen gesunden Geist zu achten, aber nicht wie vielleicht gewohnt aus reinem Eigenegoismus heraus – nur für sich selbst – aus Lebenssucht, Eitelkeit, oder Machtgier, sondern um für das gesamte Ganze dienend, einen Beitrag als ursprünglich geistiges Wesen leisten zu können.

Die Kunst zu leben … entspringt für mich aus dieser hier in Kürze nur völlig unvollständig und abrisshaft gegebenen Teildarstellung der Anthroposophie *Dr. Rudolf Steiners* und wird sich auch Tag um Tag meines Lebens für mich und mein Umfeld ergänzen. Es ist dies aber dennoch für mich die

Grundlage dafür, sich bei allen seinen Handlungen immer und immer wieder die Frage zu stellen, nach welchen Gesichtspunkten man entscheidet und welche in die Zukunft hineinragenden Veränderungen und *Entwickelungen* bei sich selbst und in seinem Umfeld man dann vielleicht dadurch auch fördert – oder hemmt. Jede Entscheidung ist Kunst, jede Entscheidung, jede Tat, welche in die Zukunft hineinwirkt und deren Ausgang man nicht wirklich von Anfang an ersehen kann, also jede Entscheidung ist – wenn man so möchte – auch ein Stück Wagnis mit ungewissem Ausgang!

Die Kunst zu leben … beinhaltet also auch eine geraume Größe an Verantwortung für sich selbst und die Welt. Verantwortung, die sich mit ihren daraus resultierenden Folgen und Ergebnissen nicht nur für, sondern auch gegen mich – gegen sich – richten kann. All meine Taten tragen einen bleibenden Zusammenhang mit mir; im Guten wie auch im Schlechten. Das stete Streben mit sich und der Welt immer besser, immer reiner, immer selbstloser umzugehen, ist Leitsatz meines Lebens. Scheitern ist dabei unabdingbar! Fehler führen – entsprechend wahrgenommen – zu ständigem Fortschritt, zu ewiger *Entwickelung*!

Die Schöpfung

Es war einmal vor langer, langer Zeit
In einem fernen, weiten Dämmerland,
Noch war der Urstrom nicht von Menschenhand.

Planeten und Gestirne trüb und weit
Orakel schrieben ihren Werdegang
Raum, Welt und All in dunklem Widerschein
Sphären von Licht wirkten bedächtig ein
Cyklone wirbelten dem Meer entlang –
Heere von lichten Wesen schwebten zart
Entlang dem Zwischenreich von Stoff und Geist.

Genährt von Leben, das den Urstrom speist
Es sei der Anbeginn von Lebensart
Hebt sich ganz leicht in morgendliches Blau
Tagein, tagaus ein Sonnenball empor.

Auf Äcker, Wasser, scheint er und auf Moor
Und trägt so seine Lebenskraft zur Schau
Für jene Zeit erschaffen war der Stein –

Reicht dieser nicht allein, um Mensch zu werden
Erschaffen: Pflanzen, Tiere, hier auf Erden –
In diese Welt gab ES des Menschen Sein;
So wirkte alles Leben immerfort –
Ein Wachstum, Streben, Sterben, Ort um Ort …
Noch wirkt es weiter! Stetig? Immerzu …?

(Aus: *Peter Daniell Porsche* »Ein PORSCHE geht auf Reisen«)

Der Scheinwerfer

In Transsylvanien steht wohlbekannt
die Burg des Grafen Dracula genannt
doch weil der gnädige Herr von uns geschieden,
und jeder Mensch den Ort bislang gemieden,
nahm sich Fritz Egon, schon ein wenig älter,
und was den Jugendstil betrifft, entstellter,
ein Herz und zog alleine und beglückt
vom schlechten Ruf des Ortes ganz entzückt,
in völliger Seelenruhe friedlich ein,
um dieser Festung neuer Herr zu sein.

Und weil Fritz Egon neuerdings schnarcht und dann
ihn nachts niemand und nichts erwecken kann,
erlebt er wenig von dem regen Treiben
das andere des Nachts von hier beschreiben!
Gut ausgeschlafen nützt er jede Stunde
zu suchen in der Festung Untergrunde
und manchem heimlichen Gemäuer hier
so manchen Schatz und manch geheime Tür!

Erst kürzlich fand er drüben tief im Brunnen
papierenes Geld von unschätzbaren Summen
ein wenig aufgeweicht, doch gut und griffig,
da dachte unser Fritz gewitzt und pfiffig,
es wäre doch zu schade, wenn dies Geld
nicht weiter wirken könnte auf der Welt;
so viele Menschen leiden bittere Not
und viele Arme sterben ohne Brot.

Darum erfand er eine neue Tugend,
und diese wiederum verschuf ihm Jugend
als Scheinwerfer so jeden dritten Mond,
doch nicht des Nachts, sondern des Tags besonnt,
neunhundertneunundneunzig Dracula-Kohlen
ein wenig witzig und dann auch verstohlen,
ein wenig lächelnd in das Volk zu werfen,
um so die Armut weithin zu entschärfen.

Dies macht er nun schon über hundert Jahre,
doch dieses Dracula-Geld, das wirklich Bare
vermehrt sich Nachts auf unheimliche Weise
und wie Fritz Egon scheint, fein, still und leise –
da fragt man sich als junger kluger Mann,
nicht nur, wie lang dies Egon machen kann,
sondern natürlich auch, warum noch immer
man hier von Armut spricht, mir scheint, noch schlimmer
am Ende hält das Geld aus dieser Sicht,
nicht einmal halb so viel, als es uns stets verspricht.
Vielleicht war dies der Grund, warum vor Jahren
Graf Dracula beschämt ins Totenreich gefahren?!

(Aus: *Peter Daniell Porsche* »Der Wegweiser«)

Die Kunst zu leben … will aber nicht heißen, auf die kleinen und großen Freuden des Lebens gänzlich zu verzichten, nur noch verbittert zu streben und unfroh, verhärmt und vergrämt durchs Leben zu gehen, sondern sich selbst seine eigenen Schranken, seine eigenen Vorgaben im Laufe des Lebens aus Überzeugung und vor allem aus freiem Willen und Entschluss zu setzen. Dabei jedoch darf der wahre Humor niemals fehlen!

Die Kunst zu leben … soll auch bedeuten, Maß zu halten mit allen Dingen. Nicht über- und nicht untertreiben, sich den Gegebenheiten nach seinem eigenen Ermessen im Sinne der Sache anzupassen.

Die Kunst zu leben … erlaubt es mir selbstverständlich meine freie Meinung zu äußern und berechtigte Kritik wie auch Lob bei meinen Mitmenschen anzubringen. Nur soviel Kritikpunkte aber wie auch Lobespunkte von mir zu geben, ist nicht immer leicht, aber mehr als erstrebenswert.

Die Kunst zu leben … bedeutet für mich auch ein Satz von *Dr. Rudolf Steiner*, der da lautet: »*Denn es müssen in Zukunftszeiten die Menschen füreinander sein und nicht der eine durch den anderen. So wird das Weltenziel erreicht, wenn jeder in sich selber ruht und jeder jedem gibt, was keiner fordern will!*« Möge uns dieses Streben immer mehr und mehr gelingen.

Die Kunst zu leben … will für mich auch bedeuten, sich immer weiter zu entwickeln, nie aufzugeben, sich auch zu verändern, neue Wege einzuschlagen, Dinge untereinander und miteinander zu verbinden, um daraus neue Kräfte und Möglichkeiten zu schöpfen und auch in aussichtslosen Lagen weiterzutragen, was man sich vorgenommen hat. Auch wenn es nicht gelingt, auch wenn man zweifelt – verzweifelt, auch wenn man versagt – es kommt auf die innere Haltung an.

Auf der Suche

Es geht ein Mensch in der Ferne,
das Eis zerbricht –
Er ist auf dem Wege nach Wärme,
doch findet nicht.

Er sucht auf dem Weg das Leben,
und fehlt es bald –
Er will seinen Geist erheben,
in Sturmgewalt.

Er wehrt sich des Eises, des Todes,
und wankte schon –
Er sucht in der Ferne Sohn Gottes,
und fand nur Hohn.

Er stürzte zusammen und flehte,
um Gnade nicht –
Er starb in dem Eis, im Gebete,
und fand das Licht.

(Aus: *Peter Daniell Porsche* »Todesgold«)

Peter Daniell Porsche

* 1973 in Stuttgart; zwei Jahre später übersiedelte die Familie nach Salzburg. Dort besuchte Daniell Porsche den soeben gegründeten Waldorfkindergarten und im Anschluss dann auch die *Rudolf-Steiner*-Schule Salzburg für 12 Jahre bis zum dortigen Abschluss. Nach dem Abitur an der *Rudolf-Steiner*-Schule Uhlandshöhe in Stuttgart studierte er Waldorfpädagogik in Dornach (Schweiz) und Anthroposophische Musiktherapie in Berlin. *Peter Daniell Porsche* ist in vielen verschiedenen Bereichen des wirtschaftlichen, künstlerischen und sozialen Geschehens tätig und derzeit Obmann des Vereines der *Paracelsus*-Schule Salzburg (Bildungsstätte für seelenpflegebedürftige Kinder und Jugendliche). Er ist verheiratet und Vater dreier Kinder.

▷ *www.kunstschrift.at / www.kulturzentrum-stjakob.at*

Der Mut zu scheitern

Alles liegen und stehen lassen und sich einem Zirkus anschließen ... Was jedem von uns schon einmal durch den Kopf ging, hat *Georg Daxner* in die Tat umgesetzt. Beruflich ist er dem Zirkus in all seinen Facetten bis heute treu geblieben.

G*eorg Daxner* ist Zeltspezialist und Zirkusnarr. Als Erfinder des Salzburger Winterfests weiß der Mann hinter der Bühne, wo die wahre Lebenskunst zu Hause ist: im Rund der Manege nämlich. Ein Gespräch über Größenwahn, Zirkuskunst und Einzigartigkeit.

Die Geburtsstunde des Salzburger Winterfests liegt – wie könnte es auch anders sein – im Winter. Ein eingeschneites belgisches Auto war es, das den Anstoß dafür gab. Im vorweihnachtlichen Salzburg ist derlei zwar an sich nichts Besonderes, an diesem Tag aber, dem 13. Dezember 1998, störte es einen, der mit dem Rad in die Stadt unterwegs war: *Georg Daxner*. Im gesamten Volksgarten war keine Menschenseele zu sehen, so weit das Auge reichte nur Schnee und inmitten dieses tristen Winterbildes stand ein verlassener Wagen. Dass der Park einst vom Kaiser dem Volke als Ort des Vergnügens geschenkt wurde, ließ sich nicht einmal erahnen. Ein trauriges Bild, dachte *Georg Daxner* bei sich. Das, schwor er, sollte sich schleunigst ändern.

Wie kamen Sie zum Veranstalten? • Als Veranstalter sehe ich mich gar nicht, eher als Kunstermöglicher. Ich habe immer wieder Projekte initiiert und verwirklich, denen man von vorneherein nicht unbedingt eine Chance gegeben hätte.

Warum nicht? • Weil sie zu größenwahnsinnig wirkten. Auch vom Winterfest sagten alle, dass es wirtschaftlich nicht realisierbar sei.

Wie kam es dann doch so weit? • Es fing alles damit an, dass ich der erste richtige Angestellte im Kulturgelände Nonntal war. Als gelernter Tiefbauer war ich dort in Zeiten des Aufbaus ein gefragter Mann. Mit deren Abschluss war aber auch meine Funktion plötzlich obsolet. Dann soll er eben das Programm machen, hieß es dann. Umso besser: Eine meiner ersten Amtshandlungen als Programmgestalter war es, eine *Zirkus-Compagnie* einzuladen: das *Zirkustheater Federlos*. Ab da nahm meine Zirkuszelt-Leidenschaft ihren Lauf. Von einem Tag auf den anderen habe ich alles – meine Bleibe, meine Existenz – abgebrochen und bin mit Frau, Kind und Hund in die Schweiz gegangen.

Um dort was zu machen? • Frau und Kind haben im Zirkus mitgespielt und ich habe das gemacht, was ich immer gemacht habe: ich war der Mann hinter der Bühne. Eine tolle Zeit war das damals, auch wenn das Programm – ein wenig Akrobatik, ein wenig Theater – nicht wirklich berauschend war. Nach etwa einem Jahr sind wir dann wieder nach Salzburg zurückgekehrt.

Was kam dann? • Zunächst habe ich für ein interkulturelles Theaterprojekt mit Leuten aus Nicaragua gemeinsam mit dem Theater *Yby* um zwei Millionen Schilling ein Festzelt aufgebaut. Ein wirkliches Wahnsinnsprojekt: Das Stück war katastrophal schlecht, das Zelt war wunderschön und ich zum ersten Mal in wirklichen Finanznöten. Jeder wollte dieses Zelt mieten, aber niemand wollte das Stück kaufen. Anfragen für die verschiedensten Zelte langten bei mir ein: Hässliche, schöne, nötige und unnötige. Zuerst habe ich manche noch abgelehnt, um letztlich auch diejenigen, die mir nicht gefielen, zu kaufen. So entstand der Zeltverleih mit meinen mittlerweile siebzig Zelten, die alle in Mayrwies gelagert sind – aus der Not heraus. Dass ich Zeltverleiher wurde, war zu keinem Zeitpunkt wirklich geplant.

Und wie vollzog sich nun der Schritt vom Zeltverleiher zum Kunstermöglicher? • Irgendwann wurde mir das Verleih-Geschäft einfach zu langweilig. Ich bin ein zu kreativer Mensch, als dass mich das alleine erfüllen würde. Mit besagtem interkulturellem Stück haben wir in Salzburg, Linz und eben auch in Wien gespielt. In Wien waren zwar kaum Leute, unter anderem aber der Direktor der Modeschule Hetzendorf. Der sah das Zelt und war so begeistert, dass ich fortan Jahr für Jahr das Abschlussfest der Modeschule ausrichten durfte. Im Zuge dessen bin ich immer nach Krems zum Donaufestival gepilgert, dem einzigen Ort, der sich mit *Nouveau Cirque* – einer Bewegung, die man in Österreich bislang überhaupt nicht kannte – auseinandersetzte. Und dort habe ich dann erstmals die wunderbaren *Que-Cir-Que* gesehen und sie geschätzt, geehrt und geliebt. Nach der Vorstellung fragte ich sie ganz naiv und unbedarft, ob sie nicht auch nach Salzburg kommen würden. Die unvermeidlichen Fragen, welchen Hintergrund und welche Garantien ich denn hätte, um einen Auftritt ausrichten zu können, konnte ich leider nicht zufriedenstellend beantworten. Sie würden in der ganzen Welt nur auf feste Gage spielen und im Moment hätten sie keine Zeit und keinen Bedarf, so das Ergebnis. Aber ich ließ nicht locker: Das nächste Mal, als sie beim *Tollwood*-

Festival in München spielten, fuhr ich wieder hin und sprach erneut vor. Gleiche Frage, gleiche Antwort. Und obwohl ich den Gedanken, sie für ein Gastspiel in Salzburg zu gewinnen, damals schon aufgegeben hatte, fuhr ich trotzdem noch einmal nach Paris, um sie zu sehen. Da hab ich dann zu ihnen gesagt: »*Wenn ihr nicht zu mir kommt, dann komm ich halt überall dorthin, wo ihr spielt.*« Das hat sie so beeindruckt, dass sie meinten: »*OK! Wenn du so verrückt bist, kommen wir eben auf eigenes Risiko nach Salzburg und spielen dort. Du machst, was du machen kannst und über Geld wird nicht geredet* …« Und das war dann die erste legendäre Produktion mit dem *Que-Cir-Que*, von dem jene, die es damals miterleben durften, heute noch reden.

Und finanziell? ● Wir hatten eine tolle Premiere und tolle Presse, aber wir mussten uns das Publikum erkämpfen. Was mit zehn Zuschauern begann, hat sich Tag für Tag verdoppelt und gegen Ende hin mussten wir sogar verlängern, weil der Ansturm so groß war. Die Leute waren regelrecht hysterisch und die Vorstellung jeden Tag zum Brechen voll. Mein Glück war aber auch, dass mich damals schon einige Sponsoren mit größeren Beträgen unterstützten. Ja, und dann kam mir die Idee für den Volksgarten in den Sinn. Jeder Salzburger sollte zumindest einen Tag im stressigen Dezember die Möglichkeit haben, an einem poetischen Raum zu sich und zur Ruhe zu kommen und die Weihnachtszeit so zu verbringen, wie es früher einmal üblich war. Ein Freund, Bühnenbildner bei den Festspielen, hat mir schließlich einen großen Koffer gebastelt, in den alle meine Ideen, die ich zum Volksgarten hatte und noch immer habe, rein kamen. Vision war es, Zirkuszelte aufzustellen und einen Kunsthandelsmarkt zu installieren. Daneben sollte es ein Kinderzirkuszelt und ein historisches Spiegelzelt geben, der Teich sollte künstlich vereist werden und ein visuell und akustisch gestalteter Weg, an dem die Leute zwischen Christkindlmarkt und Zirkus entlang der Salzach hin- und herdefilieren, könnte der Endpunkt der Entwicklung werden.

Wie viel davon ist verwirklicht? ● In den letzten Jahren konnten wir immer zwei Zelte aufstellen. Jahr für Jahr haben wir kontinuierlich mehr Zuseher geschafft. Im letzten Jahr waren es bereits 23.500. In einer Stadt mit 140.000 Bewohnern 23.500 davon vor Weihnachten in ein Zelt zu bekommen, ist etwas, auf dem man aufbauen kann und auf das mittlerweile auch die ganze Stadt stolz ist. Aber egal wie viel vom Gesamtkonzept schon verwirklicht ist: Mir ist wichtig, immer große Visionen zu haben, um letztlich wenigstens einen Teil davon verwirklichen zu können. Und ein weiteres wichtiges Merkmal ist Qualität. Was mein Projekt auch von all jenen, bei denen das Essen im Vordergrund steht und ein bisschen Zirkus mitläuft, unterscheidet ist, dass die Kunst das Wichtigste ist. Das Vorzelt, in dem die Leute gastronomisch verwöhnt werden und das Zelt, in dem die Aufführung stattfindet, sind voneinander getrennt. Und es gibt immer zwei verschiedene

Programme: Einmal leichte Kost mit hoher Qualität und einmal sperrigere Kost. Weil ich günstige Karten anbiete, mit denen man beide Stücke konsumieren kann, werden vermehrt beide gekauft.

Und wie schafft man den Spagat zwischen dem, was man selbst gern vermitteln möchte, und dem wirtschaftlich Erfolgreichen, den Spagat also zwischen Zeltverleih und Kunst, zwischen leichter Kost und Sperrigem? Das sind doch oft Dinge, die sich geradezu diametral zu einander verhalten? • Darüber denke ich viel nach und je mehr ich darüber nachdenke, desto mehr glaube ich, dass es zwei Möglichkeiten gibt, etwas zu verkaufen: Entweder man hat ein geniales Marketing-Konzept oder aber man weiß ganz genau, was man tut und dass das Produkt, das man anbietet, authentisch ist. Man steht also voll und ganz hinter dem, was man macht. Mit beiden Wegen kann man Erfolg haben, ich habe mich für letzteren entschieden. Deshalb könnte ich auch keine klassische Musik verkaufen, auch wenn ich sie liebe. Sie ist einfach nicht mein Metier. Was ich am besten vermitteln kann, ist die in ein Gesamtkonzept eingebettete Zirkuskunst.

„Kunst ist nur dann legitim, wenn sie langfristig berührt, wenn sie beglückt, traurig macht oder bestürzt."

Als Kind war der Zirkus eigentlich kein Ort, an dem ich mich besonders wohlfühlte. Da gab es unglückliche Tiere, halblustige Clowns und ungesunde Kinderathleten. Wie bekommt man das Klischee, wie einmal Zirkus zu sein hatte, aus den Köpfen der Menschen? • Mit dem traditionellen Zirkus hat das, was ich mache, nur die Manege gemein, die ganz andere Möglichkeiten als die frontale Bespielung eröffnet.

Was genau ist anders am neuen Zirkus? • Das ist schön und leicht erklärt: es ist die Einmaligkeit. Der traditionelle Zirkus, zu dem ich auch noch den *Cirque du Soleil* zählen würde, ist im weitläufigsten Sinn ein Nummernzirkus. In mehr oder weniger guter Verpackung werden Nummern dargeboten. Wenn in einer Nummer etwas passiert, ist dieses Projekt weiter fortführbar. Entweder ich lasse die Nummer weg oder ich ergänze die Nummer durch einen Reservisten. Die Show geht weiter und niemand im Publikum wird es bemerken. Bei all den Gruppen, die ich präsentiere, zählt hingegen die Einmaligkeit. Wenn sich etwa einer der drei Leute von *Que-Cir-Que* verletzt, gibt es dieses Projekt mit einem Schlag nicht mehr. Jeder Einzelne ist unersetzbar, das Projekt unkopierbar. Was du abends im Volksgarten siehst, siehst du vielleicht in Salzburg, vielleicht aber auch

überhaupt das letzte Mal, weil es so nie wieder aufgeführt wird. Kein Tag gleicht dem anderen. Dieses Spannungsfeld der Einmaligkeit und Einzigartigkeit ist für mich der große Reizfaktor.

Ist schon einmal etwas passiert? • Ich musste einmal eine Vorstellung absagen, weil sich ein wesentlicher Schauspieler beim Aufwärmen das Genick gestaucht hatte und nicht mehr spielen konnte. Wenn man Leute nach Hause schicken muss, die für die Veranstaltung mitunter eine lange Anreise auf sich genommen haben, ist das etwas Schlimmes. Wenn man es aber seriös erklärt, haben die Leute auch Verständnis. In der Kunst und Kultur wird oft sehr unseriös gearbeitet.

Inwiefern? • Indem im Vorfeld etwas verkauft wird, was man nicht halten kann.

Zum Beispiel? • Etwas als Oper zu bezeichnen, was nicht im Entferntesten eine Oper ist, oder Preise zu verlangen, die nicht fair oder seriös sind. Das Winterfest ist auch deshalb ein solcher Erfolg, weil es fair kalkuliert ist. Eine Einzelkarte kostet 32 Euro, für beide Stücke zahlt man 52 Euro. Das ist auch ein Spagat, weil ich ausverkauft sein muss, damit es sich überhaupt rechnet. Aber mein Publikum ist äußerst inhomogen: von der Familie aus Lehen bis zum Bankdirektor mit Kollegen. Und das Programm soll für jedermann leistbar sein. Über die Hürde des Geldes will ich niemanden von meinen Projekten ausschließen.

Gab es in Ihrer Kindheit schon Berührungspunkte zum Zirkus, dh. zum althergebrachten Zirkus? ● Fast nicht. Ich erinnere mich nur an den Zirkus *Rebernigg*. Eine große Dynastie, die vor Kurzem endete. Was ich aber in mir habe, ist das Nomadische, das nicht Sesshafte: Als Mensch bin ich unruhig, gern unterwegs und immer suchend. Und das kommt nicht von ungefähr: Vorfahren von mir waren Zigeuner. Das Faszinierende am Zirkus ist ja auch, dass das jeweilige Stück nicht für ein bestimmtes Theater adaptiert wird, sondern man mit dem ganzen Theater auf Tournee geht. Man baut den Zirkus auf einer Wiese auf, die komplette Infrastruktur wird geschaffen, um etwas wie in einem Theater darzubieten. Dieser Schöpfungsakt ist jedes Mal aufs Neue reizvoll. Und dabei hat man vom Schlafplatz in den Vorführungsraum und auf die Toilette weite Wege zurückzulegen. Selbst jemand wie *Dietrich Mateschitz* hat keine so große Wohnung wie ich, wenn ich auf Tournee war. In den ersten Jahren bin ich, wenn ich nach einer längeren Tournee wieder zu Hause war, auf dem Weg vom Bad in die Küche drei Mal an drei Wänden angerannt, weil die Bewegungsfreiheit plötzlich fehlte.

Ist dieses Abbau-/Aufbauspiel nicht auch ein logistischer Horror? ● Überhaupt nicht. Alles eine Frage der Organisation. Verreisen ist ja grundsätzlich etwas sehr Schönes. Freilich: Es ist eine große Aufgabe, aber große Aufgaben sind dazu da, gelöst zu werden. Wenn etwas einfach wird, beginnt es mich zu langweilen.

Was mich unweigerlich zurück zur Zeit in der ARGE führt. Irgendwann kommt doch immer der Punkt, an dem sich jene Dinge, die einmal viel Freiraum boten, institutionalisieren und kommerzialisieren. ● Genau. In der Bürokratie ersticken, sag ich immer.

Wie schafft man es, dass das nicht passiert? ● Es wird in solchen Bewegungen – und damals, als ich dort arbeitete, war es noch eine Bewegung und keine Institution – immer einen kreativen Teil und einen bürokratischen Teil geben. Und im Endeffekt überlebt der bürokratische Teil.

Weshalb? Weil man älter wird und die Kinder ernähren muss? ● Nein. Der kreative Teil wird ja auch älter und muss ebenso seine Kinder ernähren. (lacht) Der hat vielleicht sogar mehr Kinder, weil der bürokratische Teil ja alles besser plante. Nein, einfach, weil die Bürokraten mehr Sitzfleisch haben. Kreativität wird dann zurückgereiht und mehr Zeit darauf verwendet, Dienstposten und Pfründe zu verwalten. Um das zu vermeiden, muss man permanent aufmerksam sein. Gewisse Schemata sind freilich notwendig, aber für Menschen wie mich ist dann dort kein Platz mehr.

Wenn man etwas wie das Winterfest elf Jahre macht, kommt da nicht automatisch der Punkt, an dem auch das zur Gewohnheit wird? • Wenn man sich und das Projekt ständig hinterfragt, nicht. Manchmal braucht man aber auch den Mut, etwas zu beenden. Nirgends steht geschrieben, dass Projekte endlos existieren müssen. Ich könnte sogar so weit gehen und behaupten, das Zeitalter des Handys hat Freiräume wie die ARGE obsolet gemacht. Wir haben uns damals in der ARGE getroffen, um uns dort zu verabreden. Heutzutage verabredet man sich per SMS. Als Ausgangspunkt kreativen Tuns hat sie damit ausgedient. Dass alles dauerhaft gleich bleiben muss, stelle ich ganz vehement in Frage. Auch das Winterfest läuft so lange und so gut, dass es jetzt einiger Veränderungen bedarf, die ich im Hintergrund gerne betreuen will. Aber der Zeitpunkt ist gekommen, an dem andere Leute in die erste Reihe treten und den operativen Bereich übernehmen sollen. Auch weil ich sehr viele Projekte im Kopf habe, die ich umsetzen will und die wichtig wären für diese Stadt.

Zum Beispiel? • Ich möchte eine Zirkusschule gründen. Österreich ist das einzige Land Europas, das keine Zirkusschule hat und das ist ein riesiges Defizit: weil Zirkus eine der großen Kunst- und Kulturformen des 20. Jahrhunderts ist und so viele Spektren des menschlichen Lebens abdeckt wie keine andere Kunstform: Soziales Leben, das ganze pädagogische Feld ... In einem Vorort von Paris etwa gibt es die Zirkusschule *Fratellini*, die genau dort liegt, wo man im Fernsehen die brennenden Autos sah. Dort holt man die Kids, die unglaublich viel Potential haben, von der Straße ab und führt sie zu Kunst hin. Ihr Potential wird von einem brennenden Auto zu einem doppelt gestandenen Salto gelenkt. Auch im Volksgarten sehe ich immer wieder Seiltänzer und Jongleure. Nur bildet sie niemand aus.

Wieso ist die Infrastruktur so schwach? • Das hat einen ganz einfachen Grund: Frankreich ist das Land des Zirkus. Dort hat sich die Politik in den 80er-Jahren auch ganz eindeutig zum Zirkus als Kunstform bekannt. Der ehemalige Kulturminister *Jacques Lang* schuf unglaublich viel Geld, Verbindungen und Möglichkeiten, damit Zirkus neben Film eine Hochblüte erleben durfte. Das wird seit dreißig Jahren fortgeführt. In Österreich fehlt ein derartiges Bekenntnis.

Aber wie lautet das Argument für die Eltern? Einen sicheren Job bringt mir der doppelte Salto doch nicht, oder schon? • Zirkus ist heute ein wesentlicher Wirtschaftsfaktor. Alle diejenigen, die eine höhere Zirkusschule besuchen, haben eine 100%ige Jobgarantie. Der *Cirque du Soleil* etwa beschäftigt mittlerweile 4.000 Leute und sucht für das Jahr 2010 600 ausgebildete Artisten für seine Produktionen. Hinsichtlich Größe und Markenwert ist diese in Montreal ansässige Firma durchaus mit Red Bull vergleichbar. Mir persönlich ist das aber schon wieder zu kommerziell. Ich will nur eine profunde Ausbildung organisieren. Ob sich der Absolvent dieser Schule dann dazu entschließt, eine *Compagnie* zu gründen, die beim Winterfest spielt, oder Einzelartist wird, der beim *Cirque du Soleil* landet, ist seine Sache. Fakt ist, dass Zirkusse derzeit zu wenige Nachwuchskräfte haben und deshalb sehr häufig Sportausgebildete, insbesondere Ex-Meister im Gymnastikbereich, rekrutieren.

Wie stehen die Erfolgsaussichten für ein solches Projekt? ● Schwer zu sagen. Ich werde von vielen Seiten unterstützt. Grundsätzlich aber suche ich mir immer Projekte, die im ersten Moment bei meinem Gegenüber die Frage aufkommen lassen: »*Ist das überhaupt möglich?*« Und sehr oft gebe ich dann zur Antwort: »*Ich weiß es nicht.*«

Schadet diese Ehrlichkeit oder nützt sie? ● Das ist mir egal. Ideen zu haben, ist ja erst einmal nicht verboten. Wenn ich etwas von vorneherein in Frage stelle, würde ich mir alle Möglichkeiten nehmen. Erst in zweiter Linie muss ich gewisse Parameter abfragen und Networking betreiben, Zeit und Ort suchen. Wenn man Visionen hat und es dann nicht probiert, weiß man auch nicht, ob es funktioniert hätte. Wichtig ist auch der Mut zu scheitern.

» *Jede Idee, die ich habe und die mir verwirklichungswert erscheint, muss ich auch versuchen, sonst gehe ich psychisch zugrunde. Wenn ich aber alle meine Ideen zu Projekten mache, gehe ich physisch zugrunde.* «

Wie leicht oder schwer ist es, in Salzburg etwas zu realisieren? ● Ein Projekt wie das Winterfest ist in einer Stadt dieser Größe leichter durchzuführen, weil man sich leichter unübersehbar macht. In einer Millionenstadt braucht man einen wirklich Großen hinter sich. Die Kleinheit also kommt meiner Art zu arbeiten entgegen. Man bleibt nicht lange anonym.

Was nicht unbedingt immer von Vorteil ist. Da heißt es dann doch schnell: Schon wieder der Daxner ... ● Man ist natürlich auch mit Skeptikern und Neidern konfrontiert. Da ich aber genau weiß, was ich tue, kann ich denen auch gut begegnen. Im Kulturamt gab es einen Beamten, der anfangs sehr skeptisch war. Irgendwann kam er dann, gratulierte und meinte, er sei jetzt eines Besseren belehrt worden.

Oft werden Sie auch mit André Heller verglichen. • Anfangs habe ich mich dagegen verwehrt. Ich setze Projekte ja nicht künstlerisch um, sondern bin nur ein Ermöglicher. Dann habe ich gemerkt, dass es den Leuten wichtig ist, Verbindungen zu schaffen, und mir gedacht: Wieso soll ich Leuten eine Begrifflichkeit nehmen? Schön, wenn sie das so finden …

Wie fanden Sie »Afrika, Afrika«? • Ganz schlimm. Wenn es heißt, dass hier das neue Afrika präsentiert wird und dieses neue Afrika dann so aussieht, dass ein Afrikaner durch ein Tennis-Racket kriecht, dann ist das eine Katastrophe.

Würden Sie sich selbst als Lebenskünstler bezeichnen? • In unserer Familie war ich immer das schwarze Schaf. Wäre ich dem Beruf, den ich gelernt habe, nachgegangen, könnte ich ein relativ ruhiges Leben führen. Aber insgesamt hatte ich doch sehr viel Glück.

Was bedeutet Glück für Sie? • Über einen langen Zeitraum hinweg gesund zu sein. Ich bin von vielen Dingen verschont worden. Dafür bin ich sehr dankbar. Ein großes Glück war auch, dass ich schon früh ein kleines Häuschen geerbt habe, mit dem das Lebenskünstlerische begann, denn mit diesem Haus habe ich meine Projekte gegenüber den Banken abgesichert. Das Haus war mir Glück, Sicherheit und Ansporn zugleich, denn ich wollte es nicht in die Hände der Banken fallen lassen. Glück ist auch, wenn Sachen aufgehen. Man hat eine Idee und irgendwann funktioniert es, hat seinen Lauf und macht andere Menschen glücklich. Zur richtigen Zeit am richtigen Ort zu sein, hat auch oft mit Glück zu tun. Plötzlich kommt jemand ums Eck und gibt dir Geld für dein Projekt.

Das Wort »Lebenskünstler« trägt oft auch eine Wertung als Beigeschmack in sich, wonach das jemand ist, der das Leben nicht ernst nimmt. • Für mich sagt das nach außen eher aus, dass jemand genau das macht, was er will. Und das ist erst einmal etwas Positives. Es darf nur nicht in Richtung *Gambler* gehen. Wenn du zum Spieler wirst, weil du hauptberuflich Sohn bist, meine ich.

Es gibt den bekannten Stehsatz: Geld regiert die Welt. • Zunächst einmal ist es schön, dass Geld da ist. Diejenigen Firmen oder Menschen, die Geld haben – so meine Erfahrung –, haben auch Lust, ihr Geld für Exotisches auszugeben. Insofern finde ich auch immer wieder Geldgeber, die mich unterstützen. Wenn es kein Geld gäbe, könnte ich viele meiner Projekte nicht realisieren. Natürlich ist es schon gut zu schauen, wer dieses Geld hat. Mit Geld und Macht lässt sich bekanntlich Positives wie Negatives machen. Letztlich ist es fantasielos mit diesen Begrifflichkeiten zu hausieren, denn selbst der *gemachte Mann* muss darauf achten, dass ihm das Geld nicht plötzlich

abhanden kommt oder seine Kinder entführt werden. In Bezug auf meine Arbeit ist der Geldfluss nicht primärer Zweck. Wichtig ist nur, dass so viel Materielles zurückkommt, dass das Projekt nicht scheitert.

Kann Zirkus auch politisch sein? • Muss nicht, aber kann. Soll sogar.
Inwiefern? • Jeder, der etwas für ein Publikum praktiziert, muss sich fragen, ob er unterhalten oder eine Aussage treffen will, ob er Schenkelklopfer-Kabarett oder politische Aussagen liefern will.

Ist es ungemein schwierig, Zirkus für politische Aussagen zu nutzen? • Zirkus hat hier mit den gleichen Schwierigkeiten zu kämpfen wie das Kabarett oder ein Theaterstück. In abstrakten Formen wie Musik oder der bildenden Kunst ist es noch viel schwieriger. Aber selbst da ist es möglich. Im Zirkus ist es dagegen relativ einfach.

Mit direkten Aussagen? • Verbal, oder nonverbal. Im Zirkus vermittle ich sehr unterschiedliche Stimmungen. Das Nonverbale hat sogar den Vorteil, international zu sein. Kunst muss immer berühren. Schlimm ist, wenn ich mir etwas anschaue, wenn ich drinnen noch gefangen war und es, sobald ich draußen bin, plötzlich weg ist. Kunst ist nur dann legitim, wenn sie langfristig berührt, wenn sie beglückt, traurig macht oder bestürzt. Vielleicht bin ich verärgert, aber selbst dann regt es mich an, weil ich mir dann überlege, warum Menschen etwas derart Schlechtes machen und was ich tun muss, um dem entgegenzusteuern. Das Schlimmste ist, wenn man raus geht und es ist einem egal.

Wie schwierig ist es, mit Politikern auszukommen, die sich ein Stück einverleiben wollen? • Mittlerweile bin ich Pragmatiker. In jeder Partei gibt es helle, lernfähige Köpfe und das Gegenteil. Wichtig ist, dass man sich der hellen Köpfe bedient.

Und wenn sie den Zirkus als Schaubühne missbrauchen? • Wenn manche das brauchen, sollen sie das tun. Einige wenige gibt es, die ich auch auf die Bühne bitte, weil sie das Gelingen von Anbeginn an unterstützt haben. Mit einigen wenigen lasse ich mich auch ablichten. Da wird man auch älter und weiser. Ab und zu muss ich darüber schmunzeln, wie radikal und dogmatisch ich als Jugendlicher war.

Eine positive Entwicklung? • Natürlich. Leben ist ewiges Lernen. Ich kenne einige Menschen aus meiner Jugend, die heute immer noch dort sind, wo sich unsere Wege trennten.

Macht Sie das traurig? • Ja. Und ich ziehe Schlüsse daraus, weil ich es als Spiegel benutze, der mir zeigt, ob ich meinen Wegen treu geblieben bin oder nicht. Aber dass ich stehen geblieben bin, kann ich von mir nicht behaupten.

Wie schafft man es, in einer kleinen Stadt zu sitzen, in die nicht so viele Einflüsse von außen dringen, und eben nicht stehen zu bleiben? • Da gibt es eine einfache Medizin: Reisen. Möglichst oft Salzburg verlassen, und wenn es auch nur für zwei Tage ist. Dann kommt man gerne zurück und weiß, was man an der Stadt hat. Da gibt es keine Ausreden, die Möglichkeit zum Reisen hat jeder. Egal wohin. Nur immer an einem Ort zu verweilen ist zu wenig, um geistig rege zu bleiben.

Wie managen Sie Ihr Leben abseits des Veranstaltungskalenders? • Das Leben selbst muss spannend bleiben. Es ist wichtig, dass es noch etwas anderes gibt als den Beruf. Damit tu ich mir schwer genug, weil ich ein Workaholic bin. In den letzten Wochen bin ich aber drauf gekommen, dass ich zu viele Ideen habe, um sie in einem Leben zu verwirklichen. Vernunftmäßig könnte ich natürlich weniger Projekte angehen, aber jede Idee, die ich habe und die mir verwirklichungswert erscheint, muss ich auch versuchen, sonst gehe ich psychisch zugrunde. Wenn ich aber alle meine Ideen zu Projekten mache, gehe ich physisch zugrunde. Ich kann heute nachvollziehen, dass jemand ausbrennt. Es ist eine ewige Gratwanderung.

Ein Seiltanz? • Genau. Oder ein doppelter Salto ohne Netz, bei dem man sehr achtsam sein muss. Aber wenn man sich der Gefahr bewusst ist, dann hat man schon gewonnen.

Ich habe gelesen, erst vergangenes Jahr schrieb das Winterfest erstmals schwarze Zahlen. • Das stimmt. Es hat acht Jahre gedauert, bis nun endlich Geld zurückfließt. Langsam, aber stetig hoffentlich. Ein Seilakt wiederum.

Professionelle Liebhaberei … • So kann man es auch nennen.

»Grundsätzlich aber suche ich mir immer Projekte, die im ersten Moment bei meinem Gegenüber die Frage aufkommen lassen: ›Ist das überhaupt möglich?‹ Und sehr oft gebe ich dann zur Antwort: ›Ich weiß es nicht.‹«

Georg Daxner

* 1959; seit mehr als zehn Jahren veranstaltet der gebürtige Badener Zirkus in Salzburg, seit neun Jahren das legendäre Winterfest, das – während des Jahres als One-Man-Show geführt – im Dezember bis zu 70 Menschen beschäftigt. Die aktuelle Festivalflut stört ihn nicht. »*Wenn die Qualität stimmt, kann es gar nicht genug davon geben.*« Was ihn allerdings stört ist, wenn man ihn fragt, was er die restlichen elf Monate des Jahres macht. »*Wer das fragt, hat wirklich keine Ahnung.*« Die Qualität ist es auch, die für ihn an allererster Stelle kommt. »*Erst dann kommen Pressearbeit und Marketing.*« Mit dieser Ansicht kann man ihn heute getrost als einzigartigen Unternehmer bezeichnen.

▷ *www.winterfest.at*

Das Wesen der Dinge

Nicht sich selbst, sondern die großen Zusammenhänge begreifen: *Peter Semperboni* ist Raumheilkünstler und Bildhauer. Als solchem geht es ihm weniger um eigene Interessen als um das Wesen der Dinge selbst. So will er mit den von ihm gestalteten Räumen, Möbeln und Skulpturen Dinge schaffen, die nicht nur auf der physischen Ebene, sondern auch auf der lebendig beseelten Ebene funktionieren.

Damit Räume und Gegenstände ihr Wesen offenbaren können, bedürfen sie eines Sprachrohrs. Als Raumheilkünstler und Bildhauer ist *Peter Semberboni* ein solches. Durch die weitestgehende Ausschaltung des Subjekts gelingt es ihm, Zugänge zu Geschichten zu finden, aus denen ganz klar wird, dass es nichts auf der Welt gibt, das keine Einflüsse auf andere Bestandteile dieser Welt hat. Sein Ziel ist es, Wege und Richtungen aufzuzeigen, die geeignet sind, die Sehnsüchte des lebendig beseelten Menschen zu befriedigen.

Es besteht heute die Neigung anzunehmen, dass die einen umgebenden Formen keine besonderen Auswirkungen auf das Leben des Menschen haben. Betrachtet man die Sache etwas genauer, stellt man jedoch schnell fest, dass man sehr wohl jeden Augenblick sein Gefallen oder Missfallen gegenüber der Welt der Dinge äußert. Womit hat dieses Gefallen oder Missfallen zu tun? Ist es bloß auf das wahrnehmende Subjekt, den einzelnen Menschen, zurückzuführen oder gehört zu solch einer Aussage doch auch das wahrgenommene Objekt in seiner Eigenheit?

Spätestens bei dieser Frage wird deutlich, dass natürlich jeder Erkenntnisakt immer beide Seiten braucht: das Wahrnehmungsobjekt und das wahrnehmende Subjekt. Das entstehende Urteil ist damit das Ergebnis eines Wahrnehmungseindruckes und dessen, was ihm vom Wahrnehmenden entgegengebracht wird. Wird dem betrachteten Gegenstand vom Betrachter eine vorgefasste Meinung entgegengebracht, entsteht eine andere Beurteilung, als wenn der Betrachter versucht, innerlich ruhig zu bleiben und nur das in sich aufleben zu lassen, was dem wahrzunehmenden Objekt auch tatsächlich entstammt. Im ersteren Falle, dort also, wo eine vorgefasste Meinung

ausgesprochen wird, drückt man etwas über sich selbst aus, über seine Weltsicht, über sein Leben und seine Einstellungen. Im zweiten Fall hingegen kann es gelingen, etwas von der Welt zu erfassen und zu seinem neuen Eigentum zu machen. *Die Welt* hat so die Möglichkeit bekommen, sich auszusprechen, ihr Wesen zu offenbaren. Versucht man diesen zweiten Weg zu gehen, ergeben sich Zugänge zu *Geschichten*, aus denen ganz klar wird, dass es nichts auf der Welt gibt, was keine Einflüsse auf andere Bestandteile dieser Welt hat. Es entstehen neue Erkenntnisse und aus diesen neue Selbsterkenntnisse. Man entwickelt ein Gefühl für das Leben von Formen und Farben und ihren Zusammenhang mit dem Menschen und seiner Entwicklung. Als Raumheilkünstler und Bildhauer möchte ich aus dieser zweiten Sicht der Welt heraus gestalten. Räume gestalten, die aus dem Erfassen des Menschenwesens geboren werden. Möbel gestalten, die nicht nur auf der physischen Ebene funktionieren, sondern auch auf der lebendig beseelten Ebene. Funktion hat nämlich auch einen geistigen Aspekt. Der lebendig beseelte Mensch möchte genauso befriedigt werden wie der physische Leib des Menschen, denn Gefallen und Missfallen sind Äußerungen der Seele. Von dem Werdegang dahin möchte ich aber auch erzählen: Meine Kindheit durfte ich in einsamer schöner Natur verbringen. Der Ort meiner Kindertage war weitgehend unberührt von den Errungenschaften der modernen Zivilisation. Autos gab es nur wenige, die modernen Medien hielten in meiner *heilen* Welt noch keinen Einzug. Unser Spielplatz war die Natur: Wälder, Bäche, Berge und ein Fluss. Die Hingabe an alles, was wächst und lebt, war oft größer als so manche Vorschrift aus der Erwachsenenwelt. Die Harmonie der damals noch heilen Welt und das starke Miterleben des Jahreskreislaufes prägten meine Seele.

Zur Kunst • Das Bewusstsein der Freiheit, das der Mensch sich im Laufe der Geschichte erworben hat, ist – obwohl notwendig – heute doch eines, das der Welt nicht nur zum Wohle gereicht. Irrwege in subjektive Untiefen, Vereinsamung, gesteigerter Egoismus und der damit einhergehende Verlust des Zusammenhanges mit der Welt, Abnabelung von Natur und Geist werfen den Menschen auf sich selbst zurück. Dieser notwendige Akt der Emanzipation erfordert nun ein neues Hinwenden zu Natur und Geist. Die Sehnsucht nach größeren Zusammenhängen, nach der Geborgenheit auch im Geistigen lebt umso stärker auf, je mehr sich der Mensch auf sich selbst bezieht. Als eine Aufgabe der Kunst sehe ich nun, Wege und Richtungen aufzuzeigen, die geeignet sind, diese Sehnsucht zu befriedigen; in meinem Falle, Formen zu schaffen, die zunächst einmal der Tendenz zur Verletzung entgegen arbeiten und versuchen, zu heilen, was zerstört wurde. Darüber hinaus ist mir wichtig, Prozesse anzuregen, die den Menschen als Ganzes ergreifen und ihn nicht nur als denkendes Wesen ansprechen. Die Dinge der Betrachtung dürfen auch schön sein. Das heißt für mich, *ganz sein*. Denn nur aus dem Ganzsein kann der Blick zur Idee durchdringen und befriedigen. Nicht das Ich des Küntlers ist es somit, das Kunst ausmacht, sondern das, was Kunstsinnige mit ihren offenen Augen darin erblicken. Im folgenden Abschnitt sprechen daher folgerichtig meine beiden Freunde *Hubert Radauer* und *Hans Artl* darüber, was Kunst für sie ist und was sie in meiner Kunst sehen.

Hubert Radauer ● Kunst kann auch schön sein

Seit vielen Jahren verfolge ich recht aufmerksam die künstlerische Arbeit von *Peter Semperboni*. Von Anfang an hatte ich den Eindruck, dass sich in seinen Kunstwerken etwas ganz Bestimmtes ausdrückt. Damals konnte ich es für mich noch nicht so richtig beschreiben. Heute denke ich, der Sache etwas näher gekommen zu sein. *Peter Semperboni* nimmt den Menschen und die Welt in seiner Gesamtheit ernst. Er nimmt immer einen oder mehrere Aspekte heraus, bearbeitet diese sorgfältig, ohne das Gesamte aus dem Bewusstsein zu verlieren. Auch wie in einer Formenreihe sich die nächste Form aus der vorhergehenden herausentwickelt, wie in ihm der Metamorphosengedanke lebt, begeistert immer wieder aufs Neue. Sein Tätigkeitsbereich ist vielfältig, aber, ob Ton, Holz, Stein oder Metall, die Skulptur ist sein großes Anliegen. In jeder Skulptur ist Spannung und Bewegung, nie kommt das Gefühl von Starrheit auf. Wie in der Welt des Lebendigen hat man das Gefühl von ständiger Veränderung. Es ist gewiss die große Kunst, das Material so zu bearbeiten, dass die Seele des Betrachters angesprochen wird. Ob Stein, Holz oder Metall, es ist mehr geworden durch die Arbeit dieses Künstlers. Durch die Art der Formgebung wirkt alles wie neu belebt. Wer sich darauf einlässt, sich mit den Kunstwerken von *Peter Semperboni* wirklich auseinanderzusetzen und nicht nur einen flüchtigen Blick darauf wirft, kommt dem eigenen Menschsein näher.

Hans Artl ● Heilende Kunst

Ich habe eine einfache Forderung an die Kunst. Sie soll mir helfen, mich *heil* zu machen! Um etwas wirklich heil zu machen, braucht es etwas *Ganzes*; etwas, das den ganzen Menschen ergreift. *Heilende Kunst* braucht ein Oben und ein Unten. Diesem Anspruch wird Peters Kunstschaffen in einem hohen Maße gerecht, weil diese Forderung an seine Kunstwerke ohne *Beipacktext* und Erklärung sichtbar wird. In Peters Kunstwerken verbirgt sich für mich eine große weite Welt, die erfahren und erlebt werden will. Meine Räume und mein Leben wären ohne sie um etwas Wesentliches ärmer.

Peter Semperboni

* 1957 in Villach, verbrachte er eine naturverbundene Kindheit im Mölltal. 1967 Umzug nach Oberndorf i. Tirol, dessen Landschaft ihn nachhaltig beeindruckte. Aus dem Wunsch die Welt verändern zu wollen, fand er den Weg zur Waldorfpädagogik und verbrachte ein Jahr in Witten-Annen. Ab 1982 Studium an der Goetheanistischen Studienstätte in Wien. 1986 Gründung des Werkstatt-Ateliers *Vril*. Als Raumheilkünstler gestaltete er Innen- und Außenräume. Ab 1991 als Kunstlehrer an der *Rudolf-Steiner*-Schule in Salzburg tätig. In dieser Zeit wuchs der Wunsch, als *Formwerke* frei tätig sein zu dürfen. 2008 wurde dieser Wunsch Realität. In seinem Schaffen geht es ihm darum, immer tiefer in die Geheimnisse der Welt einzudringen und aus den Erfahrungen dieses Weges den Menschen durch seine Skulpturen zu erzählen. ▷ *www.peter-semperboni.at*

Aus der Not geboren

Jeder Künstler kann ein Lied davon singen: »Die Kunst zu leben« ist oft genug auch eine Kunst zu überleben. Der Musiker und Maler *Oskar-Peter Korber* über die verschlungenen Pfade des Seins und darüber, wie es »irgendwie immer weitergeht«.

Glück ist der kurze Zustand zwischen zwei Katastrophen, heißt es. *Oskar-Peter Korber*, der sich als Musiker und Maler jahrelang mehr schlecht als recht durchschlagen musste, weiß das nur allzu gut. Jede Lebens-Kunst wird damit auch zur Überlebens-Kunst.

Als mir Robert den Vorschlag machte, für das vorliegende Buch ein paar Seiten, einige Gedanken niederzuschreiben, lehnte ich zuerst spontan ab, mit der Begründung »*Das kann ich doch nicht*«. Obwohl mich mein Leben mit Kunst und allem, was dazu gehört, beschäftigt hatte, war es für mich nicht vorstellbar, zu einem vorgegebenen Buchtitel einen Text zu schreiben. Bis zu diesem Zeitpunkt hatte ich viele Jahre als Musiker zu allen möglichen und unmöglichen Ereignissen Unterhaltungsmusik gespielt – mit der großen Sechs-Mann-Band bis zum Alleinunterhalter in vielen schönen Hotels im In- und Ausland. Aber mein ganz großer Wunsch war es – und er ist es noch immer –, ein *Gesamtkunstwerk* zu schaffen. Ein Werk, das alle Genres der Kunst, wie insbesondere Musik und Komposition, Theater, TV und Film, Schriftstellerei, Malerei und Tanz, einschließt und alle Ausdrucksmöglichkeiten nutzt. Aber ich konnte doch nur ein bisschen Klavier spielen und dazu singen. Wie also sollte ich das Projekt beginnen?

Meine vielen Freunde und Bekannten konnten oder wollten mir nicht weiterhelfen. Und außerdem hatte ich mich damals schon damit abgefunden, mit 65 Jahren als Barpianist in irgendeinem Hotel in Pension zu gehen. Der Weg war also ziemlich genau vorgezeichnet – eine Einbahnstraße mit einer »Stopp«-Tafel am Ende – umdrehen nicht möglich! Doch auf einmal passierten einige seltsame Dinge: die Einbahnstraße wurde, wenn Sie so wollen, von einer Querstraße gekreuzt, machte plötzlich eine scharfe Kurve, schlug einen Haken: Durch eine sehr schmerzhafte Erkrankung wurde ich aus meiner gewohnten Tätigkeit als Musiker *herausgeworfen* – so sehr, dass ich meine Pläne nicht mehr ausführen konnte. Aber irgendwie musste ich ja zu Geld kommen. Und da ich

mich bis dahin schon viel mit Malen und Zeichnen beschäftigt hatte und auch schon einige Bilder verkaufen konnte, begann ich intensiv zu arbeiten und mich mit bildender Kunst zu beschäftigen, richtete mir ein kleines Atelier in Seeham ein und war überzeugt davon, in kürzester Zeit ein berühmter Künstler zu werden. Damit begann ein neues Kapitel in meinem Lebensbuch mit dem Titel: »Die Kunst zu ÜBER-leben«. Denn das, was ich mir so einfach vorstellte, nämlich meine Exponate auch zu einem vernünftigen Preis zu verkaufen, funktionierte überhaupt nicht und so musste ich mich einige Jahre mit sehr wenig Geld beschränken. *»Aber irgendwie ist es immer weitergegangen!«* Ich denke, genau dieser Satz ist eigentlich die Antwort auf alle Fragen über Sein und Werden, über Sinn und Unsinn des Lebens. Denn es geht tatsächlich immer irgendwie weiter! Das zu erkennen, ist mein erster Tipp zur »Kunst zu leben«.

Durch diesen materiellen Druck musste ich mit meinen fünfzig Jahren auf dem Buckel noch so einiges lernen und vieles neu beginnen. Als ich dann zehn Jahre später dem *Sensenmann* kurz ins Antlitz blicken musste, machte mein Weg noch einmal eine Kurve. Damit wurde mir das Geschenk *Leben* immer mehr bewusst. Ich durfte weiterexistieren, mich auf diesem Raumschiff *Erde* bewegen, um mich und meine Umwelt zu erkennen. Wenn ich jetzt an diese Zeit zurückdenke, möchte ich behaupten, dass es die spannendsten Jahre in meinem Leben waren! Ich denke, wir Menschen sind immerzu auf der Suche nach Glück und wollen immerfort geliebt werden. Doch der Spruch: *»Glück ist der kurze Zustand zwischen zwei Katastrophen«* macht diesen Zustand sehr relativ. Müssen wir in dieser polaren Welt erst die schmerzvollen Dinge, die *Katastrophen* erleben, um die *schönen* überhaupt erkennen zu können? Aus meiner Erfahrung ist diese Frage eindeutig mit »*Ja*« zu beantworten. Kann mir das ein Trost sein? Überwinde ich dann die schmerzlichen Zeiten einfacher? Kann ich dann Krankheit, Misserfolg, Niederlage besser ertragen? Darüber nachzudenken lohnt allemal, denn irgendwann stellen wohl alle Menschen Fragen nach dem Sinn des Lebens. In Wahrheit ist jeder einzelne Mensch von den vielen Milliarden ein Beispiel dafür, wie man mit dem Leben fertig wird, wie man ein *Lebenskünstler* wird. Jeder Einzelne von uns wird ununterbrochen mit Problemen konfrontiert, und jeder Einzelne muss diese Probleme selbst erkennen und auflösen. Immerzu, ohne Pause, in jeder Sekunde, sogar im Schlaf!

Und so gibt es viele Beispiele, wie Menschen mit dem Leben fertig werden, und auch mit dem Tod. Denn der möchte auch dazugehören, zum Leben! Das zu erkennen ist mein zweiter Tipp für »die Kunst zu leben«. Dennoch gehen fast alle unserer Anstrengungen dahin, diesem unausbleiblichen Ende zu entrinnen oder es nicht wahrzunehmen. Wissenschaft und Religion versuchen, Erklärungen dafür zu geben, Mediziner versuchen – teilweise mit Erfolg –, das Leben zu verlängern, und

Politiker versuchen – meistens ohne Erfolg –, die Welt vor Katastrophen zu bewahren. Aber zuletzt steht doch *das Ende*! Was kann mir helfen, diese kurze Zeit, in der ich mir selbst bewusst bin, so zu gestalten, dass ich in dieser Zeit *glücklich* bin? Was muss ich tun, um diesen gewünschten Zustand zu erlangen? Wenn *Kunst* etwas Besonderes ist, ein Wort, für das Begriffe zur Deutung gar nicht ausreichen, dann muss »die Kunst zu leben« auch etwas ganz Besonderes sein. Ist mit diesem Satz vielleicht ein *besseres* Leben, gemeint? Ein paradiesisches Leben ohne Mühen und Plagen, ohne gesundheitliche und finanzielle Schwierigkeiten? Sexuelle Erfüllung immer und jederzeit? Ohne Ende? Stell dir vor, du hättest alles erreicht und alle deine Träume und Wünsche wären durch eine Erbschaft oder durch einen Lottogewinn in Erfüllung gegangen! Was passiert dann? Was tust du dann? Bist du dann glücklich? Wie lange? Einige Zeit wirst du wohl in diesem Zustand verweilen, dich daran erfreuen und *nichts* tun. Aber dann wirst du dir wieder eine Herausforderung suchen, wieder die Bestätigung und den Erfolg erfahren wollen oder eine neue Niederlage erleben! Wieder etwas Neues beginnen, wieder Neues lernen, vielleicht auch wieder an dir zweifeln und verzweifeln! Und wieder dem Körper viel zu viel zumuten und ihn zu sehr belasten?

Und das alles, um GELIEBT zu werden! Denn das ist meine Erkenntnis: Wir Menschen tun alles dafür, geliebt zu werden! Wir bauen uns nicht nur feste Häuser, um Wettereinflüsse weitgehend auszuschalten, nein, die Häuser sind auch schöner und moderner und größer und teurer als andere. Man muss schon zeigen, *was man hat und wer man ist* und glaubt, dadurch beliebt zu sein und dadurch geliebt zu werden. Menschen stellen sich auf der Bühne dem Publikum, um Applaus zu erhalten, um beliebt zu sein, um geliebt zu werden, Menschen bezwingen die höchsten Berge und die tiefsten Meere und denken, dadurch bekannt und geliebt zu werden; Menschen beginnen Kriege gegen Feinde, um beim Freund beliebt zu sein, um geliebt zu werden. Menschen berauben andere Menschen und töten, um Geld für einen einen anderen, teuren Lebensstil zu erhalten und dadurch beliebt zu sein. Menschen lernen viele Jahre an Universitäten und Krankenhäusern, um später anderen Menschen zu helfen und dadurch dieses Gefühl des Erfolges und des *Geliebtwerdens* direkt zu erleben, und mancher Mensch schreibt Beiträge zu Büchern, um anderen von seiner Meinung zu erzählen und dadurch vielleicht auch geliebt zu werden!

Und das ist mein dritter und letzter Tipp für »die Kunst zu leben«: Lasse dich nicht zu sehr vom Urteil der *Leute*, von Lob und Tadel beeinflussen. Diese Abhängigkeit vom positiven Urteil der Menschen kann zur Sucht werden und führt oft zu falschem Ehrgeiz und zu falschen Entscheidungen. Lasse dich auch nicht zu sehr von den nächsten Menschen, deiner Familie, beeinflussen. Nur deine eigene Entscheidung, was richtig oder falsch ist, ist wichtig! Bedenke, es ist DEIN Leben –

und es gibt nur eines davon! Solange du dabei Menschen nicht bewusst verletzt und DEINEN Weg gehst, bist du richtig unterwegs. Die Abzweigungen – wie angeführt – passieren von selbst. Und wenn es dann vielleicht auch weh tut und dir das Leben sinnlos erscheint, erst dann wirst du aus der Not heraus irgendetwas an und in dir verändern.

Und dann beginnt sie,

»die Kunst zu leben«!

Oskar-Peter Korber

*1943, stammt aus einer bekannten Salzburger Musiker- und Malerfamilie und macht nach Abschluss der Handelsschule Karriere als Musiker und Sänger. Nach Auftritten in Deutschland, Österreich und der Schweiz muss er diesen Beruf aus gesundheitlichen Gründen aufgeben, besinnt sich auf seine Lehrzeit bei *Prof. Pöschl* u.a. und beginnt sich mit bildender Kunst zu beschäftigen. Ausstellungen in Österreich, Deutschland und Italien sowie die Beschäftigung mit Theater und Bühnenbild bilden die Basis für sein *Gesamtkunstwerk:* Musik, Eigenkomposition und Lichtinstallationen werden benutzt, um seine tiefen Empfindungen darzustellen. *O.P. Korber* wohnt und arbeitet in Seeham.

Späte Berufung

Vom Handwerk zum Kunstwerk: *Robert Costas* Reifeprozess vom Tischler zum bildenden Künstler dauerte ein ganzes erfülltes Leben lang. Heute, in seinem wohlverdienten Ruhestand, ist er kreativer denn je.

R*obert Costa* macht in seiner Pension einfach das, was er eigentlich schon sein ganzes Leben lang machen wollte: Kunst. In seiner ehemaligen Tischlerei hat er sich ein Atelier eingerichtet, in dem er einen Großteil seiner Zeit mit Malerei und Bildhauerei verbringt und uns so zeigt, dass es für die Verwirklichung wirklich großer Lebensträume nie zu spät ist.

Als Kind einer Arbeiterfamilie bin ich im Südtiroler Pustertal geboren. Im Zuge der Okkupation Südtirols durch die Italiener im Jahre 1939 entschlossen sich meine Eltern, mit mir und meinen Geschwistern nach Österreich auszuwandern. So wuchs ich in Mattsee auf. Als Kind hatte ich immer viel Freude, wenn ich mit Malstiften, bunter Kreide oder mit Bleistift malen und zeichnen konnte. Mit neun Jahren begann ich auch zu schnitzen und schnitzte viele der Tiere aus der Arche-Noah, von denen das Dromedar bis zum heutigen Tage überlebt hat.

Während meiner Volksschulzeit wurde mein Vater im zweiten Weltkrieg zum Militär einberufen. Als ich gerade zehn Jahre alt wurde, im Jahre 1943, fiel er in Russland. Von da an musste ich als Ältester noch mehr Verantwortung für meine jüngeren Geschwister übernehmen, da unsere Mutter täglich von sieben Uhr morgens bis 19 Uhr abends arbeiten musste, um uns alle irgendwie durchzubringen. Es war eine sehr harte Zeit mit vielen Einschränkungen, ganz besonders auch, weil wir auf uns allein gestellt waren – fremd, ohne Großeltern, Onkeln oder Tanten. Zu dieser Zeit gab es für uns keinerlei Unterstützung von irgendwo, es reichte kaum zum Überleben, geschweige denn für Spielzeug, ein Fahrrad oder feste Schuhe.

Nach meiner Schulzeit begann ich eine Tischlerlehre bei der Fa. Schöchl in Mattsee, die damals ein reiner Tischlereibetrieb war und sich erst viel später zur Bootswerft entwickelte. Meine Lehrlingsentschädigung gab ich bis auf den letzten Groschen meiner Mutter, für die Familie. Sobald ich meine Gesellenprüfung bestanden hatte, stellte ich mich in der damals angesehensten Möbel-

werkstätte Salzburgs vor, wurde aufgenommen und arbeitete dort ca. zehn Jahre. Meine Hobbys, die Malerei und Bildhauerei, verlor ich dabei nie aus den Augen, und es war für mich eine große Bereicherung, meinen Arbeitsplatz direkt neben dem dort angestellten Bildhauer zu haben, da ich selber ursprünglich ja nicht Tischler, sondern eigentlich Bildhauer werden wollte. Wegen der schwierigen Wirtschaftslage war das allerdings nicht möglich.

In jener Zeit lernte ich meine Frau kennen und beschloss, meinen großen Traum vom eigenen Haus zu realisieren, weil ich bis dahin immer äußerst bescheiden gewohnt hatte. Mit 29 Jahren war ich dann so weit, mir in Hallwang ein Grundstück zu kaufen. Meine Heirat fällt auch in diese Zeit, und ich wechselte als Werkmeister für ca. elf Jahre in eine andere Möbelwerkstätte, wo ich hauptsächlich Stilmöbel fertigte, inklusive aller anfallenden Bildhauerarbeiten. Mein nächstes Ziel war die Meisterprüfung, wobei ich mir die Latte für mein Meisterstück, einen Sekretär mit Schreibklappe aus dunklem Eichenholz im Stile der spanisch-maurischen Renaissance mit reicher Schnitzerei innen und außen, sehr hoch legte. Zirka vierzehn Jahre lang war damals meine gesamte Freizeit inklusive Urlaube dem Arbeiten am Bau unseres Hauses gewidmet, da ich, was nur irgend möglich war, selbst machte. Mit der Zeit fühlte ich mich beruflich unterfordert, da ich in meinem tiefen Inneren immer mehr spürte, dass noch viel mehr in mir steckte. Ich wollte selbst Innenarchitektur machen und vor allem noch vielseitiger arbeiten. Dazu war es aber unausweichlich, sich selbständig zu machen. So entstand in den 1970er-Jahren neben unserem Wohnhaus meine Möbelwerkstätte für drei bis vier Personen.

Größtes Augenmerk legte ich auf hohes handwerkliches Niveau und auf die Ausbildung meiner Lehrlinge, die im Laufe der Jahre mehrere Pokale als Landessieger erringen konnten. Zwei meiner jungen Gesellen wurden sogar Österreichische Bundessieger. Einer dieser Bundessieger vertrat Österreich dann auch noch bei der internationalen Berufsolympiade in Osaka, Japan und schaffte den vierten Platz. Erwähnen möchte ich auch noch, dass meine Frau und ich uns im Laufe der Jahre bewusstseinsmäßig veränderten. So beschloss ich nicht nur, privat von *Nahrungsmitteln* auf *Lebensmittel* umzusteigen, sondern in Hinkunft beruflich fast ausschließlich wohnbiologisch, also in Massivholz und mit biologischen Lacken und Wachs zu arbeiten. Beim Internationalen Institut für Baubiologie in Rosenheim bemühte ich mich um das entsprechende Bio-Siegel, das ich dann schließlich unter strengen Auflagen als zweite Tischlerei in Österreich führen durfte. Besonders erfüllte es mich, dass die Wünsche meiner Kunden immer sehr unterschiedlich waren, sodass wir in den verschiedensten Stilrichtungen arbeiten konnten: z.B. vertäfelte Stuben aus altem Holz, Möbel in Biedermeier, Barock, Gotik, Empire, Jugendstil, Art Deko, Renaissance und auch geschnitzte

und bemalte Bauernmöbel. Daneben ergaben sich auch immer wieder Restaurierungen, die oftmals Intarsien aus Holz, Perlmutt und Metall erforderten sowie Vergolderarbeiten. Meine Mitarbeiter und ich durften stolz darauf sein, dass auch alle erforderlichen künstlerischen Arbeiten ausschließlich aus unserer Werkstätte kamen. Ein ganz wichtiger Mensch, der mich in allen meinen Unternehmungen stets unterstützte, ist meine Frau Jutta, der mein großer Dank gilt.
Danke liebe Jutta!

Seit meiner Pensionierung vor dreizehn Jahren kann ich mich mit großer Freude meiner geliebten Malerei und Bildhauerei widmen. In der ehemaligen Werkstätte habe ich mir ein Atelier eingerichtet, in dem ich einen großen Teil meiner Zeit verbringe. Zwischendurch habe ich etliche Malreisen gemacht und viele Seminare bei international anerkannten Malern und Bildhauern besucht, wie z.B. bei *Cesare Marcotto*, Italien; *Prof. Josef Zenzmaier*, Salzburg; *Giuliano Castelli*, Paris; *Prof. Hermann Nitsch* u.a.

Ich selbst betrachte mich heute als zeitgenössischen Künstler.
Mein Fokus ist momentan »DER MENSCH«.

Robert Costa

* 1933 in Südtirol, kam er im Jahr 1939 mit seinen Eltern nach Mattsee. Nach Krieg und Lehre machte er sich in Hallwang bei Salzburg mit einer Möbelwerkstätte selbständig. Sein Betrieb war die zweite Tischlerei in ganz Österreich, die geprüft wohnbiologische Möbel erzeugte. In seiner Pension widmet er sich der Bildhauerei und der Malerei, die er auf zahlreichen Malreisen ständig weiterentwickelt.

Zwei Leben, eine Kunst

Nicht aufgeben und das Unsagbare in seiner Unsagbarkeit belassen, sondern dem auf die Spur kommen, was uns bewegt. Für das Künstler-Duo *1000&* (gesprochen: *tausendplus*) hat »die Kunst zu leben« viel mit der intuitiven Gabe zu tun, den Blick dort hin zu richten, wo andere gerne wegschauen.

»Die Kunst zu leben« ist ein Prozess, in dem es gilt, Fragen zu stellen – auch und vor allem die unangenehmen und dabei auf der Suche nach sich selbst andere zu finden. Das Künstler-Duo 1000& über bewussten Verzicht, gelebte Komplexität und wie uns die Sorge ums Ganze zur Weiterentwicklung zwingt.

Diese Seiten mögen manch Weises enthalten und streckenweise könnte man sogar den Eindruck gewinnen, als wüssten die Autoren, wie das Leben so läuft. Kann sein. Zur Illustration diene eine taoistische Geschichte von einem Bauern, dessen Pferd davonlief. Am Abend versammelten sich die Nachbarn und bemitleideten ihn, weil er ein solches Pech hatte. Der Bauer sagte: »*Kann sein.*« Am nächsten Tag kehrte das Pferd zurück und brachte noch sechs Wildpferde mit, und die Nachbarn kamen und riefen, welches Glück er hatte. Er sagte: »*Kann sein.*« Und am folgenden Tag versuchte sein Sohn, eines der Wildpferde zu satteln und zu reiten, er wurde abgeworfen und brach sich ein Bein. Wieder kamen die Nachbarn und bekundeten ihr Mitleid wegen seines Unglücks. Er sagte: »*Kann sein.*« Am anderen Tag kamen Offiziere ins Dorf und zogen junge Männer als Rekruten für die Armee ein, aber der Sohn des Bauern wurde wegen seines gebrochenen Beines zurückgestellt. Als die Nachbarn hereinkamen und ihm sagen wollten, wie glücklich sich alles gewendet hatte, sagte er: »*Kann sein.*« Die Weltanschauung von *Yin und Yang* ist zyklisch und heiter. Glück und Unglück, Leben und Tod, im Kleinen und im Großen, kommen und gehen ewig fort ohne Anfang oder Ende, und dieses ganze System wird durch die Tatsache vor Eintönigkeit bewahrt, dass in derselben Weise Erinnerung mit Vergessen abwechselt. Das ist das Gute des *Gut-und-Schlechten*.[1]

Wie kann man in dieser Ruhe schlafen? Manch einer der Besucher hat so seine Schwierigkeiten mit der Stille. Auf elfhundert Metern, in luftiger Höh', scheint alles etwas anders zu sein. Sobald man die Nase aus dem Fenster steckt, riecht man das Wetter, die Landschaft, hört natürliche Töne. Naturprozesse werden intensiver wahrgenommen. Die Erkenntnis, dass Landschaft keine Kulisse ist, geschaffen zum persönlichen Entertainment, ist Arbeit, Gnade und Freude. »Die Kunst zu leben« ist ein Prozess. Eine Aufgabe, die man bewältigen möchte.

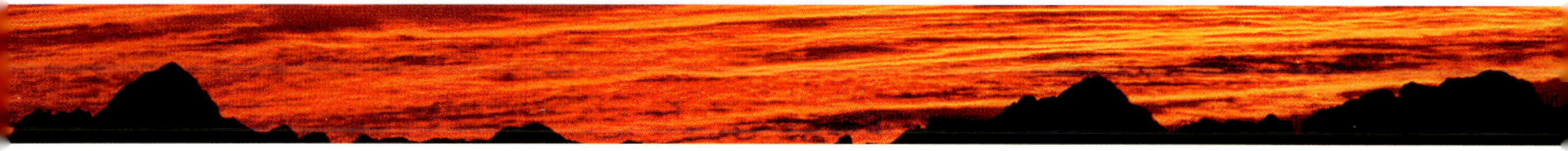

Ausblick

Dort oben leben zwei Menschen, die aus verschiedenen Himmels- und Lebensrichtungen 1990 aufeinandertrafen. Oder sich wieder fanden – wer weiß schon genau, wie das mit dem Vorleben so funktioniert. Nennen wir sie ISI und MAHA. Die begleitet werden von weisen Mitmenschen und unerbittlichen Widerständlern. Der Maler *Tonio Nateri* etwa, der erste gemeinsame und unvergessliche Wegbegleiter. 1,61 m groß, gebündelte Energie, von einer unfassbaren Spontaneität, der das Mysterium Kunst bis zur Selbstzerstörung lebte. Dessen Großmutter – Italiens erste Sozialistin – Zigarre rauchend mit dem Degen in der Hand auf dem Pferd reitend. Ein Urahn, *General Nater*, kämpfte an maßgeblicher Stelle 1683 im Entsatzheer bei der Türkenbelagerung Wiens. Dessen spanisch-genuesische Vorfahren, die die Entdeckung Amerikas 1492 mitfinanzierten, indem sie die drei Schiffe *Cristoforo Colombos* mit Lebensmitteln (in Salz konservierter Fisch) ausstatteten. *Tonio Nateri* verbrachte einige Studienjahre in Paris und lernte dort im Rahmen eines Künstlerwettbewerbes *Pablo Picasso* und *Salvador Dali* kennen. Prompt gewann er diesen und stellte mit *Picasso* und *Dali* gemeinsam aus. Es wurden ihm Goldmedaillen der Kunsthochschulen Paris und Neapel verliehen. *Agnelli* kaufte seine Bilder. Zunehmend angewidert von der seichten *Seitenblicke*-Gesellschaft verließ er abrupt Paris. Er rang sein Leben lang mit der Enttäuschung, nicht über Italiens Grenzen hinaus bekannt zu sein. Ein begnadeter Künstler, ein nonkonformistischer Sarde, der mit 18 Jahren seine bis dahin geschaffenen Bilder (1.800 Stück) am Meer verbrannte.

MAHA lernt ihn bei einer Ausstellung in Wien kennen. Im Laufe der Jahre entwickelt sich eine tiefe Freundschaft. *Tonio* lebt einige Monate jährlich mit ISI und MAHA. Ein Mann, der ein feines Sensorium für die Seele der Menschen hatte. Er malte das, was sein Herz sah. Und seine Männlichkeit. MAHA und ISI erlebten das erste Mal bewusstes Chaos. Und wie man aus Chaos Aktionen

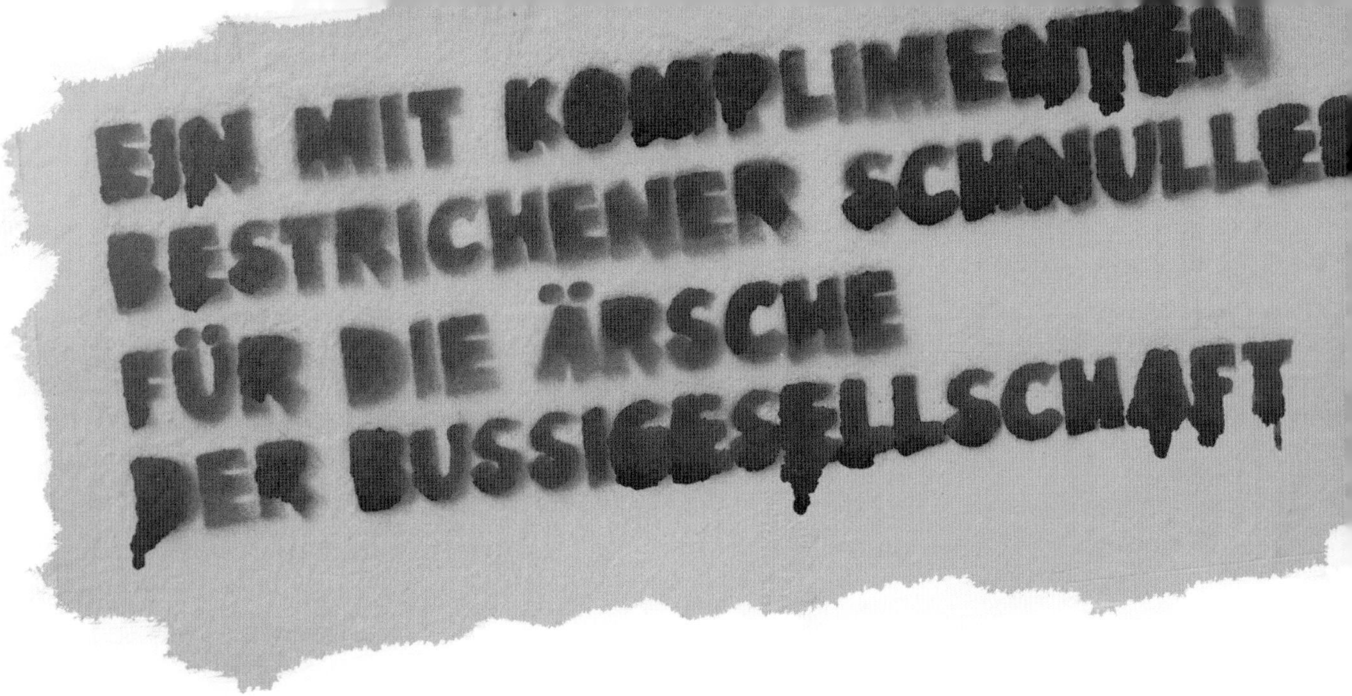

entwickelt. Rationalität war ihm ein Gräuel. Er zeigte ihnen, Dinge anders zu sehen, selbst spontaner und offener zu werden. Ein liebevoller Chaot. Einer, der mit seinen *harmlosen* Kunststückchen den Schalk in jedem weckte, um ganz gezielt Selbstwahrnehmungsprozesse anzustoßen. Seelentherapeut war er im *Nebenberuf*, aber warum eigentlich *Neben-*? Die Lehrjahre beginnen. MAHA wird von ihm in die *Schule des Sehens* eingeweiht, grundiert Leinwände und reinigt Pinsel. Es ist ein spannender Weg bis hin zur ersten gemeinsamen Bildcollage. Als dann eines Tages MAHA sein erstes eigenes Bild fertig stellt, kommt *Tonio Nateri* nie wieder zu den beiden auf den Berg. Ein Mann, dessen Leben die Kunst war.

Das Wirtschaftsstudium, der Beruf der Industrieschauspielerin – auch *Pharmareferentin* genannt – und Kreativarbeit sind die Lebensbereiche unserer beiden Protagonisten in den kommenden Jahren. Ausgelöst durch eine Handvoll Professoren, die die Erlangung ihres Amtes an der Wirtschaftsuniversität selbst als einen Betriebsunfall bezeichnen, erschließt sich ihnen eine neue, bislang unbekannte Welt. Jene Professoren machen verständlich, warum unser heutiges Wirtschaftssystem weltweit solch eine Dominanz ausüben kann. Sie richten den Focus auf die Anfänge des Kapitalismus (Erzeugung des Individuums, InternalISIerung von Gewalt etc.). Aufgrund der geänderten

Macht- und Interessensstrukturen im Gefolge des *Umbaus* der Feudalgesellschaft hin zur Industriegesellschaft werden Personalbeziehungen durch Geldbeziehungen ersetzt. Das endemische Credo lautet: Geldgewinnung, Geldgewinnung, Geldgewinnung! Die systematische Entwurzelung des Menschen aus seinem gewohnten Lebensraum hat zur Folge, dass sich Menschen untereinander und der Umwelt gegenüber immer mehr entfremden. Das Wissen um die banalsten Lebenszusammenhänge geht zunehmend verloren. Spinat wird so zu einem grün gefrorenem Rechteck und streckenweise macht man uns heute schon glauben, dass Fleisch auf Bäumen wächst. Empathisches Verhalten, das neben der Schriftverwendung konstituierende Merkmal von MenschSein, wird zunehmend durch ein monetäres Kalkül verdrängt – Ergebnis eines entgrenzten Kapitalismus. Die Begrifflichkeit macht es deutlich: Es geht um Kapital, nicht um Mensch und Umwelt. Es lohnt sich, die etymologischen Wurzeln so gängiger Begriffe wie Handel, Hanse, Sale, Privat etc. näher anzusehen. Dabei wird einem gewahr, welch gigantischer Normierungsprozess zugange ist. Auf der Suche nach Auswegen finden sich Namen wie: *Werner Götz*[2], *Jean Ziegler*, *Silvio Gesell*[3], um nur einige wenige zu nennen.

Die Kunst des Lebens ist, auf der Suche nach sich selbst andere zu finden.

Zwei Leben, eine Kunst.

ISI und MAHA, das KünstlerDuo 1000& leben, wie sie es nennen, in der *Kunst der Auseinandersetzung*. Ein zentrales Element des Menschen ist die Sprache. *Heidegger* gebraucht als Bild für die Sprache das »*Haus des Seins*«. »*Ohne die Sprache*«, so *Hegel*, »*wäre nur die bewusstlose Nacht.*« *Hans-Georg Gadamer* schreibt: »*Sein, das verstanden werden kann, ist Sprache.*«[4] Man stelle sich nur mal vor: ohne Sprache kein Computer und damit das Aus unserer technikbasierten Lebensweise. *Rolf Boysen*: »*Die Sprache ist tief wie das Meer.*« Der Philosoph *Ludwig Wittgenstein* kommt zu der Erkenntnis: »*Die Grenzen meiner Sprache sind die Grenzen meiner Welt.*« Eine Handlungsaufforderung. Was liegt da näher, als die Grenzen zu erweitern? Das KünstlerDuo übt den Dialog an manchen Tagen bis zu vierzehn Stunden, jahrelang. Sie debattierten, sinnierten, suchten Standpunkte. Über die Welt, über sich und selten über Gott. Auf der Suche nach dem Leben. Der übliche Sprachgebrauch fiel beiden immer schon schwer. Mit den Plapperern, deren Gesprächsinhalt das Wetter, die Krankheit und das Kleid von *Naomi Campbell* sind, die einem mit ihren Zungenbewegungen die Luft zum Atmen nehmen, haben sie auch heute noch so ihre liebe Not. *Ute Lauterbach*, die sich selbst als Alltagsphilosophin bezeichnet, vermittelte beiden mit ihren *mikro-invasiven* Maßnahmen *makroskopische* Selbsterkenntnissprünge. Das gemeinsame Lesen von *Heideggers* Schriften über das Sein, in Kombination mit ausschließlich biologisch-vegetarischer Ernährung und einem klosterähnlich strukturierten Tagesablauf, führte zu nie gekannter Klarheit. Eine Selbsterfahrung, die man selbst den größten Feinden nicht verwehren sollte.[5] Auf dem weiteren Lebensweg lesen sie Sätze auf, die immer wieder das Potential haben, Denkraum zu schaffen: »Der Empfänger bestimmt die Botschaft.«[6] Oder »Es sind nicht die Dinge an sich, die uns beunruhigen, sondern die Meinung über die Dinge.«[7] Oder »Was Peter über Paul sagt, sagt mehr über Peter als über Paul.« Oder eine Handlungsanweisung wie die altindische Aufmerksamkeitsmeditation *Vipassana*[8]. All diese Lebenssätze, man könnte sie auch zeitlose Denkfiguren nennen, sind ihnen immer noch Hilfe zum besseren Verständnis dieser Welt. Man lasse sich nur folgendes Zitat »einer gewissen chinesischen Enzyklopädie auf der Zunge zergehen ›*in der es heißt, dass sich die Tiere wie folgt gruppieren: a) Tiere, die dem Kaiser gehorchen, b) einbalsamierte Tiere, c) gezähmte, d) Milchschweine, e) Sirenen, f) Fabeltiere, g) herrenlose Hunde, h) in diese Gruppierungen gehörige, i) die sich wie Tolle gebärden, j) die mit einem ganz feinen Pinsel aus Kamelhaar gezeichnet sind, k) und so weiter, l) die den Wasserkrug zerbrochen haben, m) die von weitem wie Fliegen aussehen*‹. Bei dem Erstaunen über diese Taxanomie erreicht man mit einem Sprung, was in dieser Aufzählung uns als der exotische Zauber eines anderen Denkens bezeichnet wird – die Grenze unseres Denkens: die schiere Unmöglichkeit, das zu denken.«[9]

Die Kunst des Lebens ist, Fragen zu stellen.

Worte sind wie Bilder. Künstlerisch tätig zu sein ist bei MAHA und ISI immer mit Sprache verbunden. Für MAHA ist Sprache primär ErkenntnISInstrument. Für ISI ist sie Heimat. Nach langen Diskursen, körperlich und geistig erschöpft, geht jeder seines Weges. Und während ISI den Salat wäscht oder im Wald spazieren geht, findet sich das Ergebnis des zähen Ringens. Es entsteht ein Gedicht, ein Aphorismus, nur ein Satz. Eine Verdichtung, ein Vademecum ist gefunden. *Joseph Tellian* beschrieb es so: »ISI & MAHA *(sowie die meisten von uns) kennen die Zustände der Sprachlosigkeit, die zwar tausende von Worten parat hätten, aber keines passt, um das auszudrücken, was nur allzu deutlich spürbar ist. Hier ist das künstlerische Moment der beiden beheimatet, nämlich nicht aufzugeben und das Unsagbare in seiner Unsagbarkeit zu belassen, sondern dem auf die Spur zu kommen, was uns bewegt; und sie bewegen sich dabei am Rande der Sprache, um dem scheinbar unsagbaren Bewusstsein doch noch eine Form der Präsentation zu ermöglichen.*«

Das Duo arbeitet dreizehn Jahre lang im Untergrund. Sie malen Bilder, verdichten Texte, entwickeln Konzepte. Suchen und Finden. Verlieren wieder. Mit der Astrologie erschließt sich ihnen eine Metapher zum besseren Verständnis jener großen Zusammenhänge, in denen wir doch alle eingebettet sind. Hinweise auf einen konzeptuellen Rhythmus. Solch ein kosmisch orientiertes System findet sich in vielen verschiedenen Kulturen. Und weiter gehen sie manchmal in Irrungen, Wirrungen und Sackgassen, arbeiten sich ab an Ereignissen und Dingen, die sie affizieren. ISI nennt MAHA den Lebensgräber. Sie entwickeln Talent als Bioindikatoren. Haben oder entfalten die intuitive Gabe, den Blick dort hin zu richten, wo andere gerne wegschauen. Die Notwendigkeit einer holistischen Sichtweise hat schon der erste Naturphilosoph *Anaximander* vor gut 2.500 Jahren eingemahnt: »*Nimm in die Sorge das SEIENDE im Ganzen.*« Ein großer Anspruch, der anspornt sich der Komplexität zu stellen und Weiterentwicklung erzwingt. Sie entwickeln ihren künstlerischen Ausdruck.

Der wirtschaftliche Umgang mit Tieren, die uns als Nahrung dienen, missfällt ihnen. An der Bezeichnung »Nutztier« lässt sich die übl(ich)e Absicht wieder mal gut erkennen. Es ärgert sie, dass man Lebensmittel als *biologisch* deklarieren muss. Früher war das Biologische das Normale, das Selbstverständliche. Es ärgert sie als Außenseiter zu gelten, weil sie sich *biologisch* ernähren, dass ISI im Supermarkt der Kleinstadt hören muss: »*Sie sind die Einzige, die hier biologische Ware verlangt.*« Die als Einzige vor der Budel stehend lauthals sagt: »*Ich verstehe nicht, wie Menschen Fleisch essen können, das von misshandelten Tieren stammt.*« Ihr Sein ist es, das nicht damit zurechtkommt, wenn Menschen mit ihrem Haustier zum Arzt laufen, um es heilen zu lassen, während im Ofen ein Huhn brät, das auf einem löschpapiergroßen Platz vegetieren musste, lebend in einem LKW von Polen kommend, vielleicht noch aus steuerlichen Gründen über Italien geführt wurde und letztlich (weil hier geschlachtet) mit dem Vermerk »Österreichisches Lebensmittel« in den Regalen landet. Dieser verantwortungslose Umgang mit der Schöpfung lässt den einstigen Lebensmittler zum *Nahrungsmittel* verkommen.

Eine der unzähligen Ausformungen des ökonomischen Kalküls eröffnete uns vor ein paar Jahren der Medienhype rund um BSE. Mit Erstaunen erfuhr man, dass die Nahrungsindustrie Rindern und Schafen, die bekanntlich reine Pflanzenfresser sind, vermehrt Fleischabfälle verabreichte. Vom unternehmerischen Standpunkt aus betrachtet ein multipler Geldregen: die Entsorgung der riesigen Mengen von Schlachtabfällen wird zunehmend problematischer; der Anbau von konventionellem Kraftfutter in der dritten Welt ist angesichts des verschärften Hungerproblems vor Ort ethisch immer schwerer zu rechtfertigen. Wie sich zeigte, hat man auch hochtoxisches Trafoöl in solch einem *Futter* mit entsorgt. Geldgewinnung, wohin man schaut. Wie von selbst wird das Staffelholz der Profitgier weitergereicht. An den zu erwartenden Krankheiten kann die Gesundheitsindustrie schon ihre künftigen Leistungen kalkulieren. Profite ohne Anstrengung bzw. wirklichen

Fortschritt, quasi nach Art einer *Doppelmühle*, sind schon gewährleistet. Spätestens hier sind wir alle aufgerufen, schleunigst unseren Teil der Verantwortung der Natur und Gesellschaft gegenüber wahrzunehmen. Die häufig vorgebrachte Äußerung »*Was kann ich als kleiner Konsument schon dagegen ausrichten*« kann bloß als Zeichen für Bequemlichkeit bzw. als Indikator für die eigene Bewusstlosigkeit (=*Leblosigkeit*) gelten. Nur Tote handeln nicht mehr. Sobald man weiß – und spätestens dieser Tage muss es jeder wissen –, dass der rote Thunfisch vom Aussterben bedroht ist, kann man nicht mehr gedankenlos Sushi essen, nur weil es plötzlich allerorts angeboten wird. Hier wird die Demokratie (=*Entscheidungsfreiheit*) zum Fluch, weil die Reife der Menschen nicht ausreicht, ihren Teil der Verantwortung der Natur gegenüber zu übernehmen. Angesichts unserer globalen Probleme gilt es auch zu überdenken, ob Lammfleisch aus Neuseeland oder Honig aus Kanada hierzulande gekauft werden müssen.

Die Kunst zu leben ist bewusster Verzicht.

1000& findet, dass Bauern, die eine nicht industrielle Landwirtschaft betreiben und seit Generationen unbedenkliche, lebensförderliche Produkte erzeugen, jede Art von Unterstützung bekommen müssen. Da wäre zum Beispiel der engagierte und befreundete Bauer *Herbert Schwaiger*[10], Erfinder des fahrenden Schlachthofes, der unermüdlich dafür kämpfen muss, dass wir Lebensmittel erhalten, die diese Bezeichnung auch verdienen. Er, der Tieren ein artgerechtes Dasein ermöglicht und mittels stressfreier Tötung die hohe Fleischqualität bewahrt (was durch wissenschaftliche Beweisführung eindeutig belegt ist), wird von der herrschenden Fleischerlobby als *Don Quichote* belächelt und, wo immer es geht, diskreditiert. An diesem Beispiel sieht man deutlich, dass es in den selteneren Fällen um das *Wohl des Konsumenten*, des Öfteren aber um den Erhalt und Ausbau (welch schreckliche Vorstellung!) bestehender konventioneller Strukturen geht.

Ein Hoffnungsschimmer tut sich nun in Schottland auf, wo in einem wissenschaftlichen Feldversuch die Ursachen gesteigerter Jugendaggressivität untersucht werden. Die ersten Daten belegen, dass ein höheres Aggressionspotential in direktem Zusammenhang mit konventioneller Ernährung steht. Die biologisch ernährte Kontrollgruppe zeigt eine signifikant höhere Toleranzschwelle. Wer den Geschmack von Fleisch aus artgerechter Haltung einmal kennt, lässt sich von keinem noch so aufdringlichen Lockangebot im Supermarkt mehr verführen. Die Konzeptkünstler essen nämlich beide sehr gerne Gutes und kochten daher immer schon selbst. Aber seit das Fernsehen entdeckt hat, dass man selbst kochen kann, sind sie natürlich absolut in.

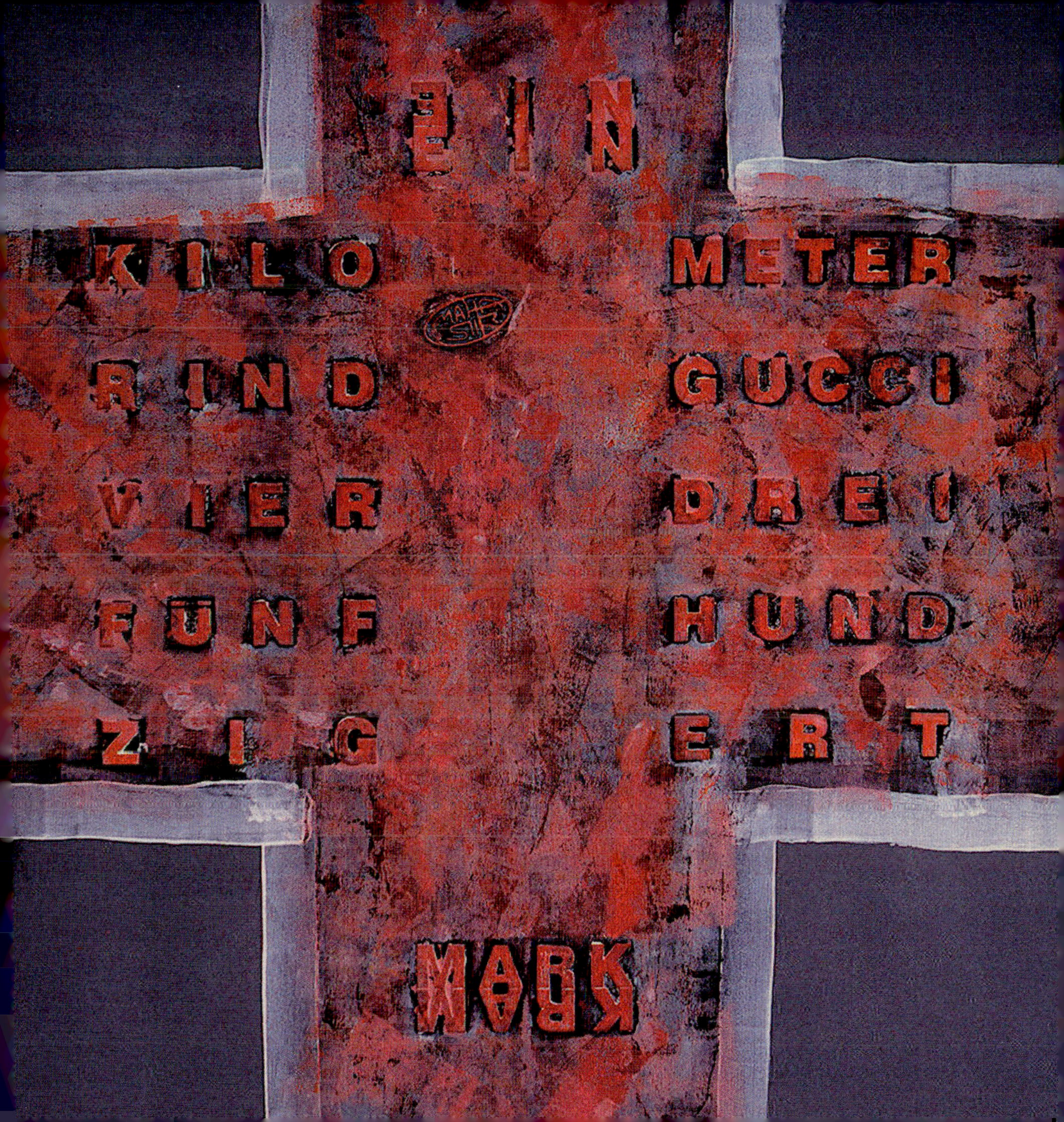
EIN
KILO
METER
RIND
GUCCI
VIER
DREI
FÜNF
HUND
ZIG
ERT
MARK

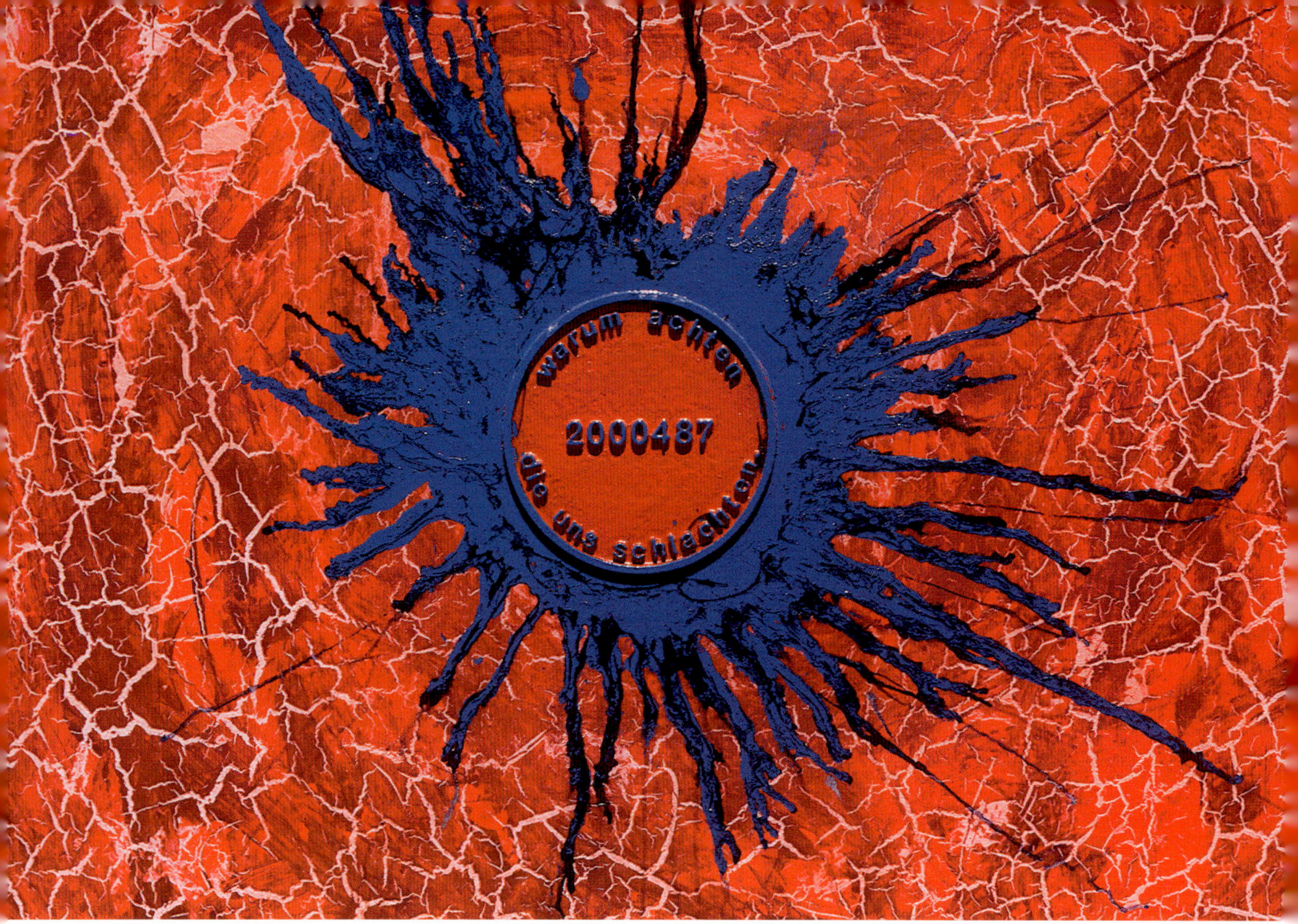

Hier die »*Tausender Topfenspeise*«, ein banales, dem armen Künstlerklischee entsprechendes Rezept, leicht nachvollziehbar für jedermann:

Ingredienzien »Tausender Topfenspeise«

(Für 3 Personen)
biologische Erdäpfel mit der Schale in Kümmel-Salzwasser weich kochen
1 Packerl cremiger Sonnenalm-Topfen (500 Gramm)
5 EL Leinöl

1/2 TL Estragon Senf
Salz und Pfeffer
eine Messerspitze Zucker, eine Prise süßes Paprikapulver
1 mittelgroße Zwiebel
3 Gurken (süß-sauer)
1 kleines Glas Sardellenfilets mit Kapern

Zubereitung: Während die Erdäpfel weich kochen, mischt man den cremigen Topfen mit dem Leinöl und den Gewürzen. Danach reibt man die Zwiebel fein, die Gurken, die Sardellenfilets und Kapern zerkleinert man. Diese Zutaten ebenfalls mit dem Topfen vermischen. Sollte Ihnen die Topfenspeise zu dick sein, kann man etwas Joghurt dazugeben. Die Erdäpfel serviert man im Topf und sie werden, je nach Vorliebe, mit oder ohne Schale gegessen. Der Geschmack dieses Gerichtes hängt zum Großteil von der Qualität des Topfens ab. Dieser wird in der Klein St.Pauler Molkerei Sonnenalm, einer regionalen bäuerlichen Genossenschaft, erzeugt. Das biologische Leinöl stammt von der Familie *Thausing* aus Pischeldorf/Kärnten. Gesunden Appetit!

Die Kunst zu leben ist, mit allen Sinnen das Echte zu genießen.

Obwohl keiner von beiden eine Kunsthochschule besucht hat, entscheiden sich ISI und MAHA, nur noch für »die Kunst zu leben«. Sie vertrauen auf die Intuition, ihre VISIonen mit den Mitteln der Kunst sichtbar machen zu können und damit existentiell Notwendiges für sich selbst zu schaffen. Sie verleihen den verdichteten Worten Form und Gestalt und sind endlich daheim angekommen. Willkommen in der zeitgenössischen Kunst. MAHA entwickelt eine charakteristische grafische Darstellung der Texte, um die Bildhaftigkeit der verwendeten Buchstaben in Szene zu setzen. Um ihnen sozusagen, eine Bühne zu geben. Die Buchstaben werden so miteinander verflochten, dass der Betrachter aufgefordert ist, neu zu lesen und sich selbst dabei neu zu erfahren. Gewohntes wird bewusst gebrochen, in Frage gestellt. Es kommen schwere, persönliche Krisenzeiten, Krankheit, Todesnähe auf das KünstlerDuo zu. Gleichzeitig lebt die Welt unter den Auswirkungen des Anschlages vom 11. September 2001. Die Künstler spüren allzu deutlich die geschürte Angstmache, die profitable Seite dieses Ereignisses. Wie hier im Namen der Freiheit und Demokratie Krieg geführt wird, wie die mediale Manipulation ein gigantisches Ausmaß erreicht hat, wie ein lokales Geschehen weltweit vermarktet wird, wie hier Ängste auf Dauer gestellt werden, zwingt sie, Standpunkt zu beziehen. Sie möchten dem Wahnsinn etwas entgegensetzen. Die *Stele 9/11* passiert!

Kurzbeschreibung

Die Stele **9/11**

ist in diversen Richtungen zweigeteilt, vertikal und horizontal. Um sich das Werk zu erschließen, ist der Betrachter genötigt, Teile zusammenzufügen. Zwei steht für die Künstler; in diesem speziellen Zusammenhang für Gegner; auch für die zwei Seiten eines Landes; zwei Religionen; einer Industriemacht und deren Ressourcebedürfnissen. Es besteht die Chance, die Seite zu wechseln, indem man den eigenen Standpunkt verändert. Vorder- und Rückseite sind nach Art & Anzahl der Buchstaben gleich und doch sind ihre Botschaften verschieden.

In dieser schwierigen, privaten Lebensphase erkennt ISI die Kraft des Glaubens. Doch der ist zu dieser Zeit noch ein kleines Pflänzchen. Auf der Suche nach Gott wird die *eXpedition_9%11* geboren. Die Bibel dient dem damaligen amerikanischen Präsidenten *George W. Bush* als ideologisches Rüstzeug. 1000& finden in den 66 Büchern der Bibel 37 Bücher mit einem 9. Kapitel und einem 11. Vers. Im Koran die 9. Sure, Vers 11. Dies ist der Beginn ihres experimentellen Kunstprojektes, der *eXpedition_9%11*. Ein *global-art-project*, das die beiden heute noch begleitet. Zu den 38 Versen entwickeln sie eine eigene Bildergeschichte. Die polychromen Fotografien nennen sie MonoVISIon_9%11. Sie verbinden als Zeichen der Versöhnung, weltweit Berge mit einer Höhe von 911 Metern miteinander. Und das nicht nur symbolisch. Denn dort oben, auf diesen 38 Bergen, werden Wort-Bild-Transparente mit den biblischen Texten und der Koransure installiert. Sie reisen mit einer Fotoausstellung und Multi-Media-Lesung in die Welt und werden dabei unterstützt und begleitet von Menschen, die ihnen Mut geben, weiterzumachen. Mehr Information findet sich unter ▷ *www.eXpedition911.eu*

Danke sagen ist eine Kunst des Lebens.

Die Skepsis lässt nicht allzu lange auf sich warten. Neuerliche Krisenzeiten. Die einen sagen, die Bilder seien zu bunt, die anderen sagen, die Texte seien nicht sofort verständlich. Der eine sagt, das sei alles so kompliziert, der andere sagt, es sei zu einfach. Die eine sagt, MAHA halte sich zu sehr zurück, die andere sagt, ISI sei zu weit vorne. Der eine Galerist sagt, er dürfe seine Kunden nicht verunsichern. Der andere Galerist sagt, er nähme keine neuen Künstler. Und sie hecheln umher auf der Suche nach dem Verständnis. Ein Kunstwerk dürfe man niemals beschreiben, heißt es hier. Es sei unbedingt notwendig, sein Werk zu beschreiben, heißt es da. Ach, wären sie doch im Untergrund geblieben. Zweifel kommen auf, nicht gut genug zu sein. Ist die Stele zu groß, zu viel, zu komplex? Und dann tun sie, was zu tun ist. Sie gehorchen ihrem Sein und reduzieren den ganzen Komplex nochmals weiter. Auf der nächsten Seite sieht man das Ergebnis.
Ein Wort. Riesengroß. 1,5 x 3 Meter. Passt die Farbe?

»*Jedem Recht getan, ist eine Kunst, die niemand kann.*« Folglich erkannten sie erstmals ihre Einzigartigkeit. Das erste größere Vorhaben, mit dem das KünstlerDuo 1000& im Jahre 2006 an die Öffentlichkeit tritt, findet im Rahmen des kärntenweiten Kulturprojektes *SOLYSOMBRA* statt. Mit 17 Wort-Bild-Transparenten gestalteten sie einen vier Kilometer langen Weg. Den NaturTEXT-Raum »*Mit spitzem Knie bergauf*«. In Erinnerung an den 20. Todestag von *Joseph Beuys* und in Anlehnung an sein Diktum »*Ich denke mit dem Knie*« begibt sich dort der Geher durch Textarrangements hin-

durch auf eine fragmentarische Lebensreise. Die TEXTräume sind als Stimulanzien (*Goethe: »Jeder hört nur das, was er versteht«*) für den individuellen Weg gedacht. Am Etappenziel angekommen könnte sich so mancher Blickwinkel geändert haben. Vademecum heißt: Geh mit mir!

. Gedanken gehen. Ziel dieses Projektes ist, dem Betrachter mit dem Decodieren der Texte ein meditatives Erlebnis zu ermöglichen. Jeder Mensch hat seine eigene Geschichte und interpretiert die Texte aus sich heraus. Somit können sie für jeden etwas anderes bedeuten. Die geistige und körperliche Bewegung ergänzen einander zum klaren Erkennen. 2007 findet der *Erkenntnisweg* im Kurbad Althofen als *Herz-Weg* seine Fortsetzung. Ein heilender Pfad, den Herzpatienten täglich zweimal gehen, soll mithelfen, erstarrte Verhaltensmuster aufzubrechen. An sorgfältig ausgewählten Punkten hängen die bis zu 3 x 4 Meter großen Transparente, die zum Teil mit allen Sinnen erlebbar sind. So gibt es unter anderem ein Transparent, das kopfüber in den Bäumen hängt, wodurch es am besten im weichen Moos liegend zu lesen ist. Der Kontakt mit dem kühlen Waldboden bewirkt so ganz von alleine natürliche Erdung. Wege sind mittlerweile ein zentraler Bestandteil unserer künstlerischen Arbeit. Sehr reizvoll finden wir den *niederschwelligen* Eintritt (24/7 frei zugänglich), den solch eine Form der Kunst- und Gedankenvermittlung erlaubt. In der Konzeptkunst haben wir unsere Heimat gefunden. Wie schön das klingt. Als ob wir immer wüssten, was wir tun. Dem ist nicht so. Wenn die Arbeit vollendet ist, fragen wir uns immer wieder: »*Wie haben wir das gemacht?*« Es ist oft eine Grenzerfahrung, die nicht wiederholbar ist. Man steht mit dem eigenen Wissen an und sagt: »*Mach Du weiter.*« Darauf zu vertrauen, dass die Inspiration einem das gibt, was notwendig ist. Man könnte es den *göttlichen Moment* nennen, jenen Augenblick, zu dem *Goethes* Faust bereits sagte: »*Verweile doch, du bist so schön.*«

Wann ist das Leben eine Kunst?

Alles geschehen lassen, ein- und ausatmen, hassen und sich versöhnen, lieben und entlieben, Ruhe und Bewegung, Fehler machen und dem nicht zu viel Bedeutung beimessen, leben, zweifeln, suchen und nicht zu wissen, wo bringt es mich hin. Oder »*Es ist alles Yin und Yang und wurscht*«, wie es *Alfred Dorfer* so treffend formuliert. Oder wenn man heiter entdeckt: Es gibt nichts Neues unter der Sonne. Dann ist das Leben keine Kunst.

Quellen • [1] *Alan Watts*, Der Lauf des Wassers [1983] [2] *Werner Götz*, Einkommen für alle [2007] [3] *Benjes Hermann*, Wer hat Angst vor Silvio Gesell? [1995] [4] zitiert aus: Vortrag *Linus S. Geisler* / Das ärztliche Gespräch - eine vernachlässigte Aufgabe [2003] [5] *Ute Lauterbach*, lfd. Seminare ▷ *www.ute-lauterbach.de* [6] *Christoph Warhanek*, SE Gruppendynamik, Langschlag [2000] [7] *Epiktet*, griechischer Philosoph [50 n.Chr.] [8] *Ö1-Sendung*: »Ganz Ich« vom 07.März 2001 [9] *Leonhard Bauer*, Kritik ökonomischer Denkweisen [1985] [10] *Herbert Schwaiger*, Die Rache der Tiere [2006]

Martin F. Hahnl, * 1965 in Wien, HTL-Maschinenbau und Studium Volkswirtschaft. In der Begegnung mit dem sardischen Maler *Tonio Nateri*, der einst mit *Dali* und *Picasso* in Paris gemeinsam ausstellte, findet er seine wahre Berufung. Das kreative Sein. Die Kunst als Lebensinhalt. *Irmgard Siepmann*, * 1951 in Bayern, Medizinische Ausbildung und Pharmaberaterin. Die von Jugendzeit an praktizierte Schreiblust wird ab dem Ausstieg aus der Pharmaindustrie zum Lebensmittelpunkt. Sie findet ihren Ausdruck in der konkreten Poesie, in der Verdichtung von Sprache – im Schrift*stellen*. Die Akteure arbeiten im Duo und beschäftigen sich permanent mit politischen, zwischenmenschlichen und wirtschaftlichen Zusammenhängen. Mit einem konzeptuellen Zugang werden die dabei auftauchenden Fragen und die mutmaßlichen Strukturbrüche künstlerisch transformiert. Die Idee sucht sich ihre eigene Ausdrucksform! Von dem Ergebnis sind selbst die beiden Akteure oft überrascht. So wird Kunst zum Leben, das Leben zur Kunst.
Das Duo arbeitet in Wien und Kärnten. ▷ *www.1000plus.org*

1000&

Die Alchemie der Seele

Woher kommt das Licht, das der Musiker durch seine Musik in die Herzen sendet? Und was bewirkt dieses Licht? *Matthias Michael Beckmann* musiziert auf einem einzigartigen 5-saitigen Violoncello mit der Quintessenz einer Diskant-E-Saite und einem spielbaren Klangspektrum von 5 Oktaven.

Licht senden in die menschlichen Herzen ist des Künstlers Beruf. Robert Schumann
Einer wirklichen Berufung kann man auf Dauer nicht entkommen. Selbst drei Bandscheibenvorfälle und weitere Unfälle konnten *Matthias Michael Beckmann* nicht davon abhalten, seine Kunst, das Spiel mit dem 5-saitigen Violoncello, zur Profession zu machen. Gedanken über das ganzheitliche Wahrnehmen von Musik.

I. Der Weg zu s'ICH selbst – Vom Können zum Künden – Den eigenen Rhythmus finden

Im Weltgeheimnis schaut sich der Mensch. Im Menschengeheimnis offenbart sich die Welt. Rudolf Steiner

In eine spirituell-künstlerisch-pädagogische Familie hineingeboren, durfte ich mit 8 Jahren Violoncello lernen und mit 10 Jahren am Meistersinger-Konservatorium in Nürnberg bei *Claus Reichardt* studieren. Meine Schulzeit auf der Waldorfschule Nürnberg habe ich als sehr erfüllend in Erinnerung. Die *wilden Jahre der Pubertät* ließen mich an der Klassik zweifeln und so spielte ich bald Schlagzeug in der schuleigenen Band, was rückblickend mehr als Sinn ergibt (*Rhythmus*). Das in diesen Jahren erwachte Interesse am *weiblichen Geschlecht* lenkte zufällig mein Auge auf eine Schallplatte der bildhübschen Cellistin *Jacqueline du Pré*. Die schwarze Scheibe drehte sich auf dem Plattenteller: Was für ein Celloklang dieser damals 16-Jährigen. Er berührte und erschütterte mich im Innersten meiner Seele. Mein Berufswunsch war sonnenklar.

Nach dem *Rausschmiss* aus dem Konservatorium nach sechs erfolgreichen Jahren als *Jungstudent* – außer einer Fünf in *rhythmischer* Gehörbildung – nahm mich, meinen lieben Eltern sei besonderer Dank, *Reiner Faupel* – Solocellist an der Nürnberger Oper – *väterlich* unter seine Fittiche. Vier Jahre vieler intensiver Wochenenden verbrachte ich bei ihm. Er leitete meine neue Musikbegeisterung und bereitete mich fürsorglich auf die Aufnahmeprüfung an der Münchner Musikhochschule vor. Er war derjenige, der meinen Berufswunsch ernst nahm. Meinen künftigen Lehrer *Walter Nothas*, dessen zeitweiliger Lehrer *Pablo Casals* war, hörte ich zuvor im Radio. Sein *meisterliches Handwerk*, sein *unglaubliches Rhythmusgefühl* und der *kristallklare Klang* seines Cellospiels faszinierten mich. Er war der einzige Lehrer, bei dem ich Musik studieren wollte, der mir aber auch einen Dämpfer hinsichtlich meines Berufswunsches, der Solistenlaufbahn, gab. Ziel war nun eine gute Orchesterstelle zum *Brotverdienen*. Das Orchester hatte auf mich wenig Anziehungskraft und so reichten meine Fühler weit in die Notfallmedizin. Ein Hörsturz und ein Bandscheibenvorfall (links) mit 28 Jahren nahmen mir die Entscheidung ab und beendeten meine 8 Jahre Rettungsdienst als Studiumfinanzierung und Militärersatz. Was für eine Erleichterung: nur noch Musik! Dem Wunsch der Seele ist nicht zu entkommen. Das künstlerische Diplom (Staatsexamen), das Meisterklassendiplom und der staatlich geprüfte »Privatmusiklehrer« in München waren die ersten Zertifikate zum Eintritt in die berufliche »Kunst zu leben«.

Die erste *sichere* Stelle war in einem Salzburger Orchester. Regen und mangelnde Erfüllung, gemischt mit schönsten Mozartklängen, brachten mein neues Mountainbike und mich zum Ausgleich auf den Gaisberg. Die Abfahrt bei einsetzender Dunkelheit endete mit knöchernem Ellenbogensehnenausriss (links) im UKH mit Zeit zum Nachdenken: Was will ich wirklich, wirklich im Leben? Die erste Vision, auf 10 Jahre ausgerichtet, wurde noch im Krankenhaus per *Mind-Mapping* und Bleistift kreiert. Raus aus dem Orchester: Kammermusik, Gründung des *Mozart Quartetts Salzburg* und eines Plattenlabels. Erste Logos wurden per Hand entworfen (Computer, ein noch unbekanntes Wesen?). Die Kammermusik brachte mir neuen Antrieb. Meiner Seele ging es wohl nicht schnell genug: Zweiter Bandscheibenvorfall, Handfraktur beim Rollschuhfahren (damals mehr als verwunderlich, denn ich bin auf Rollschuhen aufgewachsen). In der Zeit der Genesung bastelte ich an einem Kammermusik-Zyklus 2000–2006. Ein *»musikalischer Kosmos des Streichquartetts«*, veranstaltet im Tanzmeistersaal des *Mozart*-Wohnhauses, unterstützt von einem *Engel*, der einen Sponsor bis zum Mozartjahr vermittelte.

Zwischen den *nebenberuflichen* Konzerten des *Mozart Quartetts*, Konzerten des Orchesters bei den Festspielen und auf den großen Bühnen dieser Welt und meinem dritten Bandscheibenvorfall (links) reifte meine Vision immer klarer. Einem vierten Bandscheibenvorfall kam ich zuvor: Mit 38 Jahren kündigte ich meine *sichere Stelle auf Lebenszeit* und sprang in die Selbstständigkeit – trotz aller *Rat-Schläge* meiner Kollegen, Freunde und Familiensorgen. Mit dieser Wegzweigung begann das *bewusste* Erlernen der »Kunst zu leben«. Im selben Jahr erblickte mein Sohn Samuel das Licht der Welt und gab mir unendliche Freude & Kraft. Erstaunlich: Seitdem bin ich gesund. *Luise L. Hays* Fibel »*Heile Deinen Körper – Seelisch-geistige Gründe für körperliche Krankheit*« und das Erlernen des *Handauflegens* waren mir eine große Hilfe. »*Liebe Deine Krankheit, denn sie hält dich gesund.*« Krankheit als Transformation der Seele. So hat doch die linke Seite des Körpers eine besondere Bedeutung.

Die Kunst zu leben ● Selbstständig sein – Selbst ständig SEIN

Die Erkenntnis ist das Licht und Liebe dessen Wärme. Rudolf Steiner

Der Sprung in die Selbstständigkeit konfrontierte mich mit allen Formen der Existenzangst. Das Verlangen der Seele nach Ausdruck hat mehr Kraft und schult mich täglich mehr und mehr in der »Kunst zu leben«: so lässt sich jede Angst mit Licht, mit *Er-kenntnis* durchfluten … *J. S. Bachs* Musik wirkt hier Wunder.

Die 12 Sinne des Menschen ● Dem Ursprünglichen nachspüren

Auf dem Weg zum *eigenen Lebensrhythmus* durfte ich im Mozartjahr 2006 an einer einwöchigen Kutschenfahrt – wie zur *Mozartzeit* – von Salzburg nach München teilnehmen. Erstaunlich, wie schön es ist, bei Pferde-Galopp, dem schnellsten Tempo der damaligen Zeit, noch alle Eindrücke der Natur empfinden zu können. *Mozart* bezeichnet *Presto* als »*gesch-wind*«. Der angenehme Windhauch ist äußerst erfrischend und belebend. Das Musikalische wird wesenhaft, erfahrbar mit allen Sinnen: *Tastsinn, Lebenssinn, Bewegungssinn, Gleichgewichtssinn, Geruchssinn, Geschmackssinn, Gesichtssinn/Sehsinn, Wärmesinn, Gehörsinn, Wort/Sprach/Tonsinn, Denksinn, Ichsinn*. Die großen Komponisten wie *Bach* wussten vom *Tempo ordinario*, dessen natürlichster Gradmesser der menschliche Pulsschlag ist. Im Klang der inneren Mitte des Herzens offenbart sich intuitiv die Stimme der Seele in Verbindung zum göttlichen Selbst des Menschen. Dieses natürlich inspirierte Musizieren lässt die Tempi im Einklang mit dem Herzen pulsieren und führt zum Einklang von Körper, Seele und Geist. Welch' Erfüllung für Musiker und Zuhörer, wenn dies im Konzert gelingt!

Die Kunst zu leben ● Inspiration & Handlung

Die fünfte Saite: Als Musiker wächst man mit der persönlichen Reife aus dem Instrument. Die Grenzen meines Cellos spürend, ließ ich mir eine Kopie des *Davidoff-Stradivari*-Cellos (1712) von *Jacqueline du Pré* bauen, welches mich vor 20 Jahren so berührt hatte. Ein wundervolles Instrument, doch eine Kopie – und *mein* Originalcello sollte folgen. Ich vertraute meiner morgendlichen Inspiration und beauftragte *Roger Graham Hargrave & Bertrand Bellin*, zwei exzellente Meister ihres Fachs, mir mein Cello zu bauen, Tradition & Innovation zu vereinen. 2007 hielt ich mein Cello in Händen: Ein 5-saitiges Meisterwerk mit einer Diskant-E-Saite und einem spielbaren Klangspektrum

von 5 Oktaven. Nach 33 Jahren Musik auf vier Saiten, bedeutete dies eine wesentliche, ganzheitliche Umstellung.

Die Kunst zu leben • Vertrauen & Dankbarkeit

Welch' Glück mir und Dankbarkeit denen, die Talente bei Künstlern wahrnehmen und fördern: So gilt mein Herzensdank *Daniell Porsche*, der es mir ermöglichte, dieses wundervolle Instrument auch mein Eigen nennen zu dürfen. Eine erste Solo-CD »*Ave Maria - Musik der Geborgenheit*« – zugunsten der *Paracelsus*-Schule Salzburg – entstand unmittelbar. Die neuen Celloklänge nahmen mich mächtig her: Die lichten Frequenzen durchleuchteten mein ganzes inneres Gefüge. Es war eine Zeit des Zweifels und der Ungewissheit, bis mir eine Sängerin beibrachte, die lichten Klänge *zu erden*. Der Erfolg dieser CD brachte zwei »Frei-CDs«, die ich nach meinen Wünschen künstlerisch gestalten und aufnehmen durfte. Ich entschied mich für *Bachs* »*Cello-Suiten & Gamben-Sonaten*«: Ein intensives Jahr täglichen Bach-Studiums mit dem neuen Instrument brachte große innere Klarheit. Und so folge ich nun noch mehr meinem ursprünglichen Berufswunsch, meiner inneren Berufung, im jungen Alter von 44 Jahren.

Die Kunst zu leben • Loszulassen, was nicht mehr dient

Die Seele des Menschen ist eine Blüte der Welt, bestimmt, in sich den göttlichen Geist zu reifen. Rudolf Steiner

Im *Johannes-Evangelium* und in der spirituellen Wissenschaft bedeutet die *Jungfrau Sophia* auch den gereinigten Astralkörper, durch den bei entsprechender Katharsis der kosmische Weltengeist, das

kosmische Ich, der Christus scheint. *Bachs* Musik, »*zur Ehre Gottes*« komponiert, birgt kosmische Weisheiten und so wurde ich mit unendlich vielen alten Glaubenssätzen konfrontiert, die ich – einmal erkannt – loslassen durfte.

»*Nicht Bach, sondern Meer sollte er heißen, wegen seines unendlichen, unerschöpflichen Reichtums an Tonkombinationen und Harmonien.*« Ludwig van Beethoven

Durch das ganzheitliche Wahrnehmen von *Bachs* Musik offenbart sich mir ein tiefes Verständnis der Natur des eigenen Geistes. Birgt nicht die Natur des Geistes die Gesamtheit des Göttlichen, des Unbeschreiblichen in sich? Ist nicht die Sehnsucht nach der eigenen Göttlichkeit das größte Seelenbedürfnis des Menschen? Mir scheint, das Göttliche, die Urenergie der Liebe und des Seins ist fühlbare, allerreinste, ursprünglichste Herzensenergie. Öffnen wir uns für sie, so leuchtet sie in uns und wir empfinden Glückseligkeit.

Die Kunst zu leben ● Die Kunde

Kunst kommt von Können, und doch ist Können noch nicht Kunst. Zum Können gesellt sich »die Kunde«, das Künden. *Jesus* formulierte es so: »*Nicht ich, der Christus in mir …*« Und so ergibt *Robert Schumanns* Zitat »*Licht senden in die menschlichen Herzen, ist des Künstlers Beruf*« einen erfahrbaren, wahren Sinn. Für dieses Senden wird der Künstler einem klärenden Prozess unterzogen. Das gestärkte Ich will sich in der Gemeinschaft einbringen. Vom Konkurrenzdenken zum Schöpfungsdenken, moralisches Empfinden und Handeln aus innerer Freude, Dankbarkeit und Frieden, sich des Lichts, des Christus in sich und im Nächsten bewusst zu sein.

II. Die Kunst zu leben – **Gegenwärtigkeit**

Es hört der Mensch das Schöpfungswort, wenn er reinen Herzens horcht,
wie Weltengeister durch die Seele sich musikalisch sinnvoll offenbaren. Rudolf Steiner

… heißt für mich auch, aus dem Augenblick heraus der inneren Stimme folgen. Gottes Worte sind über die innere Stimme wahrnehmbar, auch in Form von Gefühl und Impulsen. Die innere Stimme ist die Ausdruckskraft des höheren Ich/Selbst, das in jedem Menschen die göttlichen Kräfte ausdrückt. Jeder Gedanke, jedes Wort und jede Tat eines Menschen gründen auf tiefster Ebene in **Liebe** oder **Angst**. Jede einzelne *freie Wahl* entsteht aus einem der beiden möglichen Gedanken: **Liebe** ist die Kraft, die eint, heilt, verbindet, sich öffnet, ausstrahlt, bleibt, einhüllt … **Angst** ist die Kraft, die zusammenzieht, einschränkt, wegrennt, trennt ... Wir haben die Freiheit zu wählen. Ist unser Denken, Fühlen und Wollen im Einklang, gelangen wir an unsere bewussten Schöpfungskräfte.

Denke - menschlich-unpersönlich,
Fühle - lebendig-innerlich,
Wolle - frei-kraftvoll. Rudolf Steiner

Man möge mir die vielen Worte von *Dr. Rudolf Steiner* nachsehen, ist doch in diesem Buch die persönliche Sichtweise des Autors gefragt. Meine Ausdrucksform ist die Musik, weniger das geschriebene Wort: *Rudolf Steiners* Worte sind mir seit meiner Kindheit vertraut und sprechen für mich das aus, was ich empfinde.

Die scheinbare Sicherheit habe ich mit der Kündigung meiner festen Anstellung verloren. Wahre S-ICH-er-heit und Freiheit in mir gefunden. Mir blieb oft nichts anderes übrig, als mein Leben in *die Hände Gottes* zu legen. Das mag altmodisch klingen, aber es funktioniert. Wer die Liebe Gottes in seinem Herz fühlt, empfängt Frieden, gibt durch sich, was er empfängt. Das kann ein bewusster oder unbewusster Akt sein.

III. Die Kunst zu leben – **Zukunft, Lebenstraum, Vision**

Klänge erreichen den ganzen Menschen. Musik hat die Fähigkeit, uns mit unserer ureigenen Quelle in Berührung zu bringen *(religio)*. Sie (die Quelle, das ICH) fühlend wahrnehmen, sie war ja nie verloren, bringt Erfüllung und inneren Seelenfrieden.

Die Kunst zu leben • Fazit?
Freuden nehme man als göttliche Gaben der Gegenwart, Schmerzen aber als Lehren für die Zukunft. Rudolf Steiner

Die Kunst zu leben • Zeit ist nicht veränderbar, aber der/unser Rhythmus
Im Ewigen lernt leben, wer sein Verhältnis zur Zeit zu lösen versteht. Rudolf Steiner

Die Kunst zu leben • Mach´s wie Gott, werde Mensch!
Erkenne, dass Mut durch Dich die Erde vorwärts bringt. Geist trägt Dir der Sonne Licht entgegen,
Seele ist die innere Herberge des Lichts. Rudolf Steiner

Die Kunst zu leben • Das Wahrnehmen der Tugenden

Das Schöne bewundern, das Wahre behüten,
Das Edle verehren, das Gute beschließen:
Es führet den Menschen im Leben zu Zielen,
Im Handeln zum Rechten, im Fühlen zum Frieden, im Denken zum Lichte;
Und lehrt ihn vertrauen auf göttliches Walten
In allem, was ist: Im Weltenall, im Seelengrund. Rudolf Steiner

Die Kunst zu leben • Der Brunnen

Der Brunnen spendet leise sein Wasser täglich gleicherweise.
Ich möchte diesem Brunnen gleichen, was in mir ist stets weiterreichen.
Doch geben, geben alle Tage, sag' Brunnen, ist das nicht eine Plage?
Da sagt er mir als Jochgeselle: Ich bin ja Brunnen nur, nicht Quelle,
Mir fließt es zu – ich geb' es weiter, das macht mein Dasein froh und heiter.
So leb' ich nach des Brunnens Weise, und will – beglückt – stets weitergeben,
was mir die Quelle schenkt zum Leben. Anonymos

Die Kunst zu leben • Alchemie

» … mit dem dichten Dunkel im Inneren arbeiten und es durchdringen.«

Mögen diese Zeilen Mut machen, mit sogenannten fortgeschrittenen Jahren seinen Lebenstraum, seinen Seelenauftrag zu leben.

Eines ist für mich sicher: Wo ein Wille ist, ist auch ein Weg. Wunder sind in der göttlichen Gnade der Gegenwart erfahrbar, wenn wir aus Liebe und Freude handeln und uns für sie öffnen.

Matthias Michael Beckmann

* 1966, war bereits mit 10 Jahren Jungstudent am Meistersinger-Konservatorium Nürnberg und absolvierte das »Meisterklassendiplom« mit Auszeichnung in München bei *Walter Nothas*. Wichtige musikalische Impulse erhielt er in Meisterklassen von *André Navarra*, *William Pleeth* und von Künstlern wie *Jacqueline du Pré*, *Irena Grafenauer*, *Hannelore Leiffolts* und *Reiner Faupel*. Als begeisterter Kammermusiker gründete der Cellist 1996 das »*Mozart Quartett Salzburg*«. Zu seinen Kammermusikpartnern zählen Künstler wie *Irena Grafenauer*, *Michael Martin Kofler*, *Pepe Romero*, *Radovan Vlatkovic*. Nach 10-jähriger künstlerischer Tätigkeit in namhaften Orchestern widmet sich der Cellist seit 2005 dem Solospiel, der Kammermusik und dem Aufbau einer ganzheitlichen Celloklasse für 5-saitiges Violoncello. Internationale Konzerte in musikalischen Zentren sowie zahlreiche CD-Aufnahmen brachten ihm große Anerkennung. Er gilt als Pionier am Violoncello. 2007 ließ er sich sein *eigenes Cello* entwickeln und bauen: Ein 5-saitiges Meisterwerk mit der Quintessenz einer Diskant-E-Saite und einem Klangspektrum von 5 Oktaven. »*Die 5. Saite macht das Violoncello für mich vollkommen*«, sagt *Beckmann*. So ist der Musiker der erste Cellist, der von *Bach* bis *Gulda* die gesamte Celloliteratur auf einem 5-saitigen Cello spielt. Besonderes Anliegen ist ihm das Musizieren *im pulsierendem Fluss* – Musik, die aus ihrer Ursprünglichkeit heraus begeistert. ▹ *www.thecellist.at*

Anton A. Bucher ·– Die Wissenschaft vom Glück 94

Gerhard W. Hacker ·– Stress aus der Erde 112

Astrid Walter ·– Heilen durch Bewegung 126

Ursula Demarmels ·– Zurück zum Licht 138

2 Soziales, Therapeutisches & Pädagogisches

Die Wissenschaft vom Glück

Viel Angst, viel Depression, wenig Glück, noch weniger Freude: Die moderne Psychologie beschäftigt sich fast ausschließlich mit negativen emotionalen Zuständen. Anders *Anton A. Bucher*: Für »Die Kunst des Lebens« ging er den Essentials der Glückspsychologie auf den Grund.

Lässt sich Glück erzwingen oder strategisch planen? Machen Kinder glücklich oder ist es die Arbeit, die uns ein Lächeln auf die Lippen zaubert? Obschon Glück bzw. das Streben nach ihm allgegenwärtig ist, beschäftigt sich die psychologische Forschung fast ausschließlich mit Angst, Depression und anderen negativen emotionalen Zuständen. Warum eigentlich? Auch die hellen Seiten des Lebens wollen erforscht sein. Der Psychologe *Anton A. Bucher* über unglückliche Lottogewinner, glückliche Massaikrieger und beglückendes Leben an sich.

Die Kunst des Lebens besteht im Wesentlichen darin, glücklich zu leben oder so zu werden. Glück ist, sagte der Philosoph *Ludwig Marcuse*, eine Sehnsucht, die nicht altert. Alle Menschen wollen glücklich werden. Und sie suchen Glück auf unterschiedlichsten Wegen. Die einen, indem sie ins Casino fahren oder bei der Lotto-Annahmestelle sechs Zahlen ankreuzen, stillschweigend in der Meinung, ein sechsstelliger Eurobetrag mache glücklich. Und wieder andere, indem sie Bungee-Jumping machen, von der Europabrücke springen und, in die Tiefe stürzend, erleben, wie Cortison ausgeschüttet wird, das sich im ganzen Körper verteilt, während sie an den elastischen Seilen auf- und niederschweben. Und wieder andere, indem sie ein Kinderzimmer einrichten, mit hellblauen Vorhängen, und darauf warten, dass sich der Streifen des Schwangerschaftstests endlich verfärbt. Und selbst jene Menschen, die sich in die *Sadomaso*-Szene begeben, um sich dort auf den nackten Hintern peitschen oder mit flüssigem Wachs die Brustwarzen volltropfen zu lassen – letztlich suchen sie Glück. Ebenso jene Menschen, die sich in die Abgeschiedenheit eines Klosters zurückziehen, dort tagelang schweigen und meditieren, vielleicht über jene Glückseligkeit nachsinnend, die, nach diesem irdischen Leben, im Jenseits verheißen wird.

Obschon Glück bzw. das Streben nach ihm allgegenwärtig ist, vernachlässigte die Psychologie diese menschliche Ursehnsucht viel zu lange. *Myers*, ein amerikanischer Psychologe, recherchierte, zu welchen Emotionen die Psychologen in den letzten hundert Jahren forschten. Er fand: In den einschlägigen Fachzeitschriften erschienen 86.767 Studien zu Depression, 70.845 Artikel zu Angst, aber gerade einmal 3.938 Arbeiten zu Glück (*happiness*), und bloß 1.161 zu Freude. Allerdings begannen in den letzten Jahren Psychologen damit, auch die hellen Seiten des Lebens intensiver zu untersuchen. *Martin Seligmann*, Präsident der amerikanischen Psychologenvereinigung, plädierte engagiert für eine *Positive Psychologie*, die weniger danach fragt, was die Menschen trübsinnig macht oder in Depressionen hinunterzieht, in denen das Gehirn nachweislich seine Zellen zerstört, sondern danach, was ihre Augen aufleuchten oder sie lächeln lässt. Ein Kernthema der Positiven Psychologie ist das Glück, das in den letzten Jahren vielfältig und einfallsreich untersucht wurde, mit Interviews und Fragebögen ebenso wie in den Magnetröhren der Kernspintomographie (bildgebende Verfahren der Gehirntätigkeit).

Im folgenden Beitrag skizziere ich einige ausgewählte Ergebnisse der Glückspsychologie bzw. der Happyologie, der Wissenschaft vom Glück. Als erstes ist der urphilosophischen Frage nachzuspüren, was Glück eigentlich ist. Philosophen pflegten Glück oft zu definieren und gelegentlich den anderen Menschen auch vorzuschreiben. *Simone de Beauvoir* beispielsweise meinte, glücklich werde der Mensch, wenn er alleine und autonom lebe; sie bedauerte jene Frauen als unglücklich, die vor den Traualtar schreiten – aber im sprichwörtlichen Hafen der Ehe haben viele Männer und Frauen tiefes Glück gefunden. Psychologen verfahren anders: Sie fragen Menschen nach ihren subjektiven Theorien des Glücks (*Abschnitt 1*): Wo, bei was und mit wem fühlen sie sich glücklich? Aber auch danach, was ihnen erleichtert, glücklich zu sein bzw. was sie daran hindert. Ebenfalls fragen sie, welche Lebensumstände und Verhaltensweisen Menschen eher glücklich machen, etwa indem sie vergleichen, wie glücklich amerikanische Millionäre ihr Leben im Vergleich zu Massai-Kriegern in der Savanne einschätzen – letztere sind übrigens zufriedener (*Abschnitt 2*). Und nicht zuletzt untersuchen Psychologen, wie Menschen ihr Glück erhöhen können, und dies mit dem Anspruch auf Verallgemeinerbarkeit bzw. Objektivität, bspw. indem sie zwei homogene Gruppen von StudentInnen bilden, die erste darum bitten, jeden Abend zu zählen, wie viele dankenswerte Erlebnisse sie am Tage hatten, die andere darum, festzuhalten, wie oft sie sich seit dem Morgen ärgerten – zwei Monate später zeigte eine Glücksmessung, dass erstere überzufällig glücklicher waren als die letzteren (*Abschnitt 3*).

1. Was ist Glück?

Renate Hoffmann bat um 1980 einige hundert Angehörige der Universität München darum, sich in Episoden zu versetzen, in denen sie besonders glücklich waren, sodann detailliert zu beschreiben, wie sie sich damals gefühlt hatten. Sie fand eine enorme Palette von Glücksschilderungen, die sie Kategorien zuordnete:

1. Viele Männer und Frauen schilderten Glück, das sie in qualitativ guten Beziehungen erlebten, wenn sie sich einer anderen Seele nahe fühlten.
2. Wieder andere bestimmten Glück als schöpferische Kraft, wenn sie von einem starken Tatendrang beseelt waren und in ihren Leistungen über sich selber hinauswuchsen.
3. Glück geht damit einher, dass sich unsere Sinne öffnen, dass wir bspw. die Schönheit eines Sonnenuntergangs in uns aufnehmen können und spüren, mit der Landschaft eins zu sein.
4. Intensives Glück erlebten viele in der Erotik, etwa wenn das buchstäbliche Schmetterlingsgefühl die ganze Bauchdecke durchkribbelt oder sich tiefste Kräfte in den Schauern des Orgasmus zusammenballen und ein Feuerwerk versprühen, selbst unter den Zehennägeln spürbar.
5. Glück kann ruhig und entspannt sein: »*Ich atmete ganz ruhig*.«
6. Aber auch spontaner Ausdruck überfließender Energie, wenn Menschen in die Höhe springen, tanzen, hüpfen,
7. bis in die Ekstase, wenn Menschen regelrecht zerfließen.
8. Wieder andere Menschen erlebten ihr Glück in ihrer Beziehung zu einem Transzendenten, wenn sie sich von einem Göttlichen umgeben, ja getragen wissen.
9. Glückliche Menschen vergessen vielfach die Zeit, etwa wenn sie in der lauen Sommernacht tanzen und tanzen, und ein Blick auf die Uhr zeigt: Mitternacht ist schon lange vorüber.
10. Glückliche Menschen bejahen das Leben als sinnvoll und sehen darin vielfach ein überwältigendes Geschenk.

▪ Glück hat viele Gesichter

Es gibt ruhige und stille Formen des Glücks, aber auch laute und erregte; Glück kann allein erlebt werden, aber auch zu zweit oder in einer großen Menge von Menschen. In der Glückspsychologie ist es denn auch üblich geworden, Glück als subjektives Urteil aufzufassen bzw. – so der analytische Philosoph *von Wright* – als *firstperson judgment*, als ein Urteil der ersten Person. Menschen können bei Tätigkeiten glücklich sein, wo andere dies nicht nachvollziehen können. Als besonders glücklich schätzten sich die Zwillinge *Lori* und *Reba Schappel*, obschon sie sich charakterlich markant unterschieden: Lori ist ausgesprochen kontaktfreudig, Reba eher schüchtern. Aber die beiden waren siamesische Zwillinge und seit ihrer Geburt an ihren Stirnseiten miteinander verwachsen. Sich operativ trennen lassen? Mitnichten! Meine älteste Tochter war besonders glücklich mit ihrem Haustier, das sie in der Pubertät den wenig begeisterten Eltern abtrotzte: Eine Ratte. Höchstes Glück, während diese auf der Schulter umherkrabbelte, geringelter Schwanz neben blond gelocktem Haar – bis die Hauskatze dieses Kindheitsglück zerstörte. Und: Menschen können zutiefst unglücklich sein, während sie andere um ihr – scheinbares – Glück beneiden. So einer der originellsten Glücksforscher, der das Glückserleben von Lottogewinnern und Querschnittgelähmten verglich: *Philipp Brinkman*, jung, weltweit bekannt, seine Vorlesungen waren überlaufen, die Augen der Studentinnen leuchteten, wenn er redete – am 13. Mai 1982 stieg er in Ann Arbor auf das dort höchste Gebäude und sprang in den Tod.

Glücksmessung

In der Glückspsychologie ist es auch üblich geworden, Glück durch Selbsteinschätzung zu erheben, sei es, indem Männer und Frauen ihre Befindlichkeit – bei der gerade aktuellen oder einer bestimmten Tätigkeit, also entweder beim Ausfüllen der Steuererklärung oder auf einer Urlaubsreise – auf Gesichterskalen einschätzen. Glück ist eine angeborene Basisemotion und zeigt sich im Gesicht: Indem sich die Lippen seitwärts anheben und leicht öffnen, die Augenbrauen in die Höhe gezogen werden, die Pupillen sich weiten und leuchten und sich die *Duchenne*-Falten bilden – auch bei Blindgeborenen zeigt sich Glück so. Oder: Personen werden gebeten, Fragen wie folgende zu beantworten: Mein bisheriges Leben war, alles in allem, *very happy, pretty happy, not too happy* – die meisten kreuzen jeweils bei den ersten Kästchen an. Konstruiert wurden auch umfangreichere und differenziertere Glücksskalen, bspw. das Oxford-Glücksinventar, mit Items wie: *»Ich wache selten ausgeruht auf«* (negativ gepolt), *»Ich bin mit allen Dingen in meinem Leben sehr zufrieden«*. Besonders erwähnenswert ist die Depressions-Glücks-Skala der beiden Psychologen *Mc Greal* und *Joseph*, mit Items wie: *»Ich fühle mich zu müde, um etwas zu tun«* (Depression), oder: *»Ich fühle mich heiter, ich fühle mich geistig wach«*. Denn: Das Gegenteil von Glück ist nicht Traurigkeit, sondern vielmehr Depression. Menschen, wenn sie in Depressionen absinken, selbstquälerisch vor sich hergrübeln und in Konjunktiven regelrecht suhlen: *»Hätte ich doch, wäre ich doch«* – Menschen in dieser Befindlichkeit können auch nicht traurig sein. Psychisch stabile Menschen sind zu beidem fähig: Erschütternd zu weinen, wenn sie am Grabe stehen und eine Nelke auf den Sarg eines guten Bekannten fallen lassen, der sich das Leben genommen hat, aber auch herzhaft zu lachen, wenn ein geistreicher

Witz erzählt wird, und voller Freude zu sein, bspw. wenn ein Kollege eine für ihn positive Nachricht erhält. Neid, die einzige Todsünde übrigens, die nicht auch Spaß machen kann, ist Gift für das Glück.

. Zufriedenheit?

Oft diskutiert wurde, ob Glück das gleiche sei wie Zufriedenheit. Etliche der erwähnten Glücksskalen erfragen auch die Zufriedenheit, sei es mit dem Beruf, der Ehe, dem bisherigen Leben, den wirtschaftlichen und politischen Verhältnissen. Als das demoskopische Institut Allensbach eine für die Bundesrepublik repräsentative Stichprobe befragte, zeigte sich: 60 % halten »*Glück*« und »*Zufriedenheit*« für »*praktisch das Gleiche*«. Andere hingegen differenzieren: Zufriedenheit sei gleichsam eine Ebene, und die darüber hinausragenden Hügel oder Gipfel seien Glück, das nie permanent anhalten könne, genau gleich, wie man nicht unbefristet auf dem Gipfel des Matterhorns verweilen kann. Glück sei emotional intensiver. In der Tat: Vor Zufriedenheit fließen keine Tränen, aber dann, wenn Menschen von Glück überwältigt sind und dieses alle ihre Gefäße durchrieselt. Die Glücksforschung hat gezeigt, dass zwischen *Glück* und *Zufriedenheit* positive Zusammenhänge bestehen, aber keine Deckungsgleichheit gegeben ist. Menschen können glücklich sein, und zugleich unzufrieden, etwa wegen ungerechter gesellschaftlicher Verhältnisse, was dazu motivieren kann, diese zu verändern – was übrigens enorm beglücken kann. Menschen, wenn sie zufrieden sind, haben wenig Anlass, ihre Lebensumstände zu ändern.

Zusammenfassend ● In den letzten Jahren intensivierten sich die psychologischen Anstrengungen zum Thema Glück. Glück wird als subjektives Urteil aufgefasst und in aller Regel über Selbsteinschätzung gemessen – wobei die Ergebnisse jeweils positiver ausfallen, wenn die Befragungen an sonnigen Tagen stattfinden, oder wenn den Personen zuvor gesagt wurde: »*Heute schauen Sie aber toll aus!*« – Komplimente sind wenig aufwendige, aber probate Mittel, andere Menschen glücklich zu stimmen, was jeweils auf uns zurückfärbt. Glück ist – so ein weiteres Ergebnis – ein vielfältiges Phänomen: Es kann ekstatisch sein, aber auch ruhig und still, aber allemal ist es etwas Warmes, wie wenn zwei Verliebte sich den Rücken lange und fest drückend streicheln. Glück ist nicht zwingend Zufriedenheit, auch wenn viele Zeitgenossen dies so sehen, aber es ist so oder so eine Befindlichkeit, die mehr ist als Zufall, und die von allen Menschen angestrebt wird, die dafür unterschiedlichste Pfade einschlagen.

2. Lottogewinn, Sex, die tägliche Arbeit?

Was Menschen wirklich glücklich macht

Glück

Zu 50 % genetisch festgelegt: In meinem Bekanntenkreis lebt eine Familie mit zwei Kindern. Das Mädchen ist eher ruhig, berührt mit den Fingern oft nachdenklich die Wangen, lacht selten, die dunklen Augen mit einem Hauch von Trauer. Sie sei, so die Eltern, schon als Baby so gewesen. Anders der Junge, ein regelrechter Sonnenschein, die Augen blau und leuchtend, die Mundwinkel fast immer seitwärts hoch gezogen. Er habe schon im Alter von wenigen Monaten fremde Personen angelacht. Wie glücklich sich Menschen erleben, ist auch genetisch beeinflusst. Dies belegen die gründlichen Zwillingsstudien des amerikanischen Psychologen *David Lykken*. Eineiige Zwillinge, getrennt aufgewachsen, der eine in einer beengten Stadtwohnung, der andere in einem Landhaus mit Garten, bedient von einem Butler, schätzten ihr Lebensglück verblüffend identisch ein. Das Glück von Menschen hängt zu 50 % von der genetischen Lotterie bei der Zeugung ab – was aber für die weniger Glücklichen nicht schlimm ist, weil sie nicht wissen können, dass sie auch als Glücksbegabte hätten geboren werden können.

Persönlichkeitseigenschaften

Mit dem genetischen Einfluss geht einher, dass Glück von Persönlichkeitseigenschaften abhängt, die im Lebenslauf stabil bleiben, speziell Extraversion. Extravertierte Männer und Frauen, die bei einer Party sogleich im Mittelpunkt stehen, regelrecht erpicht, neue Bekanntschaften zu schließen, Witze machen, beim Zuprosten spontan die Augenbrauen heben und angenehm charmante Gefühle verbreiten, sind glücklicher als die Durchschnittsbevölkerung. Sind demnach Introvertierte, die lieber alleine in ihrem Zimmer sitzen, lesen, basteln oder malen, weniger glücklich? Das ist nicht der Fall. Der bekannte britische Psychologe *Michael Argyle* untersuchte Introvertierte: Sie waren gleich glücklich wie Extravertierte, wenn sie zumindest eine tiefe Sozialbeziehung pflegen konnten. Glückshinderlich ist jedoch die Persönlichkeitseigenschaft »Neurotizismus«: Männer und Frauen, schnell nervös werdend, oft die Stirne in Sorgenfalten gelegt, darüber grübelnd, warum sie nicht einen anderen Partner heirateten oder ein lukrativeres Studium absolvierten, stets um die Gesundheit besorgt – ein Schnupfen ist die sich anbahnende Lungenentzündung – oder permanent daran denken müssend, dass die Aktienkurse fallen könnten, sind weniger glücklich.

Sind Frauen glücklicher?

Immerhin haben sie eine längere Lebenserwartung, gehen früher in Pension und sprechen an einem durchschnittlichen Tag tausende Worte mehr als die Männer. Gemäß den mittlerweile kaum mehr überschaubaren empirischen Studien unterscheiden sich Männer und Frauen bezüglich des subjektiv eingeschätzten Glücks nur wenig. Zwar ist es der Fall, dass Frauen dreimal mehr gefährdet sind, in das Dunkel einer depressiven Verstimmung abzugleiten; aber dies wird damit kompensiert, dass sie positive Gefühle, speziell Glück, intensiver erleben. Vor gut zwei Jahren heftig diskutiert wurde ein Artikel in der New York Times, in dem auf der Basis breit angelegter soziologischer Studien behauptet wurde, Frauen seien seit den 60er-Jahren des 20. Jahrhunderts kontinuierlich weniger glücklich geworden – obschon sich die Quoten der Akademikerinnen und Berufstätigen deutlich steigerten. Aber vielleicht ist gerade das der Grund: »*Früher hatten wir Frauen daheim einen Vollzeitjob. Nun haben wir einen bezahlten Vollzeitjob, und wenn wir heimkommen, haben wir noch einmal einen Vollzeitjob. Und das nennt sich Fortschritt!*« – so eine Leserbriefschreiberin zum besagten New-York-Times-Artikel.

Alter

Ist ein 30-Jähriger, mitten im Beruf, körperlich tüchtig genug, um 1000 Höhenmeter zu biken und mit seiner Partnerin mindestens jeden zweiten Abend zu schlafen, glücklicher als ein 70-Jähriger, dessen Hüften operiert werden mussten, die Knie möglicherweise auch, und der seit Jahren am Morgen nicht mehr mit erigiertem Glied aufwacht? Psychologen taten folgendes: Sie ließen 30-Jährige sowie Senioren einschätzen, wie glücklich sich ein typisch 30-Jähriger und wie glücklich sich ein typisch 70-Jähriger fühle. Beide Altersgruppen meinten: Der junge Mann ist viel glücklicher. Als tatsächlich errechnet wurde, wie glücklich sich die beiden Altersgruppen selber einschätzten, zeigte sich jedoch: Die Senioren fühlten sich deutlich glücklicher.

Glück im Lebenslauf

Vor einigen Jahren baten wir 300 Männer und Frauen darum, eine Glückskurve ihres bisherigen Lebens zu zeichnen. Die Kindheit wurde als besonders glücklich erinnert, aber in der Pubertät begann die Kurve deutlich zu sinken, um dann, nach Ende der Berufslehre bzw. des Gymnasiums, wieder anzusteigen, zumeist auf das ursprüngliche Niveau zurück. Dass Mädchen, wenn sich die Brüste zu wölben beginnen, und Jungen, wenn sie in den pubertären Wachstumsschub geraten, weniger glücklich sind, wurde dutzendfach bestätigt. Mögliche Gründe dafür sind: Die hormonellen Wechselbäder, heftige Emotionen (auf das taumelnde Glück des ersten Verliebtseins folgt die dunkle Nacht der Seele nach dem Schlusspfiff), Auseinandersetzungen mit den Eltern (in den letzten Jahrzehnten seltener geworden), Belastungen in der Schule bzw. am Arbeitsplatz. Mehrfach nachgewiesen wurde auch, dass die Glückskurve im Erwachsenenalter einen u-förmigen Verlauf beschreibt. 20-Jährige, wenn sie finanziell selbständig werden, mit dem Partner Vorhänge für das Schlafzimmer auswählen, sind glücklicher als die 40- und 50-Jährigen, die sich gelegentlich zu fragen beginnen, ob in den weiteren Jahren alles gleich bleiben wird bzw. ob dies schon wirklich alles war. Im höheren Alter wird die Quote der sehr Glücklichen wieder höher, möglicherweise deswegen, weil häufiges Glückserleben der Gesundheit enorm förderlich ist, *kardiovaskuläre* Risiken reduziert und die Ausschüttung des Stresshormons *Cortisol* drosselt – die höheren Quoten wären demnach dadurch bedingt, dass weniger glückliche Männer und Frauen früher sterben.

▪ Glück in verschiedenen Nationen

Sind Österreicher, die sich Mozartkugeln leisten und aus einer breiten Palette an schmackhaften Produkten und Bioartikeln auswählen können, glücklicher als die Kolumbianer, von denen viele in Slums leben und miterleben, wie die Armee auf die Drogenmafia schießt? Gemäß der Weltglücksstudie von 2008 nicht. Auf einer zehnpunktigen Skala (10 = absolut glücklich) erreichten die Dänen den höchsten Mittelwert (M = 8,2), gefolgt von den Schweizern, die viel Schokolade essen, und den Kolumbianern (beide: M = 8,1). Österreich rangiert, mit M = 7,8 auf Rang drei. Überdurchschnittlich glücklich sind Menschen, wenn sie in Ländern leben, die in gemäßigten Klimazonen liegen, demokratisch regiert werden, eine protestantische Freiheitstradition haben und die Grund- und Menschenrechte gewährleisten (signifikant unglücklicher sind Menschen in den postkommunistischen Staaten). Aber auch dann, wenn sie eine Kultur der Bewegung und des Tanzes entwickelt haben; Mexikaner, oft Salsa tanzend, und Argentinier, obschon sie schwere Wirtschaftskrisen überstanden haben, sind glücklicher als die Italiener, und erst recht als die Japaner. Eine hohe Wirtschaftsleistung und ein überdurchschnittlich hohes Einkommen gewährleisten keineswegs entsprechend mehr Glück. Gemäß diesem weltweiten Survey am wenigsten glücklich sind Menschen in Tansania (3,2), Zimbabwe (3,3), Moldawien (3,5) und Ukraine (3,6).

▪ Macht Geld glücklich?

Menschen, wenn sie so gefragt werden, bejahen mehrheitlich. Aber: Schon in den 70er-Jahren beschrieb der britische Ökonom *Easterlin* das nach ihm benannte Paradox: Um 1940 verdienten Amerikaner im Schnitt um die 8.000 Dollar pro Jahr, 40 % schätzten ihr Leben als sehr glücklich ein. 60 Jahre später verdienten sie im Schnitt – inflationsbereinigt – dreimal mehr, aber nach wie vor sind *nur* 40 % sehr glücklich, obschon sie viel weniger lang arbeiten müssen, um sich bspw. einen Fernseher zu leisten, 1975 noch drei Wochen, 20 Jahre später nur noch drei Tage. Dass mehr

Geld nicht unbedingt glücklich macht, belegt die wohl bekannteste glückspsychologische Studie, die der schon erwähnte *Philipp Brinkman* durchführte: Er ließ zwei Extremgruppen einschätzen, wie glücklich sie sich fühlen: Lottogewinner, die von ihren richtigen Zahlen erfahren hatten, waren euphorisch; Querschnittgelähmte hingegen, darum wissend, nie mehr Salsa zu tanzen, nie mehr Ski fahren und nie mehr Liebe machen zu können, klagten, das sei das Schlimmste, was ihnen widerfahren konnte. Doch schon ein Jahr später sah es anders aus: Die Menschen im Rollstuhl fühlten sich geringfügig glücklicher, unter anderem deswegen, weil sie gelernt hatten, sich an den kleinen Dingen des Lebens zu erfreuen, an jedem kleinen Handgriff, der ihre Selbständigkeit erweiterte. Die Lotteriegewinner hingegen hegten hohe Ansprüche an ihr Leben und waren weniger leicht zufriedenzustellen. Wie wahr es auch ist, dass mehr Geld nicht zwingend beglückt – ebenso trifft zu, dass zu wenig oder gar kein Geld ein enormer Stressfaktor ist und Menschen unglücklich macht, in einer Konsumgesellschaft wie der unsrigen, in der man sich Anzüge für mehrere Tausend Euro kaufen kann, erst recht. In einer vom ZDF beauftragten Studie zu Kindheitsglück, 2007 repräsentativ in der Bundesrepublik durchgeführt, zeigte sich: Kinder, in Haushalten lebend, deren monatliches Einkommen unter 1.500 Euro lag, waren deutlich weniger glücklich. Kinder hingegen, deren Eltern 10.000 Euro überwiesen bekamen, waren nicht glücklicher als diejenigen, bei denen es 2.000 Euro sind. Ebenso beim Taschengeld: Kinder, die keines bekamen, waren zu 45 % »*total glücklich*«, jene die mehr als 30 Euro pro Wochen einstecken durften zu 38 %.

Die sozialen Nahbeziehungen sind für ein glückliches Leben viel entscheidender als Geld. Streichen unsere Fingerkuppen über 500-Euro-Scheine, mag das zwar angenehm sein; aber *Oxytocin*, ein Bindungs- und Glückshormon, wird nur dann ausgeschüttet, wenn eine Mutter ihr eben entbundenes Kind, noch völlig zerrunzelt und voller Blut, an ihre Brüste presst oder wenn ein Mann seine Geliebte umarmt und sie an sich drückt. Dauert dies länger als fünfzehn Sekunden, ist die Verbindung tief und besiegelt. Oder wenn eine Oma ihrem bettlägerigen Mann sanft über den Handrücken streichelt: Menschen, wenn sie verliebt sind, schweben auf förmlichen Glückswolken dahin, und in ihren Gehirnen laufen ähnliche Prozesse ab wie bei Heroinsüchtigen, nachdem sie sich eine Spritze setzen konnten. Gehirnforscher, die heutigen Götter in Weiß, fanden: Bei StudentInnen, wenn sie das Bild ihres Geliebten betrachteten, ging die Tätigkeit im präfrontalen Kortex, dem Areal der höheren Verstandestätigkeit, deutlich zurück. Rationalistische Philosophen hielten Verliebtsein für eine Geisteskrankheit – vielleicht hätten sie es nicht getan, wenn sie wirklich verliebt gewesen wären, was enorme, auch spirituelle Kräfte freisetzen kann.

▪ Lebensformen

»Besser gut gehenkt als schlecht verheiratet«, stellte der dänische Philosoph *Kierkegaard* seinen *»Philosophischen Brosamen«* voran. In der Tat: Ehe kann enorm beglücken, aber sie kann auch ein Tal der Trauer, der Einsamkeit zu zweit werden, oft der gegenseitigen Selbstzerfleischung, wofür das Wort *Rosenkrieg* viel zu verharmlosend ist. Nichtsdestoweniger: Menschen, in festen Beziehungen lebend, verbringen fünfmal weniger Zeit in Kliniken. Pro 100.000 Einwohner lagen verheiratete Briten 260 Tage im Krankenhaus, Singles 770 Tage, Verwitwete, die meistens auch älter sind, 980 Tage, und Getrennte/Geschiedene 1.437. Untersucht hat die Glückspsychologie auch, ob Menschen glücklicher sind, weil sie einen Partner gefunden haben, oder ob es nicht so ist, dass heitere Menschen leichter einen möglichen Lebensgefährten ansprechen, dabei die Augenbrauen heben und freundlich interessiert angeschaut werden. Die empirischen Indizien sprechen für beides; jedenfalls sind überwiegend glückliche Menschen risikobereiter, sie trauen sich mehr – und wahrscheinlicher.

▪ Machen Kinder glücklich?

Der psychologische Hausverstand ruft uneingeschränkt: »*Ja!*« Junge Eltern deklarieren sich als überglücklich über die Geburt von Liliane oder Bernd. Bei unserem ersten Kinde wähnte ich auch: Wenn es denn einmal da ist, in der Wiege liegt, dann ist alles perfekt, Glück ohne Ende. Es kam anders! Schreikrämpfe, der Fencheltee glättete die Bauchverspannung nicht, die Schmerzen beim Zahnen, und dies zu jeder Tages- und Nachtzeit. Das subjektiv eingeschätzte Glück geht deutlich zurück, wenn Männer und Frauen Eltern werden, was ein klassisches kritisches Lebensereignis ist. Am tiefsten ist die Kurve, wenn das erste Kind in die Pubertät kommt; hernach beginnt sie wieder zu steigen, um annähernd das gleiche Niveau zu erreichen, wenn die Kinder das Haus verlassen und aus ihnen etwas geworden ist.

▪ Macht Arbeit glücklich?

Es gehört zu unserer abendländischen Tradition, die Frage zu verneinen. *»Im Schweiße deines Angesichtes sollst Du den Acker pflügen und dein Brot essen.«* Viele Menschen unterteilen ihr Leben: In den Job, den man erledigen muss, und in die Freizeit, in der man lebt. Aber: wie gücklich Menschen sind, hängt entscheidend davon ab, wie sie sich bei der Arbeit fühlen. Bestenfalls wird sie als *flow* erlebt, als förmliches Schweben und Fließen, wenn ein Handgriff sicher in den nächsten übergeht, wenn das Bewusstsein mit der Tätigkeit eins wird, und wenn die Zeit regelrecht vergessen wird. Ein befreundeter Kardiologe erzählte mir, er sei am glücklichsten während mittelschweren Herzoperationen, wenn er mit dem Skalpell regelrecht verschmelze; kein Gefühl sei schöner, als danach aus den chirurgischen Gewändern zu schlüpfen. *Flow*, der in den letzten Jahren durch die empfehlenswerten Bücher des ungarischen Psychologen *Csikszentmihalyi* popularisiert wurde, wird bei der Arbeit häufiger erlebt als in der Freizeit. Er tritt zumal dann auf, wenn ein Gleichgewicht zwischen Wollen und Können realisiert wird, als das bereits *Jean-Jacques Rousseau* das Glück definiert hatte. Übersteigen die Anforderungen die Fähigkeiten, schleicht Angst heran, etwa wenn ein ungeübter Alpinist die Eigernordwand erklimmen sollte. Anders hingegen, wenn *Reinhold Messner* den Gaisberg über Salzburg besteigen müsste bzw. wenn die Kompetenzen die situativen Herausforderungen übersteigen; dann stellt sich Langeweile ein.

Das *Flow*-Konzept beinhaltet zahlreiche Implikationen für die Gestaltung der Arbeitswelt, die – nebst den sozialen Nahbeziehungen – maßgeblich darüber entscheidet, ob ein Leben glückt oder nicht. Die Arbeit wäre demnach so zu gestalten, dass Männer und Frauen immer wieder vor neue Herausforderungen gestellt werden, wofür erforderlich ist, ihnen auch Freiräume zuzugestehen und die Tätigkeiten abwechslungsreich zu gestalten, um keine Monotonie aufkommen zu lassen. Wie wichtig die Arbeit ist – auch für die Psyche – zeigt sich, wenn Menschen ihre Stelle verlieren. Längsschnittstudien haben gezeigt: Bei Männern und Frauen, wenn sie den blauen Brief erhalten haben, sinkt die Glückskurve deutlich und nachhaltig. Wenig kann das Selbstwertgefühl eines Menschen mehr untergraben, als die bittere Erfahrung, mit seinen Kompetenzen nicht mehr gebraucht zu werden. Die Chinesen hatten Recht mit ihrem Sprichwort: »*Wenn Du eine Stunde lang glücklich sein willst, öffne eine Flasche Wein! Wenn Du eine Woche lang glücklich sein willst, schlachte ein Schwein! Wenn Du einen Monat lang glücklich sein willst, heirate! Wenn Du dein Leben lang glücklich sein willst, liebe deine Arbeit!*«

▪ Glückliche Models?

Die Glückspsychologie verfolgte zahlreiche weitere Fragestellungen. Sind Models, die mit prallen rosa Lippen und weißen Zähnen auf den Covers viel verkaufter Magazine zu sehen sind, glücklich? Über den Laufsteg zu schreiten, im Blitzlichtgewitter zahlreicher Journalisten, ist der Traum vieler Mädchen, die dafür zu fasten beginnen und deprimiert werden, wenn sie über den Hüften Fettpolster registrieren. Eine gründliche britische Studie zeigte: Models sind weniger glücklich als britische Hausfrauen. Die Autoren erklären dies damit, dass die Tätigkeit – hin- und herschreiten und dabei mit dem Po wackeln – nicht sonderlich anspruchsvoll ist, aber auch damit, dass das Ausmaß an Freiheit und Selbstgestaltung berufsbedingt niedrig ist.

Religion / Spiritualität

Untersucht wurde nicht zuletzt, ob Glück und Religion zusammenhängen. Religionen können als Erinnerungszeichen dafür aufgefasst werden, dass keine Glücksvorstellung, die der Mensch selber entwirft, letztlich ausreicht (*Alfred Bellebaum*), weil der Tod unumgänglich ist. Sowohl der Islam als auch das Christentum versprechen ihren Gläubigen himmlische Glückseligkeit, im Islam die himmlischen Gärten mit sprudelnden Quellen und Schatten spendenden Bäumen, im Christentum den Himmel, dessen Bilder sich wandelten: Eine paradiesische Landschaft, auch bevölkert von Tieren, im frühen Mittelalter, ein gewaltiger gotischer Dom, vorne die Heilige Trinität, im Hochmittelalter. Viele Generationen von Christen wurden, um dieses irdische Jammertal besser zu überstehen, auf das Jenseits vertröstet. Wir seien, paukten viele Katechismen ein, auf Erden, um die Gebote Gottes zu befolgen, ihn zu loben und zu ehren und dereinst der himmlischen Glückseligkeit teilhaftig zu werden, aber nicht dafür, hier schon Glück zu beanspruchen.

Religiöse Erziehung war vielfach glücksfeindlich. Aber die neuere Psychologie, speziell die der Spiritualität hat gezeigt, dass religiös-spirituelle Praktiken und Einstellungen enorm glücksbegünstigend sind. Als einer der authentischsten Experten für das Glück gilt der *Dalai Lama*. Bei Menschen, wenn sie öfters meditieren, verstärkt sich die Tätigkeit im linken präfrontalen Kortex (der Sitz der positiven Gefühle); auch lassen sich im Blut mehr Helferzellen nachweisen, was auf ein gestärktes Immunsystem verweist. Tiefstes Glück können Menschen erleben, wenn sie in mystische Zustände geraten. Die spanische Mystikerin *Teresa* erfuhr *»unbeschreibliches Glück«*, wenn sie sich in die Betrachtung der Trinität versenkte; sie schwebte im Rausch hochzeitlicher Vereinigung. Wieder andere Mystiker schildern, wie in ihnen warmes Licht aufstrahlte, und dass sie tiefste Liebe zu allem spürten, das ihnen nicht gegenüber stand, sondern mit dem sie sich zutiefst verbunden, ja eins fühlten.

3. Ändern Sie nicht Ihre Lebensumstände, sondern Ihr Verhalten

Wie Glück nachhaltig erhöht werden kann

Gemäß der Richtwertstheorie des Glücks ist es ein vergebliches Unterfangen, glücklicher werden zu wollen. Dies sei das gleiche, wie von einem Mann, der 170 cm groß ist, zu erwarten, auf 1,85 m zu wachsen, um so für eine Frau, die 1,75 m groß ist, attraktiver zu werden (in Kontaktanzeigen sind es nahezu ausschließlich Frauen, die eine bestimmte Körpergröße des Mannes wünschen). In den letzten Jahren wurde die vom renommierten Glücksforscher *Brinkman* – der, wie vorher erwähnt, selber zutiefst unglücklich gewesen zu sein scheint – popularisierte Theorie des Glücksrichtwertes in Frage gestellt. Längsschnittstudien zeigten, dass bestimmte Lebensereignisse das subjektiv bilanzierte Lebensglück nachhaltig reduzieren können, bspw. Verwitwung (dies umso stärker, je wichtiger der Partner war) und Arbeitslosigkeit.

Glücksformel

Mittlerweile hat sich eine Glücksformel durchgesetzt, gemäß der das Glückserleben eines Menschen zu 50 % genetisch festgelegt ist, zu weiteren 15 % durch unsere äußeren Lebensumstände bzw. die gängigen soziodemographischen Variablen. Das heißt: Ob man einen Doktor oder einen Volksschulabschluss hat, ob man weiblich oder männlich ist, in der City oder am Chiemseeufer wohnt, Kinder oder keine hat, verheiratet oder Single ist – dies erklärt gut ein Siebtel des von uns erlebten Glücks, also denkbar wenig. Und damit ist auch gesagt: Verändern lässt sich das subjektiv erlebte Glück zu gut einem Drittel, und zwar primär durch unser Verhalten. Die Glücksforscherin *Sonja Lyubomirski* führte diesbezüglich ein überzeugendes Experiment durch. Sie bildete zwei Gruppen von Studierenden, eine erste, die in den letzten Wochen eine Änderung in den Lebensumständen erfahren hatte, bspw. Umzug, und eine zweite, die neue Verhaltensweisen aufnahm, beispielsweise regelmäßig joggen oder Rad fahren, Engagement in einer religiösen Gemeinschaft. In der ersten Gruppe blieb das subjektiv eingeschätzte Glück konstant, in der zweiten hingegen nahm es deutlich zu. Welche Verhaltensweisen sind besonders geeignet, Glück zu erhöhen und damit auch zu mehr Lebenskunst beizutragen? Die Palette ist breit! Viele Wege führen nach Rom – und ins Glück! Anskizziert werden Praktiken, deren Glückseffizienz empirisch vielfach von Repräsentanten der Positiven Psychologie untersucht wurde.

- Bewusst glücklich werden wollen?

Eine erste mögliche Glücksstrategie empfahl der Münchner Glücksforscher *Bernd Hornung*: »*Ab jetzt wird gewonnen, gesiegt und triumphiert. Dabei ist deine erste Pflicht, dich selbst glücklich zu machen … Räume deinem Glück – vor allem anderen, an erster Stelle – die oberste Priorität in deinem Leben ein!*« Aber, wer nach dem Glück jagt, der verjagt es auch schon! Amerikanische Psychologen taten Folgendes: Sie baten junge Männer und Frauen, nachdem diese angegeben hatten, wie glücklich sie sich fühlen, Musik von *Strawinski* zu hören. Eine zweite Gruppe hörte, nach der Glücksmessung, die gleiche Musik, wurde aber explizit instruiert, durch die Klänge glücklicher werden zu wollen. Die anschließende Messung zeigte: Die erste Gruppe fühlte sich deutlich glücklicher, die zweite hingegen, die mehr Glück anzielte, verzeichnete auf den eingesetzten Glücksskalen niedrigere Werte.

- Selbsttranszendenz

Auch der dänische Philosoph *Sören Kierkegaard*, der ganze Abende allein im Café verbrachte, dort eine Seite nach der anderen füllend, schrieb »*die Tür zum Glück gehe nach außen auf, wer sie einzurennen versucht, dem verschließe sie sich nur*«. Im Gegenteil, es sei sogar ratsam, von der Ture einen Schritt zurückzutreten, um so Raum zu schaffen, sie öffnen zu können. Dies erinnert an das psychohygienisch bedeutsame Konstrukt der Selbsttranszendenz, der Fähigkeit des Menschen, von sich selbst abzusehen, was eine der stärksten Prophylaxen gegenüber depressiven Verstimmungen ist, in denen das Denken der Leidenden ganz und gar um ihr Ego kreist. Anders hingegen Männer und Frauen, die sich einer Aufgabe zuwenden können, bspw. einem Hobby, in diesem die Zeit vergessen, und dann, das Produkt in den Händen, sei es ein Pastellbild, eine Stickerei, zutiefst glücklich sind. »*Nichts ist beglückender, als sich an einen Tisch zu setzen, den man selber gezimmert hat*«, schrieb, vor gut hundert Jahren, der französische Feuilletonist *Alain*.

- Das Ziel ist der Weg

Viele Menschen glauben, glücklicher zu werden, wenn sie ein bestimmtes Ziel erreicht haben. Auch ich erlag dieser Illusion, als ich an der Doktorarbeit saß, und glaubte, es würden mir Flügel wachsen, sobald ich den Doktorhut – von liebenswürdigen Studenten aus schwarzem Papier angefertigt – aufsetzen könnte. Das Gegenteil trat ein: Eine kurze Entlastungsdepression, die aber verflog, sobald ich ein damals neu erschienenes Statistikbuch gekauft hatte und zu bearbeiten begann. Vielfach überschätzen Menschen den Glückseffekt eines erhofften Ereignisses, weil sie andere Faktoren nicht mit bedenken, bspw. beim Urlaub, wo ein warmer Sandstrand mit heranrauschenden Wogen imaginiert wird – faktisch aber steht man im strömenden Regen vor dem Tauerntunnel im Stau. Eingefleischte Fußballfans prognostizieren, nach dem entscheidenden Sieg ihrer Mannschaft happy zu sein – aber sie kalkulieren nicht die vielen anderen Faktoren, die ihre Befindlichkeit vermiesen können, bspw. dass ein Automobilist an ihrem Wagen, vor dem Stadion, eine Delle verursacht hat und unerkannt weggefahren ist.

- Dankbarkeit

Es mag paradox klingen: Glücklich werden Menschen eher dadurch, dass sie das Glück nicht willentlich anstreben, sondern gleichsam auf Umwegen zu ihm zu gelangen versuchen, unter anderem indem sie sich Verhaltensweisen aneignen, deren Effekte die sogenannte Positive Psychologie untersucht hat. Schon 1924 schrieb der Philosoph *Chesterton*, Dankbarkeit bewirke die freudigsten und glücklichsten Momente, die ein Mensch erleben könne. Der römische Philosoph *Cicero* hielt Dankbarkeit für die Mutter aller Tugenden, und für Buddha ist ein Mann dann ehrenwert, wenn er achtsam für das Hier und Jetzt sein und danken könne. Amerikanische Psychologen baten Studierende, jeden Abend in ein Tagebuch aufzuschreiben, was sie tagsüber Dankenswertes registriert hatten – bspw. dass ich am Morgen gesund aufwachen durfte. Eine andere Gruppe führte ein neutrales Tagebuch. Die zwei Monate später durchgeführte Messung wies die ersten als viel glücklicher aus.

- Verzeihen können

Gift für Glück sind Hass und Groll. *Buddha* sagte von Menschen, die andere hassen, sie würden sich selber am meisten schädigen: An Ärger festzuhalten ist wie ein glühendes Stück Kohle in der Hand zu halten, um es nach anderen zu werfen. Der Einzige, der sich dabei verbrennt, bist du selber. Verzeihen, auch wenn es mitunter schwer ist und viel Zeit benötigt, wirkt sich mittelfristig glücksbegünstigend aus. In den USA etablierte sich eine regelrechte *Psychology of forgiveness*, die nachwies, dass Verzeihenkönnen der Gesundheit förderlich ist, den Blutdruck senkt, das psychische Wohlbefinden erhöht und den Geist frei macht. *Nelson Mandela*, nachdem er jahrelang in Gefängnissen saß, verzieh als erstes den Wärtern: »*Wenn ich diese Menschen weiter hasse, dann bleibe ich im Gefängnis!*«

▪ Das hohe Glück der Ehrenamtlichen
Als überdurchschnittlich glücklich wies die Happyologie Menschen aus, die sich ehrenamtlich engagieren, sei es in einer religiösen Gemeinschaft, sei es, indem sie bedürftigen Pensionisten Essen auf Rädern vorbeibringen, wofür sie noch und noch tief aufrichtige »*Dankeschöns*« hören können, sei es für das Rote Kreuz. Gute Taten beglücken, dies umso mehr, wenn sie um ihrer selbst willen ausgeübt werden, motivationspsychologisch gesprochen: intrinsisch motiviert sind. Schon der griechische Philosoph *Aristoteles* bestimmte Glück als Tätigkeit unserer Seele, die wir um ihrer selbst willen verrichten.

▪ Körperliche Bewegung
Seit gut 30.000 Jahren ist unsere Physiologie gleich geblieben – die Psyche übrigens auch. Unsere Vorfahren waren zumeist in Bewegung, zogen auf Jagd, kämpften gegen Mammuts, kletterten auf Bäume, suchten, durch die Wälder streifend, nach Nüssen und Beeren. Mehr als hundert Jahre nach der Erfindung des Automobils haben viele Zeitgenossen den Körper stillgelegt, wenn sie bspw. die 200 Meter zum Bäcker mit dem Auto fahren, um dort frische Semmeln zu holen. Körperlich-sportliche Aktivität ist besonders geeignet, das Wohlbefinden nachhaltig zu erhöhen. Wenig ist beglückender, als über die Ziellinie eines Marathons gelaufen zu sein, zwar verschwitzt, aber von körpereigenen Glücksbotenstoffen und Endorphinen regelrecht überflutet. In einem bekannt gewordenen Experiment wurden Personen, bei denen klinische Depression diagnostiziert wurden, drei Gruppen zugeordnet: Eine erste wurde instruiert, jeden Tag mindestens 30 Minuten Rad zu fahren, eine zweite erhielt Antidepressiva und eine dritte sollte sowohl täglich Rad fahren als auch die Psychopharmaka schlucken. Nach vier Monaten zeigte sich: In allen drei Gruppen hatte sich die Depressivität erheblich vermindert bzw.: 30 Minuten radeln kann den gleichen heilsamen Effekt zeigen wie die nicht gerade billigen Antidepressiva. Auch beruhigende Tätigkeit kann nachhaltig beglücken, etwa Meditation, in der sich der Herzschlag vermindert, der Blutdruck sinkt, im Gehirn die Alphawellen, die tiefe Entspannung anzeigen, häufiger werden.

▪ Positiv denken
Und nicht zuletzt gibt es glücksbegünstigende Denkweisen, speziell das optimistische Denken. Diesem entgegengesetzt sind kognitive Abwärtsspiralen, wenn bspw. ein Vater eine mit einer

»Fünf« bewertete Schularbeit seiner Tochter unterschreiben muss und sich dabei imaginiert, dass sie keine Lehrstelle kriegen wird, vielleicht beim Ladendiebstahl erwischt wird und ins Rotlichtmilieu abgleitet, um dort an ihre Euros zu kommen. Wünschenswerter sind Aufwärtsspiralen, wenn sich eine Studentin vornimmt, eine gute Seminararbeit zu schreiben, die dazu führen werde, dass der Professor sie in ein Forschungsprojekt einbindet, was der Anfang einer wissenschaftlichen Karriere sei. Optimistisches Denken besteht auch darin, bei wünschenswerten Vorkommnissen Kausalattribuierungen (Ursachenerklärungen) vorzunehmen, die allgemeingültig sind, bei ungünstigen Erfahrungen hingegen Gründe anzugeben, die situativ oder episodisch sind. Wenn ein Vortrag einmal daneben geht: »*Schlechte Tagesverfassung, langweiliges Publikum, einfach zu wenig vorbereitet*«, nicht aber: »*Mir gelingt rhetorisch nie etwas*«. Pessimisten hingegen attribuieren positive Ereignisse temporär-situativ (»*Ein blindes Huhn findet auch einmal ein Korn*«), unerwünschte hingegen auf permanente Ursachen. Viele Therapeuten müssen sich in ihren Praxen denn auch anhören: »*Ich mache immer alles falsch. Nichts gelingt!*« Nur zu oft verbirgt sich dahinter eine Erziehung, die durch wenig Wertschätzung und positive Zumutung charaktersisiert war, sondern durch fatale Etikettierungen wie: »*Du räumst nie das Zimmer auf! Streitest immer*« usw.

▪ Positive Fantasie

Dem Menschen ist es eigen, sich durch die Kraft der Fantasie in die Zukunft voraus zu entwerfen. Amerikanische Psychologen baten eine Gruppe von Studierenden Folgendes: »*Denken Sie über Ihr bestmögliches Selbst nach, d.h. stellen Sie sich in der Zukunft vor, nachdem das meiste optimal verlaufen ist.*« Schon vier Wochen später erlebten diese Studenten signifikant mehr positive Gefühle und signifikant weniger negative Emotionen, sie schrieben bessere Klausuren, waren leistungsfähiger und zuversichtlicher. Die Macht der inneren Bilder ist – so der Gehirnforscher *Gerhard Hüther* – nicht zu unterschätzen. Perfektionismus ist dem Glück besonders abträglich, bspw. wenn bei IKEA die bestmögliche von allen Couchen gekauft werden will. Käuferinnen schwanken hin und her, setzen sich auf diese, auf jene, und dann wieder auf die erste, auf eine neue. Je länger dieses zögernde Abwägen, desto wahrscheinlicher: »*Hätte ich doch die andere gekauft!*« Glücklicher ist, wer sich schnell entscheidet und seiner Wahl Positives abgewinnt, so der sprichwörtliche Hans im Glück, der sich, nachdem er sein Pferd gegen eine deutlich weniger wertvolle Kuh eingetauscht hatte, sagte: »*Die Kuh gibt Milch, das Pferd aber nicht.*«

▪ Soziale Vergleiche

Ständig sind wir dabei, uns mit anderen zu vergleichen (*social comparisons*). Solche können nach aufwärts gerichtet sein, wenn sich eine Frau in den Vierzigern, die Brüste nicht mehr so straff wie mit sechzehn, mit den Topmodels im Playboy vergleicht – solche Aufwärtsvergleiche stimmen unglücklich. Mehrfach wurde bestätigt: Männer, wenn sie achtzehnjährige Models, spärlich bekleidet oder nackt, betrachtet hatten, waren mit dem Aussehen ihrer Frauen weniger zufrieden. Anders hingegen, wenn sie *Grannys* mit vielen Falten und runzliger Haut betrachten – in den sogenannten sozialen Abwärtsvergleichen steckt glücksförderliches Potenzial. Von daher ist es ratsam, sich bezüglich des Einkommens nicht mit dem Konzernchef zu vergleichen, sondern mit einem Hilfsarbeiter.

Alles in allem

Lebenskunst besteht im Wesentlichen darin, glücklich und (andere) beglückend zu leben. Die Glückspsychologie hat in den letzten Jahren zahlreiche Erkenntnisse darüber zusammengetragen, wie Menschen über ihr genetisch festgelegtes Level hinaus, glücklicher werden können. Viele Ratschläge sind einfach und wurden von den großen religiös-spirituellen Traditionen schon immer hoch und in Ehren gehalten: Verzeihen und Denken können, tätig sein, sich in Bewegung bringen, auch und gerade geistig. Den Verfasser hat es glücklich gemacht, diese Zeilen schreiben zu dürfen – mögen sie in dieser Weise auch auf die geneigten Leserinnen und Leser abfärben.

Anton A. Bucher

* 1960, molk bis zum 20. Lebensjahr mit den Händen die drei Kühe des Bergbauernhofes, studierte Theologie, Pädagogik und Psychologie in Fribourg und Mainz. Ab 1993 Professor für Religionspädagogik an der Universität Salzburg. Beschäftigt sich mit der Empirie des Religionsunterrichts, Ethikunterricht, Kindertheologie, der »*dunklen Seite der Kirche*« (letztes Buch), aber auch mit Kindheitsglück, Glückspsychologie. Verheiratet, sechs Kinder. Versuchtes Lebensmotto: »*Es ist, wie es ist.*« ▷ *www.antonbucher.at*

Stress aus der Erde

1,67 Millionen Österreicher leiden an Schlaflosigkeit. Die daraus resultierende Mattigkeit und Nervosität beeinflussen die Lebensqualität in vielerlei Hinsicht und sind der Beginn eines Teufelskreislaufes: Melatonin-Mangel, gesundheitliche Schäden, Burn-out. Der Medizinbiologe *Gerhard W. Hacker* über den gesunden Schlaf, geopathisch belastete Standorte und ihre Auswirkungen auf Mensch und Tier.

Ein ruhiger, ungestörter Schlaf gehört zum Glück wie das Amen zum Gebet. Bestimmte Standorte aber belasten unseren Organismus und damit unseren Schlaf – dafür gibt es zwischenzeitlich handfeste Belege. Solche Störzonen können Menschen und Tiere ernsthaft krank machen. In seinen umweltmedizinischen Studien versucht *Univ.-Prof. Dr. Gerhard W. Hacker*, den Ursachen dafür im wahrsten Sinne des Wortes auf den Grund zu gehen. Ziel der Wissenschaftler, so der Medizinbiologe, sollte es sein, die seit Jahrtausenden bekannten Phänomene nicht mehr zu belächeln oder abzutun, sondern herauszufinden, was genau dahinter steckt, und vor allem, betroffenen Menschen und Tieren zu helfen.

Die Kunst zu leben. Das heißt für mich nicht nur, gesund zu essen (nur bei Bio ist das nachhaltig erfüllt!), zu handeln (menschen-, tier- und umweltgerecht; ethisch und spirituell verbunden) und zu denken (Freude statt Frust), sondern auch, gut zu schlafen. Enorm viele Menschen sind von Schlafmangel betroffen – in Österreich rund 38 %, in den USA sogar bis zu 75 % der Bevölkerung. *Insomnie* nennt man es, wenn Betroffene über einen Zeitraum von mindestens einem Monat 3x pro Woche schlecht geschlafen haben. Und das ist hierzulande immerhin bei 20 von 100 Menschen der Fall, also bei 1,67 Millionen Österreichern. Zu wenig Schlaf ist nicht nur für die betroffenen Menschen schlecht, sondern auch für deren Umfeld, unser Gesundheitssystem und die Wirtschaft. Die Kosten wurden erst kürzlich in einer kanadischen Studie errechnet. Die Zahlen sind erschreckend: Allein in der Provinz Québec, mit etwa 7,5 Millionen Einwohnern, kostet die Schlaflosigkeit samt Folgen (Arbeitsausfall, Gesundheitssystem) rund 4,25 Mrd. Euro pro Jahr. An direkten und indirekten Kosten entstehen dabei pro Person durchschnittlich rund 3.200 Euro pro Jahr. Das dahinter steckende menschliche Leid ist riesig, und doch wird es nur selten thematisiert. Jeder von uns hat schon einmal eine Nacht hindurch schlecht geschlafen. Am nächsten Morgen, ja am ganzen nächsten Tag ist man gerädert, fühlt sich schlecht und bringt am Arbeitsplatz nichts weiter. Nun stellen Sie sich vor, dass Sie nicht nur eine Nacht kaum schlafen können, sondern zwei, drei oder viele Nächte, über Wochen, Monate, Jahre. Es ist klar, dass das nicht ohne Auswirkungen auf die Gesundheit bleiben kann.

Wenn man nicht genügend schläft, wird zu wenig Melatonin produziert – ein Hormon aus der zentral in unserem Gehirn gelegenen Zirbeldrüse (dem Pinealorgan, oftmals auch als Drittes Auge bezeichnet). Melatonin ist für Tag-Nacht-Rhythmen und unser körpereigenes Abwehrsystem wichtig, und es ist auch eine Art Taktgeber für die Hormonzyklen. Wenn über einen längeren Zeitraum hindurch zu wenig Melatonin vorhanden ist, beginnt ein Teufelskreis: Die Hypophyse, eine weitere, an der Basis unseres Gehirns gelegene Drüse, enthält spezifische Andockstellen (Rezeptoren) für Melatonin. Wenn hier zu wenig Melatonin ankommt, beginnt die Hypophyse, vermehrt das *adrenocorticotrope Hormon* ACTH auszuschütten. ACTH gelangt über das Blutgefäßsystem zur Nebenniere und stimuliert dort die Ausschüttung von Stresshormonen wie *Cortisol* und *Adrenalin*. Und Stress, wenn er zu oft und zu lange vorhanden ist, hat eine ganze Kaskade gefährlicher Auswirkungen, auch auf unser Immunsystem. Bei Melatoninmangel kommt man auch leichter in den Burn-out und altert schneller. Neben medizinischen Gründen sollte man eine Reihe weiterer Ursachen für Schlaflosigkeit und Stress betrachten. Viele davon können wir bewusst vermeiden, wie ungesundes und schwer verdauliches Essen, Filme oder Literatur mit brutalem oder bedrückendem Inhalt, Menschen, die einen *runterziehen* oder Lärm. In diesem Buchkapitel werde ich eine sehr irdische Facette des Lebens beleuchten, die oftmals vergessen, oftmals sogar belächelt oder zumindest sehr verkannt, zumeist jedenfalls völlig falsch verstanden wird. Es geht um eine weitere Ursache von Stress, die beträchtlichen Einfluss auf unser Schlafverhalten und unseren Alltag hat: Stress, der aus der Erde kommt. Wissenschaftler sprechen dabei von Standortabhängigkeit oder auch von geopathischen Störzonen, und im Volksmund sagt man dazu meist Erdstrahlen oder Wasseradern.

Altes Erfahrungswissen

Dass es so etwas wie *gestörte Plätze* gibt, weiß die Menschheit bereits seit Jahrtausenden. Zahlreiche Abbildungen und Texte aus dem antiken China, Ägypten, Rom oder Frankreich enthalten Hin-

weise auf das Störzonen-Phänomen. Auf einem chinesischen Holzschnitt der *Han-Dynastie* ist der vor etwa 4.000 Jahren regierende Kaiser *Yü* mit einer Art Wünschelrute zu sehen. Kaiser *Yü* war dafür bekannt, sehr erfolgreich unterirdische Wasservorkommen zu finden. Auch bei der Planung von Bauwerken versuchte er, diesen *bösen Erddämonen* auszuweichen. *Cicero* beschrieb, dass auch im alten Ägypten bereits Wünschelruten verwendet wurden.

Auch Tiere und Pflanzen sind betroffen

Das Phänomen der Standortabhängigkeit ist nicht nur auf den Menschen beschränkt, sondern betrifft die gesamte belebte Natur: Auch Tiere meiden oder bevorzugen gewisse Plätze, und sogar bei Bäumen gibt es tumorartige Verwachsungen, wenn sie auf geopathischen Plätzen stehen. Seit

Tiere gehalten werden, weiß man, dass es Plätze gibt, auf denen sich Tiere bevorzugt niederlassen, und andere Zonen, die sie eher meiden. Ameisen oder Bienen scheinen Störzonen sogar zu lieben, während Hunde, Ziegen, Schafe und Kühe solchen Plätzen eher aus dem Weg gehen. In Rinderställen kennt jeder aufmerksame Bauer Stellplätze, an denen vermehrt Klauen- oder Euter-Entzündungen auftreten und die Milchqualität schlechter ist.

Der Mensch von heute verbringt sehr viel Zeit an immer genau demselben Platz. Vor allem der Schlafplatz ist über Jahre oder sogar Jahrzehnte der gleiche. Auch der Standort des Fernsehsessels oder des Bürostuhls wechselt kaum. Wenn sich so ein Platz auf einer geopathisch belasteten Zone befindet, kann dies sehr unangenehme Auswirkungen haben: Man fühlt sich mit der Zeit buchstäblich ausgesaugt und energieleer, wird nervös, schläft schlecht, und die Infektionsanfälligkeit steigt. In unserem Buch »*Die neue Dimension der Gesundheit*« (Südwest-Verlag, München) beschreibe ich gemeinsam mit meiner Frau *Ursula Demarmels* detailliert, was Geologen, Geophysiker, Physiker, Psychologen, Biologen und Ärzte aus unserem Team heute als mögliche Ursachen für geopathisch belastete Standorte ansehen. Auch verschiedenste Gegenmaßnahmen sind dort ausführlich beschrieben. Seit rund zehn Jahren befasse ich mich intensiv mit dieser Thematik, und ich habe darüber eine Reihe von Studien durchgeführt. Es gelang mir, die auf diesem Gebiet *welt-erste Publikation* in einer naturwissenschaftlich anerkannten Fachzeitschrift zu veröffentlichen. Obwohl noch immer wissenschaftliches Neuland, konnten wir eine Reihe von Auswirkungen in medizinisch validen Kurzzeitversuchen an Menschen und Tieren messen – und das, ohne dabei Leid zu erzeugen.

Die erste wissenschaftliche Studie

Um in der Wissenschaft, insbesondere in der Medizin anerkannt zu werden, müssen Forschungsarbeiten bestimmte Grundvoraussetzungen erfüllen. Ein wichtiges Grundkriterium ist, dass die Experimente als *randomisierte* Doppelblind-Studie durchgeführt werden müssen. Weder der Versuchsleiter noch die Testpersonen dürfen dabei während der Experimente genau wissen, zu welchem Zeitpunkt was genau getestet wird – man nennt das »doppelte Verblindung«. *Randomisiert* bedeutet, dass die Reihenfolge der Experimente dem *Zufallsprinzip* folgt. Unsere in Salzburg diesem Testdesign folgend durchgeführten Experimentalreihen belegten weltweit erstmals, was zuvor immer nur angedeutet und vage umschrieben worden war: Bestimmte Standorte bewirken Stress und können eine Reihe körperlicher und psychischer Faktoren beeinflussen. Um möglichst breit gefächert herauszufinden, was geopathisch belastete Zonen alles bewirken können, gingen wir nach komplementärmedizinischen Untersuchungen, der Anwendung von Methoden aus der Sportmedizin (Untersuchung der Herzraten-Variabilität) und der Physik (Gasentladungs-Visualisierung; GDV) zur Messung von Stressreaktionen zu *schulmedizinischen* und biochemischen Methoden über. Weiters führten wir erste Tests zu möglichen Einflüssen von Störzonen auf unsere Arbeitsleistung und die Psyche des Menschen durch.

Dr. Christoph Augner, stv. Leiter des Forschungsinstituts für Grund- und Grenzfragen der Medizin und Biotechnologie der Salzburger Landeskliniken, fand eindeutige wissenschaftliche Belege dafür, dass sich Menschen auf Störzonen schlechter fühlen als auf neutraleren Plätzen. Wir untersuchten auch mögliche Einflüsse auf Milchkühe. Unsere Experimente schlossen eine Reihe von im Handel befindlichen *Entstörungsgeräten* ein, wobei sich nur eines davon als tatsächlich empfehlenswert erwies: Die »CA-Geowave«-Welle. Zusammengefasst ergab sich, dass geopathische Störzonen bestimmte Formen von krank machendem Stress erzeugen. Dadurch schlafen wir schlechter, unser Abwehrsystem wird geschwächt und unsere Lebensqualität gemindert. Biochemische Tests lieferten deutliche Hinweise darauf, dass Störzonen ungewollte Effekte auf das Stresshormon Cortisol und auf die für die Infektionsabwehr so wichtige Eiweißgruppe Immunglobulin A haben können. Gemeinsam mit der Veterinärmedizinischen Universität Zürich (*Dr. Linda Furter*) durchgeführte Untersuchungen in Rinderställen zeigten hemmende Wirkungen auf die Produktion von Melatonin und belegten eine Verminderung der Milchqualität, wenn Milchkühe auf geopathisch belasteten Plätzen stehen. Wenn Menschen, aber auch Tiere wie Rinder oder Pferde immer wieder längere Zeit auf geopathischen Störzonen verweilen, bewirkt dies chronischen Stress. Auf den zum Vergleich herangezogenen *geopathisch neutralen* Plätzen zeigten sich diese Phänomene nicht oder in viel geringerem Ausmaß.

Was hilft bei Störzonen und Schlaflosigkeit?

Es ist normalerweise nicht möglich, auf Störzonen erholsam zu schlafen oder längere Zeit hindurch effizient zu arbeiten. Zunächst einmal hilft es, herauszufinden, ob man tatsächlich auf einer Störzone lebt. Um sie zu finden, ist der preiswerteste Weg, sich einen erfahrenen Wünschelrutengeher zu holen. Viele Menschen fühlen manche Effekte der Geopathie aber auch selbst: Auf einem gestörten Platz empfindet man sich als eher unruhig, wuselig oder flatterig. Am deutlichsten erkennt man es beim Schlaf: Wenn man immer wieder Ein- und Durchschlafprobleme hat, kann man zur Probe einige Nächte lang an einer anderen Stelle schlafen, etwa auf dem Sofa im

Wohnzimmer, und schauen, ob man dort besser schläft. Etwaige medizinische und andere Ursachen für mangelnden Schlaf oder erhöhte Nervosität sollte man abklären. Auch die Qualität des Bettes ist wichtig für einen guten Schlaf: Ein gesundes Bett sollte kein oder nur wenig Metall enthalten; die Verwendung von Wasserbetten würde ich aus umweltmedizinischer Sicht wegen der dabei auftretenden Magnetfelder eher ablehnen; Betten aus baubiologisch gestesteten Materialien können dagegen enorm helfen. Am Arbeitsplatz sind meist Faktoren vorhanden, die sich oft nur schwer beeinflussen lassen – eingeschlossen die vielen elektrischen und elektronischen Geräte im Raum und natürlich auch das soziale Klima. In manchen Fällen kann jedoch schon ein einfacher Wechsel des Platzes, auf dem der Arbeitsstuhl steht, helfen. Bei einem unguten Chef oder stressenden Kollegen wird es schwieriger. Schläft jemand über längere Zeit oder immer wieder schlecht oder gibt es Störzonen im Arbeitsbereich und Plätzen, an denen er sich länger aufhält, sollte er dringend etwas unternehmen, um nicht ernsthafte gesundheitliche Schäden davonzutragen.

Viele der in der Werbung angepriesenen *Entstörungsprodukte* erwiesen sich in unseren Untersuchungen als unnütz, wenig effizient oder sogar selbst als Stressoren. Wir haben mehrere Arten kleiner

Pyramiden getestet. Diese mögen zwar bei einigen Menschen leicht positive Effekte zeigen, auf Dauer schienen sie aber eher nicht beruhigend, sondern anregend oder sogar stressend zu wirken. Insbesondere bei kreislauflabilen Menschen, etwa mit Bluthochdruck, können durch Pyramiden zusätzliche Probleme auftreten. Auch mit der Steckdose verbundene *Entstörstecker* können sensible Menschen eher nervöser machen und den Blutdruck beeinflussen. *Abschirmmatten*, teilweise als (Infrarot-)Heizdecken ausgestattet oder als Kupfergeflechte ausgeführt, zeigten keinerlei positive Wirkung. Oftmals strahlten sie jedoch sogar Magnetfelder ab, die das Problem, vor dem sie schützen sollten, verstärkten. Auch andere als die von mir eingehend getesteten Original-Geowave-Wellen aus Aluminiumlegierung mit Goldspot, eingeschlossen mit Diamantstaub oder Quarzsanden beschichtete *informierte* Typen, zeigten immer wieder ungewollte Nebenwirkungen. Gern verkauft werden auch Hologramme – kleine Plättchen mit dreidimensionalen Abbildungen – oder auch sogenannte Teslaspulen; mehrere davon habe ich nach wissenschaftlichen Kriterien getestet, signifikante Wirkungen waren für mich jedoch nicht feststellbar. Die positiven Effekte mancher Produkte, von denen einige Menschen berichten, würde ich daher eher einem Placeboeffekt zuschreiben.

Ein bestimmter Typ der Geowave-Welle erwies sich als das einzige derzeit wissenschaftlich belegte und in einer international anerkannten Fachzeitschrift publizierte Mittel, Auswirkungen von Störzonen und gleichzeitig auch von Stress im Allgemeinen wirkungsvoll zu mindern: Auf der untersuchten geopathisch belasteten Zone war unter *verblindeter* Anwendung der »CA-Geowave«-Welle mit Goldspot bei 92 % der Testpersonen auf einer geopathisch belasteten Zone eine deutliche Stresslinderung feststellbar! Sogar auf neutraleren Plätzen fanden sich signifikant entspannende Wirkungen (*Geowave-Research*, Salzburg-Hallein; siehe ▷ *www.med-grenzfragen.eu*). Unter dem Einflussbereich der beschriebenen Geowave-Welle schlafen die allermeisten Menschen deutlich besser und tiefer. Bei den Tests der Uni Zürich an Milchkühen zeigte sich auch warum: Bei Vorhandensein der Geowave-Welle erhöhte sich die Melatonin-Konzentration signifikant – und das sowohl auf Störzonen als auch auf neutraleren Plätzen. Waren auf geopathisch gemuteten Stellplätzen vermehrt chronische Euter- und Klauenentzündungen aufgetreten, verschwanden diese meist bereits wenige Wochen nach Montage der Geowave. Die »CA-Geowave« bewirkte auch eine signifikante Verbesserung der sogenannten *Milchzellzahl* – je niedriger diese ist, umso besser geht es der Kuh und umso höher ist die Qualität der Milch. »CA«- und »DA«-Geowaves werden bereits in mehreren Krankenhäusern erfolgreich verwendet. Im Salzburger Universitätsklinikum hängen 130 Stück davon – in der Intensivstation, der Kinderklinik, der Chirurgie, in psychiatrischen Abteilungen, aber auch in der Telefonzentrale und der Verwaltung. Weltweit sind

Tausende Exemplare im Einsatz, in alltäglichen Lebens- und Arbeitsbereichen vieler Menschen, in Privathäusern und Wohnungen, aber auch in Großmärkten, Banken, Ämtern, in Therapie- und Wellnesseinrichtungen. Gemeinsam mit mehreren Universitäten in den USA führen wir derzeit weitere Studien in Rinder- und Schweineställen durch. Die außergewöhnlichen Ergebnisse der mit *David Reecher* (Annapolis, Maryland) und Dairy Lea USA an mittlerweile Tausenden von Milchkühen durchgeführten Experimente führten zur Auszeichnung eines speziell modifizierten Typs von Geowave-Wellen (der LegenDairy®) durch die Agraruniversität Wisconsin Plateville Pioneer NAMA (USA) als »*Agricultural Product of the Year* 2010«: In den meisten getesteten Rinderfarmen (tagsüber Freilandhaltung, nachts Anbindehaltung) zeigte sich innerhalb weniger Monate nach Montage von LegenDairy-Einheiten ein auffälliger Rückgang der Milchzellzahl, ein signifikanter Anstieg des Milchfettgehaltes und eine starke Verbesserung der Milchleistung. Die Datenerhebung wurde dabei von der FDA (*Food and Drug Administration*; US-amerikanische Behörde für Lebensmittel- und Arzneimittelsicherheit; Rockville, Maryland, USA) qualitätskontrolliert.

Dr. Christoph Augner (Salzburg) und das amerikanische *National Institute on Deep Sleep* (Annapolis, MD) arbeiten zurzeit an einer Insomnie-Studie und statistische Auswertungen zeigten deutliche Verbesserungen des Wohlbefindens und der Schlafleistung bei von chronischer Schlaflosigkeit geplagten Menschen. Die Harmonisierung von Störzonen kann ein Sinken der Krankenstände bewirken, das soziale Klima harmonisieren und die Arbeitsleistung verbessern. Nach der Devise »*Sieger haben besser geschlafen*« haben zahlreiche erfolgreiche Sportler, eingeschlossen Weltmeister, eine Geowave-Welle in ihren Privatwohnungen und in Trainingszentren montiert und hängen sie vor den Wettkämpfen in ihre Hotelzimmer. Sogar kränkelnde Sportpferde konnten wieder siegen, nachdem die Welle in ihren Stall gehängt wurde. Durch ihren positiven Einfluss auf die Melatonin-Produktion kann die »CA-Geowave« auch als *Anti-Aging*-Mittel eingesetzt werden, da sie verjüngend wirken und zur Verbesserung der Hautstruktur beitragen kann.

Geopathie – die Ursachen

Echte, physikalisch korrekte Messungen von geopathischen Störzonen sind leider bislang kaum möglich. Aber es gibt Radiästheten, die oftmals mit verblüffender Genauigkeit Störzonen *muten* können. Obwohl die von Radiästheten verwendete Terminologie vielfach alles andere als wissenschaftlich auch nur einigermaßen korrekt ist, spüren viele Radiästheten Stellen, die auf Menschen belastend wirken. Ihr Körper fungiert als *Sensor*, die Wünschelrute als Hilfsmittel, das von Muskel-

bewegungen infolge bestimmter Reflexe gesteuert wird. Radiästhesie nennen Wünschelrutengänger ihre Lehre von bestimmten Strahlenwirkungen. Bei meinen Recherchen zeigte sich, dass wir auf diesem Gebiet nur gemeinsam weiterkommen können: Naturwissenschaftler gemeinsam mit Wünschelrutengehern, offen füreinander, mit dem Bestreben, der Geopathie im wahrsten Sinne des Wortes auf den Grund zu gehen. Ziel der Wissenschaftler sollte es sein, die seit Jahrtausenden bekannten Phänomene nicht mehr zu belächeln oder abzutun, sondern herauszufinden, was genau dahinter steckt, und vor allem, betroffenen Menschen und Tieren zu helfen.

Radiästheten gehen meist davon aus, dass belastete Standorte lediglich durch bestimmte geologische Gegebenheiten im Boden unter uns entstehen würden. Es gibt aber eine ganze Reihe weiterer Faktoren, die zu krankmachenden Standortphänomenen beitragen, wie technische Felder (elektromagnetische Felder aus Mobilfunksendeanlagen, Hochspannungsleitungen usw.), das in einem Gebäude verwendete Baumaterial und auch kosmische Strahlung. Auch die an manchen Orten auftretende natürliche Radioaktivität würde eine erweiterte Betrachtungsweise erfordern. In diesem Kapitel beschränke ich mich auf jene Teile möglicher natürlicher Ursachen, bei denen ich großen Erklärungsbedarf sehe.

Unterirdische Wasserläufe

Die meisten Menschen leben im Flachland, in Tälern oder in Talbecken. So etwas wie *Wasseradern*, dass also Wasser in einer Art Kanalsystem rinnen würde, gibt es nur höchst selten: im Karst, in höhlenartigen Bereichen verwitterten Kalkgesteins. Überall sonst, wo manche von Wasseradern sprechen, handelt es sich jedoch um Grundwasserläufe – also um etwas, das relativ homogen über große Gebiete verteilt vorhanden ist. An bestimmten Stellen rinnt das Grundwasser *schneller* und mehr kanalisiert. Der Geologe spricht dann von »bevorzugten strähnigen Wasserwegen«. In Bezug auf geopathisch belastete Standorte spielt sich unterirdisch bewegendes Wasser tatsächlich eine entscheidende Rolle. Wenn Regenwasser durch das Erdreich nach unten sinkt, kommt es irgendwann an eine Schicht, die es nicht durchdringen kann. Den Gesetzen der Schwerkraft folgend fließt es dann – meist relativ langsam. Das Grundwasser muss sich seinen Weg durch kleine Zwischenräume *(Poren)* im Erdreich, Kies und Schotter bahnen. Dabei treten nicht zu unterschätzende Reibungskräfte auf, die zu Ladungen und dadurch zu elektromagnetischen, elektrischen und/oder magnetischen Feldern führen. Trifft der durch Bodengegebenheiten an manchen Stellen schneller fließende Grundwasserstrom dann auf Hindernisse, zum Beispiel auf einen Felsen oder auf einen größeren Stein, muss er diese umfließen. An diesen Stellen treten Felder ähnlich wie in Strom durchflossenen Drahtspulen auf: Bei einer Ablenkung nach rechts verlaufen sie angedeutet *rechtsdrehend* (im Uhrzeigersinn), und bei einer Ablenkung nach links so, dass sie von Wünschelrutengehern als *linksdrehend* (gegen den Uhrzeigersinn verlaufend) empfunden werden. Solche Stellen sind es, die manche als *Wasseradern-Kreuzungen* fehldeuten. Dass tatsächlich unterirdische Wasserläufe auf unterschiedlichen Niveaus rinnen und einander kreuzen würden, gibt es zwar unter geologisch sehr speziellen Konstellationen – aber nur außerordentlich selten. Sicherlich nicht unter jedem zweiten Schlafzimmer.

▪ Induzierte Felder durch Transport von Ionen und Metallteilchen

Grundwasser nimmt ständig durch Verwitterungsprozesse und Abreibung frei werdende Substanzen und Teilchen aus dem Erdreich auf. Die davor in Kristallgittern gebundenen Metallionen (z.B. Eisen, Kalzium, Magnesium) und vereinzelt auch Metallteilchen werden mit dem Grundwasserstrom bewegt, was zur Induktion geoelektrischer Felder führt. Intensitäten und Zusammensetzung des dabei entstehenden Frequenzgemisches ändern sich ständig. Auch durch den Verwitterungsprozess selbst wird Energie freigesetzt. Die auftretenden Feldstärken in Bezug auf einzelne Wellenlängen sind dabei nur niedrig. Insgesamt gesehen dürften dynamische Intensitätsveränderungen des sogenannten Grundrauschens entstehen. Ob genau dies einen Effekt auf lebende Organismen hat, ist derzeit noch Spekulation. Dass uns aber unterirdisch fließendes Wasser durch derzeit noch nicht geklärte Mechanismen beeinflusst, sehe ich als Faktum an. Die bisher angeführten durch unterirdische Wasserläufe erzeugten geoelektrischen Phänomene sind mit Sicherheit nicht die einzige Ursache für *grundwasserbedingten Stress*. Allein die Tatsache, dass unser Körper zu einem sehr großen Teil aus Wasser besteht und in der Nähe befindliches (Grund-)Wasser unser körpereigenes Wasser *energetisch beeinflussen* könnte, birgt großes Forschungspotential. Quantenphysiker gehen davon aus, dass zwischen räumlich nicht zu weit voneinander getrennten Wässern eine Art Informationstransfer stattfinden könnte: Wasser beeinflusst Wasser.

Weitere mögliche Ursachen

Auch andere geophysikalische Ursachen dürften eine Rolle spielen, etwa der piezoelektrische Effekt durch stetigen oder wechselnden Druck zwischen Gesteinsschichten (z.B. bei geologischen Verwerfungen/Bruchlinien oder Fältelungen). Dabei werden Quarzteilchen und bestimmte andere Gesteinsbestandteile mechanisch verformt, was zu Entladungseffekten führt. Jeder von uns kennt es vom Feuerzeug: Der Druck auf einen Quarzkristall führt zu Energieentladungen – beim Feuerzeug sogar stark genug, um einen Zündfunken zu erzeugen. Auch in der Erde passiert etwas Ähnliches, an manchen Stellen stark gehäuft. Der Grund dafür sind kleinflächige lokale Effekte tektonischer Bewegungen innerhalb der Erdkruste. Ein einzelner Quarzkristall wird hier noch nicht viel bewirken, doch in Summe könnten die vielen ständig auftretenden Entladungsprozesse doch beträchtliche Auswirkungen haben. Radiästheten behaupten, dass die Erdoberfläche von regelmäßig aufgebauten Gitternetzen (z.B. *Curry*- und *Hartmann*-Gittern) umzogen wäre, geologisch gibt es dafür jedoch keine Anhaltspunkte. Falls solche Strukturen von Magnetfeldern vorhanden wären, würden sie aufgrund der enormen Inhomogenität der Erdkruste zumindest nicht derart regelmäßig aufgebaut sein. Bestimmte lokale Unregelmäßigkeiten des Erdmagnetfeldes gibt es aber. Wenn diese verstärkt im Bereich des Bettes auftreten, könnte dies Auswirkungen auf den Menschen haben, der versucht, hier zu schlafen, denn auch unser Organismus besitzt Strukturen, die überaus sensibel auf äußere Magnetfelder reagieren.

Antennen im Körper?

Wir Menschen reagieren zumeist unbewusst auf Standortphänome. Die meisten von uns haben verlernt, auf ihren Körper und ihre innere Stimme zu hören. Von den vielen in unserem Buch *»Die neue Dimension der Gesundheit«* beschriebenen möglichen *Sensoren* unseres Körpers möchte ich hier nur einen besonders herausgreifen: Auch im Nervensystem des Menschen scheint es eine Art Magnetsinn zu geben, wie wir ihn von Zugvögeln, Fledermäusen oder Honigbienen kennen. Unser Gehirn enthält riesige Mengen magnetischer Kristalle. Pro Gramm Nassgewicht sind es durchschnittlich fünf Millionen solcher Minimagneten, in den Hirnhäuten sogar bis zu 100 Millionen. Sie sind nur etwa 50 Nanometer klein (50 milliardstel Meter) und haben den gleichen grundlegenden Aufbau wie große, im Gestein vorkommende Magnetit-Kristalle. Sobald ein äußeres statisches Magnetfeld vorhanden ist, richten sich die *Nano-Magnetchen* in unserem Gehirn gleichförmig danach aus. Schwingt das Magnetfeld (z.B. bei technischen Feldern), können die körpereigenen Magnetite in der gleichen Frequenz mitschwingen. Körpereigene Magnetite reagieren rund eine Million Mal stärker auf Magnetfelder als jedes andere biologische Material. Es ist daher nicht von der Hand zu weisen, dass deren statische Ausrichtung oder *Mitschwingen* auch gesundheitlich relevante Auswirkungen haben könnte. Mehrere deutsche Forschergruppen konnten zwischenzeitlich die Existenz magnetischer und magnetisierbarer Strukturen im Gehirn bestätigen und sprechen von möglichen Zusammenhängen mit Morbus Alzheimer und sogar bestimmten Krebserkrankungen des Gehirns.

Belastete Standorte & »die Kunst zu leben«

Bestimmte Standorte belasten also unseren Organismus – dafür gibt es zwischenzeitlich handfeste Belege: Störzonen können Menschen und Tiere ernsthaft krank machen. Schon bevor es so weit ist, zeigt sich das Phänomen im Alltag: Schlechtes Schlafen, Mattigkeit und Nervosität beeinflussen unsere Lebensqualität in vielerlei Hinsicht. »Die Kunst zu leben« sollte also, wenn man sie ein langes und erfreuliches Menschenleben lang genießen möchte, Maßnahmen verschiedenster Art beinhalten, die uns das auch gewährleisten. Es ist sehr ratsam, sich nicht über einen längeren Zeitraum auf belastenden Zonen aufzuhalten oder diese zumindest mit einer Geowave zu harmonisieren. Aber auch die anderen Faktoren, die unser Leben und das Leben anderer maßgeblich beeinflussen, sollte man nicht vergessen: Es ist Zeit, dass wir wieder lernen, unsere Augen und Sinne offen zu halten, ethisch verträglicher (und damit auch weitaus gesünder und zufriedener) zu leben sowie Unrecht und Leid anderer Lebewesen bewusst zu vermeiden, um diese Erde für uns und künftige Generationen von Menschen, Tieren und Pflanzen zu bewahren. Ohne gelebte Humanität und persönlichen Einsatz für alle Lebewesen dieser Erde wird »die Kunst zu leben« immer nur ein egoistischer Kompromiss bleiben. Die Fokussierung auf nachhaltige, ethisch verbundene Denk- und Handlungsweise führt zur Vervollkommnung unseres Lebens. Sie hilft, unsere Erde für künftige Generationen zu bewahren und *positive Spuren* zu hinterlassen.

Gerhard W. Hacker

* 1956; der renommierte Salzburger Medizinbiologe veröffentlichte über 300 wissenschaftliche Manuskripte in biomedizinischen Fachjournalen. Er ist Autor des Buches *»Die neue Dimension der Gesundheit: Ganzheitlicher Schutz vor belastenden Umwelteinflüssen. Ein Ratgeber aus wissenschaftlicher und spiritueller Sicht.«* (Südwest-Verlag, Random-House/Bertelsmann, München). In den USA veröffentlichte er mehrere Fachbücher über immunhistochemische und biochemische Krebsdiagnostik. Mit den von ihm entwickelten molekularmorphologischen Techniken gelang ihm weltweit erstmals der direkte Nachweis einzelner Moleküle spezifischer Gensequenzen in mikroskopischen Präparaten. Über 25 Jahre arbeitete er in der krebs- und virusdiagnostischen Forschung in pathologischen Instituten in Salzburg, London, Schweden, China und den USA. Er ist Vorstand und Begründer des Forschungsinstituts für Grund- und Grenzfragen der Medizin und Biotechnologie am Salzburger Universitätsklinikum. *Prof. Hacker* erhielt Gastprofessuren in den USA und China, wirkte in Rundfunk-, Fernseh- und Dokufilm-Produktionen mit und hält Vorlesungen in der ganzen Welt. Mehrfach wurde er für die hohe Qualität seiner Forschung und sein humanitäres Engagement geehrt, unter anderem mit dem Großen Ehrenzeichen für Verdienste um die Republik Österreich. ▷ *www.med-grenzfragen.eu*

Heilen durch Bewegung

Hochentwickelte Technik und Mediennetzwerke erleichtern unser Leben, aber sie fordern auch ihren Tribut: die aufbauende, lebenserhaltende Kraft, die innere Ruhe und vieles mehr. Die Eurythmie-Therapeutin *Astrid Walter* ist überzeugt davon, dass Eurythmie – eine Art beseeltes Turnen – diese verloren gegangenen Qualitäten wieder zurückgeben kann. Der Mensch lernt in einem besonderen Maße seine physische Leiblichkeit zu entdecken.

Durch unsere selbst gewählten hochtechnisierten Lebensumstände gewinnen wir zwar kurzfristig Zeit und Energie, verlieren beides aber langfristig. Ein gesundheitlicher Kräfteabbau ist die Folge. Wir fühlen uns ausgebrannt. Durch die Heileurythmie, sagt Therapeutin *Astrid Walter*, kann diese gestaute, trübgewordene trägegewordene Bewegung wieder angeregt, gereinigt, in Fluss gebracht werden. Ein Plädoyer für die Harmonie zwischen Leib, Seele und Geist.

Kaum wohl gibt es eine Studienart, die unbekannter ist als die der Eurythmie. Studiert heute jemand Musik oder Schauspiel, braucht er sich weiter nicht zu erklären. Anders bei der noch recht jungen Kunst der Eurythmie: Sie wurde fast genau vor 100 Jahren (1911) von dem Begründer der Anthroposophie, *Dr. Rudolf Steiner*, neu ins Leben gerufen.

1. Eurythmie als Kunst

Was liegt dieser eurythmischen Kunst zu Grunde? Das Wort Eurythmie kommt aus dem griechischen und heißt: die schöne Bewegung, der harmonische Rhythmus. Es gibt die musikalische Kunst und die Sprachkunst (Poesie, Theater …). Bei beiden Künsten handelt es sich um eine hörbare Kunst. Eurythmie kann als sichtbare Sprache einerseits und als sichtbarer Gesang andererseits bezeichnet werden.

. Kunst = Schöpfen

Wer meinte *»wozu brauchen wir die Bildhauerkunst, wir haben doch die Malkunst, das reicht«* oder auch *»Praxiteles hat mit dem Hermes eine bestimmte Art der Vollkommenheit erreicht, also sind alle Skulpturen z.B. von Michelangelo überflüssig«*, dem ist zu entgegnen: Das Prinzip des *Schöpferischen* liegt jeder Kunst zugrunde, die sich eine wahre Kunst nennen will. Schöpferisch sein heißt aber, aus einer, dem alltäglichen Menschenleben übergeordneten Ebene heraus, einem nie versiegbaren Quell-Ort zu schöpfen. Somit wird jedem kunstliebenden Menschen sowohl bei einer künstlerischen Neuschöpfung im einzelnen Kunstwerk als auch im Schaffen einer ganz neuen Kunst echte Befriedigung zuteil. Kunst entstand immer so, dass sich durch die entsprechenden Kunstmittel ein Seeleninhalt offenbaren wollte.

. Leib als Instrument

Was ist nun das Kunstmittel der Eurythmie? Der Mensch! Der menschliche Organismus ist Werkzeug und Kunstmittel zugleich. Der menschliche Leib ist in seiner Vielgliedrigkeit, seiner großen

Beweglichkeit das vollkommenste Instrument, das mit unbegrenzter Entwicklungsmöglichkeit denkbar ist. So wie der Geiger auf seinem Instrument umso schönere Klänge hervorbringen wird, umso besser sein Instrument gestimmt ist und umso mehr er sich übend mit ihm verbindet, es durchdringt, so ist es auch beim Eurythmisten. Auch er muss sein Instrument, den eigenen menschlichen Organismus, stimmen und durchdringen, um aus ihm harmonische *Klänge* hervorzurufen.

▪ Leib – Leben – Seele – Geist

Der Mensch lernt in der Beschäftigung mit der Eurythmie in besonderem Maß seine physische Leiblichkeit kennen. Diese ist, solang er lebt, nicht nur von einer Lebenskraft durchzogen wie z.B. auch die Pflanze, sondern auch von all seinen Empfindungen, Stimmungen, Wünschen, usw. erfüllt, ähnlich wie das höher entwickelte Tier, und nicht zuletzt ist er auch von seinen geistigen Intentionen durchpulst.

▪ Eurythmie – beseeltes Turnen

Der Mensch trägt alles mehr oder weniger konzentriert in sich:
alle Naturreiche,
Mineralisches,
Pflanzliches,
Tierisches,
Menschliches,
Engelhaftes,
Teuflisches
und Göttliches.

Eurythmie kann als eine Art beseeltes Turnen gesehen werden. Im Turnen stellen wir uns in ein Verhältnis zum Raum. Wir suchen die Beziehung der Bewegung zum Raum. In der Eurythmie suchen wir mehr Beziehung zu uns selber. Ein leiblich und seelisches Verhältnis zu uns selber. Der Mensch bekommt ein Erlebnis von der inneren Harmonie des ganzen menschlichen Wesens, das festigend auf den Menschen zurückwirkt. Eurythmie basiert auf dem Zusammenhang zwischen Musik, Sprache und der menschlichen Bewegung. Es handelt sich aber nicht um eine Bewegung, die zur Sprache, zur Musik gemacht wird oder erfunden wird, sondern um die Sprache und Musik selber, die in ihrer Eigenart und Gesetzmäßigkeit mehr und mehr erforscht, sichtbar gemacht wird.

▪ Bewegung, Sprache, Musik – eine Ureinheit

Bekannt ist die Beziehung zwischen Musik, Sprache und Bewegung aus der Kleinkinderentwicklung. Eine bewegungsmäßig (motorisch) gesunde Entwicklung ist gewissermaßen Voraussetzung für die Erlernung der Sprache (das Kind bewegt sich, bevor es spricht) oder des Singens. Nachdem also das Kind die Fähigkeit zum freien Stehen erworben hat, das heißt, bis zu einem gewissen Grade mit seinem Geist (Ich) in seinem Leib eingezogen ist, übt es nun den Atemstrom, um diesem Geräusche und Klänge zu entlocken. Es formt und bildet solange mit und an den Sprachwerkzeugen, bis seine Seele darauf tönen und sich ausdrücken kann. Es werden also erste Laute und Klänge geübt, der oftmals sichtbar kräftige Arm- und Beinbewegungen vorausgehen oder stark davon begleitet werden. So wird z.B. der Laut »B« in seiner Urqualität des Einhüllens (bergen, beschützen, bauen ...) entdeckt und entsprechend einzusetzen gelernt. In der Eurythmie lernen wir – ähnlich dem Kinde, die Laute und Töne usw., allerdings jetzt bewusst mit der ganzen Gestalt zu bewegen und mehr und mehr zu üben, nun nicht auf Kehlkopf und Stimmbänder bezogen, sondern eben auch auf unsere ganze Leiblichkeit bezogen – zu *sprechen* und uns auszudrücken.

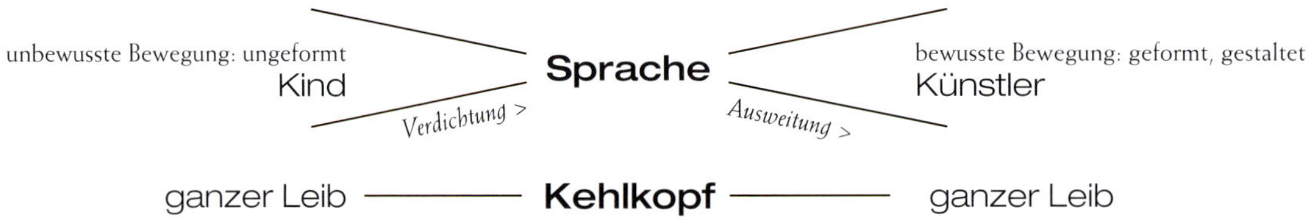

Es ist kein Weg zurück zur Kindesstufe, aber ein ichhaftes Ergreifen einer einst ganz unbewusst, unwissend und ungestalteten, aber sehr weisheitsvollen Urbewegung des kleinen Kindes. So wie es eine große Entwicklungsmöglichkeit der Sprache, der Musik, usw. gibt (vom primitivsten ersten Geräusch und Wort bis hin zum *Shakespeare*-Drama, bis hin zur Symphonie) so liegt auch eine solche der Eurythmie als sichtbare Sprache und sichtbarer Gesang ebenso zugrunde. *Beethoven* hatte die gleichen Ohren oder *Caruso* die gleichen Stimmbänder wie alle Menschen, aber was sie mit denselben machten, darin zeigt sich ihre schöpferische Kraft.

2. Eurythmie als Therapie

Die sogenannte Heileurythmie ist eine Bewegungs-Therapie, die aus den Grundelementen der Eurythmie hervorgegangen ist. Sie ist etwa 10 Jahre nach den Anfängen der Eurythmie 1921 entstanden und ist eine Form derselben. Es geht nicht wie bei der Eurythmie als Kunst um eine künstlerisch-ästhetische Offenbarung der Musik oder des Wortes, sondern um eine Art Verinnerlichung. Was bei der Kunst nach außen zu den Menschen verströmt, vom Künstler also abgegeben wird, von ihm weggeht, das wird nun in der Heileurythmie wie umgestülpt. Es wird verdichtet, konzentriert und nach innen gebündelt, auf den kranken Menschenorganismus gerichtet.

Der Laut heilt

Ein Ziel der Heileurythmie ist, dass der Patient allmählich selber die Übungen tätigt, sich also selber kräftigt. Handelt es sich in der Eurythmie um Sprüche, Sätze, Gedichte, Erzählungen usw., die möglichst künstlerisch darzustellen versucht werden, geht es in der Heileurythmie um den einzelnen Laut in seinem kraftvollen Charakter, ja in seiner Wesenhaftigkeit. Wenn wir zu den Anfängen unserer Geschichte zurückschauen, heißt es im *Johannes-Evangelium*:
Im Urbeginne war das Wort / Und das Wort war bei Gott / Und ein Göttliches Wesen war das Wort

Oder in dem Spruch des Schweizer Dichters *Albert Steffen*:

Was ich tat und was ich tue, o wie weit ist es vom Wort,
denn das Wort geht durch die Ruhe, und die Ruhe ist mir fort.
Dieses kleine Samenkorn, ist vom ganzen All gebaut.
Es genügt – beginn von vorne, bei der Liebe zu dem Laut.

In beiden Texten können wir die im Laut, die im Wort innewohnende Kraft entdecken. So wie aber der einzelne Laut doch auch eine gewisse Art von Einseitigkeit (im Sinne von einer Kraft) in sich trägt, so geht es auch dem Menschen, der aus dem gesunden Zusammenspiel seiner Gesamtorganisation herausgefallen ist. Er befindet sich in einem seelischen oder körperlichen Ungleichgewicht, er unterliegt einer Einseitigkeit, er ist krank. So kann nun mit der einzelnen Lautbewegung, gezielt auf eine Einseitigkeit im Menschen gewirkt und so wieder das Gleichgewicht hergestellt werden.

Leib aus dem Bewegungsvorgang

Der menschliche Leib ist wie eine aus dem fließenden, strömenden Element geronnene Form, wie etwa das aus dem fließenden Wasser festgewordene Eis, in dem noch die Formen der Bewegung erkennbar sind. Leib und Organe sind also verdichtete, mehr oder weniger im Fluss festgehaltene, erstarrte Bewegungen. Weil also der Organismus aus eben diesen Bewegungsprozessen entstanden ist, die ihren Ursprung in einer objektiv geistigen Welt haben (Fixsterne, Planeten), so wird in der Heileurythmie auf eben diese Bewegungsprozesse zurückgegriffen. Sie wirkt mit diesen entsprechenden gesetzmäßigen Urbewegungen zurück auf den ganzen Menschen. Wir tauchen mit den Bewegungen in den teilweise oder ganz zu Ruhe gekommenen physischen Leib ein, der, wie eingangs schon erwähnt, *durchbewegt* wird von einer strömenden, pulsierenden, sich auf- und abbauenden, zirkulierenden, *stoffwechselnden* Lebenskraft im funktionellen Bereich (damit der Leib sozusagen *funktioniert*). Der Leib wird durchatmet von unseren seelischen Regungen (sich der Welt gegenüber öffnend in Sympathie oder verschließend in Antipathie). Selbst die Bewusstseinsprozesse, das Vorstellungs- und Denkleben braucht rhythmisch bewegte Pendel, die Bewegung zwischen Schlafen und Wachen. Bewegung ist also fortwährend in modifizierter Art in uns. In diese also greifen wir mit den Übungen der Heileurythmie ordnend und regenerierend ein. Wo also diese Bewegungsprozesse gestört oder gar aufgehalten, blockiert sind, dort entsteht Krankheit. Durch die Heileurythmie kann diese gestaute, trübgewordene trägegewordene Bewegung wieder angeregt, gereinigt, in Fluss gebracht werden.

Wiederholung als Übprinzip

Durch Heileurythmie wird die individuelle Persönlichkeit aufgefordert, sich immer wieder mit der objektiven, übergeordneten Kraft der unterschiedlichen Laute, die aus kosmischen Gesetzen stammen, zu verbinden. Dadurch *reparieren* sie nicht physisches, sondern *stärken den im menschlichen Körper wirkenden Lebensstrom* und lenken ihn in geordnete Bahnen. Diese Tätigkeit kann nur durch einen gewissen Zeitraum hindurch (ca. sechs bis sieben Wochen zweimal wöchentlich oder ca. 12–14 Wochen einmal wöchentlich) regelmäßig ausgeübt (wenn möglich vom Patienten täglich) ihre heilende Wirkung bringen. Sie kann im Sinne des Sprichwortes »*Steter Tropfen höhlt den Stein*« die Persönlichkeit in ihrer körperlichen und seelischen Hülle anregen, aus sich heraus zu gesunden.

Aus Rhythmus entsteht Kraft

Heileurythmie ist eine Therapieform der anthroposophischen Medizin. Sie kann die medikamentöse Behandlung unterstützen, ergänzen oder ersetzen. Durch das rhythmisch wiederholende Üben – unabhängig von Laune und Verfassung – *erzieht* sich unsere Individualität (unser Ich) selber zur Anwesenheit in unserer Leiblich-keit. Alleine dieser Prozess, dieses ganz Dabeisein kann Kraft und Gesundung bringen. Alles Wachstum in der Natur wie auch im Menschen beruht auf Rhythmus und Wiederholung. Die eigene Sprache, wie auch eine fremde, ein Instrument erlernen, Schreiben, Rechnen usw. lernen – das alles kann nur durch geistige Wiederholung zu einer Fähigkeit

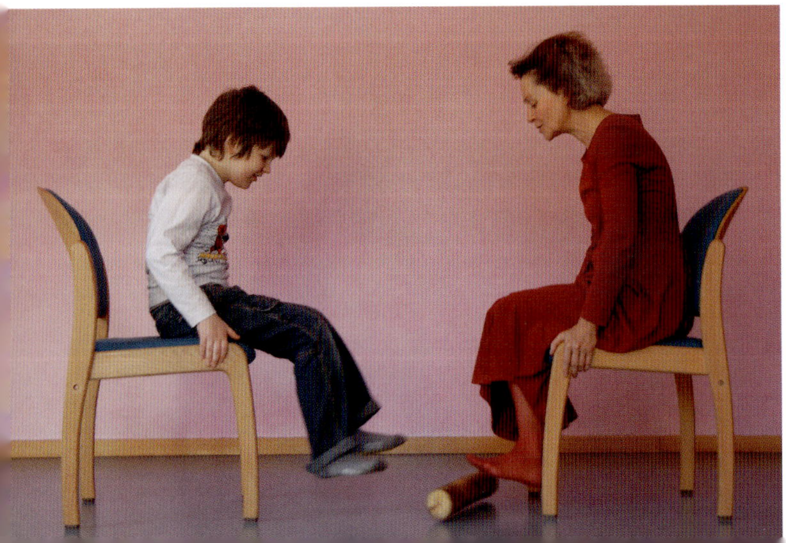

ausgebildet werden. Die rhythmisch sich wiederholende Grundkraft und Charakteristik der Zeit, des Zeitenstroms (*jeden Morgen geht die Sonne auf …*) ist heilsam.

- Kunst und Wissenschaft

Die Bildung jeden Lautes, ob nun eines Vokals oder Konsonanten, hat ihren bestimmten physiologischen Ansatz und damit ihre entsprechende, unterschiedliche Wirkung im gesamten menschlichen Organismus. »A«: kann etwas besser ein innerliches Staunen äußerlich zum Ausdruck bringen als das Ausstrecken der Arme zu einem geöffnetem Winkel? Wie wir ja auch beim Staunen die Augen weit öffnen, womöglich sogar den Mund. Es gleitet das seelische Erlebnis des Staunens in die äußere Gebärde hinein und bewirkt nun etwas im physischen Prozess. Ein »A« muss irgendwo seinem Grundcharakter des Öffnens treu bleiben, wie, womit, wie oft, welcher Art usw. es aber gestaltet wird, obliegt allein der Phantasie des Therapeuten oder sogar des Patienten, die oft im Prozess des Findens schöpferisch, phantasievoll mithelfen. So wie ein Dreieck unendlich verschieden gestaltet werden, niemals aber vier Ecken haben kann. So vereint Heileurythmie eine objektiv exakte Wissenschaftlichkeit mit einem subjektiven, frei künstlerischen Element.

- Erkennen des Therapeuten

Durch eine möglichst gesteigerte, geschulte Wahrnehmungsfähigkeit des Therapeuten können die gestörten, kranken Bereiche im Menschen gesehen und erkannt werden. Vieles zeigt sich in der Haltung, dem Gang, dem Händedruck, der Stimme, im Blick, in der Wärme oder Gestalt des Patienten. Das daraus folgende, individuell, auf diesen Menschen abgestimmte, »Laut-Rhythmus-Therapiekonzept« wird zunächst mit dem Patienten eingeübt und allmählich, so weit es möglich ist, vom Patienten selbstständig ausgeführt. Nach einer gewissen Zeit (ca. 3 Monate) sollte eine Zeit der Pause folgen, in der adäquat zu jeder einzelnen Heileurythmie-Stunde, der eine 10–20-minutige Pause folgen soll – nicht geubt wird, sondern eine womogliche Nachwirkung des Getanen erreicht werden möchte.

Vergleiche

Sommer – Winter	—	Tag – Nacht
Sichtbarkeit – Unsichtbarkeit	—	Wachen – Schlafen
Außenwirken – Innenwirken	—	Tun – Ruhen

Arzt – Patient – Therapeut

Arzt, Patient und Therapeut arbeiten gemeinsam an dem Rhythmisieren, Dynamisieren der Lebensprozesse des Patienten. Wenn es gelingt, so können zunächst Verhärtungen, Verspannungen, Verkrampfungen gelöst werden, erschlaffte Muskeln angeregt werden, Ticks, Zappeligkeit überwunden werden, Zähne, Knochen, Haare usw. zu harmonischerem Wachstum gebracht und damit in späterer Folge chronische, degenerative, funktionelle und weitere Krankheiten behoben werden.

Bei welcher Krankheit hilft Heilurythmie?

Ob und wie oft eine sog. Heileurythmie-Epoche wiederholt werden muss, hängt von der Art und dem Zustand der Krankheit, aber auch vom inneren und äußeren Einsatz des Patienten und Therapeuten ab. Heileurythmie wirkt besonders rasch, regulierend und stärkend auf alle rhythmischen Vorgänge (Atmung, Zirkulation usw.). Sie wird auf Grund einer ärztlichen Diagnose verordnet und vom Heileurythmisten ausgeführt, möglichst in Zusammenarbeit mit dem Arzt. Sie wird schließlich auf den verschiedensten Gebieten der Medizin erfolgreich eingesetzt: beim sich entwickelnden Säugling, Kind und Jugendlichen, wie beim *verhärteten* Erwachsenen oder Bewegungs-unfähigen Greis (hier bewegt der Therapeut für oder mit dem Patienten). Bei psychisch kranken Menschen mit leiblicher, seelischer oder geistiger Behinderung, bei allen organischen Krankheiten (Stoffwechsel, Zirkulation) wie bei entzündlichen, chronischen oder rheumatischen Krankheiten, Allergien (Asthma, Neurodermitis etc.), Haltungsschwächen, Tumoren und HIV-Patienten werden durch Heileurythmie behandelt wie auch Sprach- und Sehstörungen sowie Zahnfehlstellungen. Sie wird auch prophylaktisch, ebenso bei Folgen von schweren Operationen, Eingriffen, Schocks u.ä. angewendet.

Zivilisationstribut?

In heutiger Zeit, in der wir weitgehend von der Natur getrennt in Städten oder Großstädten leben, in der wir oft weder Morgen- noch Abendhimmel noch den Jahreszeitenrhythmus, weder das Werden und Wachsen der Pflanzen noch den pflügenden Bauern erleben können, verschwinden mehr und mehr nicht nur die Beziehung zur Natur, sondern auch unsere natürlichen Bewegungen. Sie werden ersetzt von Maschinen, technisch-mechanischen Geräten, Apparaten und fertigen Einrichtungen. Uns wird durch die hochentwickelte Technik, das Mediennetzwerk usw. das Leben einerseits erleichtert, aber es fordert andererseits seine Tribute: die aufbauende, lebenserhaltende Kraft, die innere Ruhe und vieles mehr. Wir meinen, Zeit durch das Auto, Telefon, Internet usw. zu gewinnen, zugleich verlieren wir sie aber! Oft schon ist es im Kleinen zu erkennen: Ich fahre motorisiert zur Arbeit, abends brauche ich eine Stunde zum Joggen und allem was dazu gehört.

Wir gewinnen kurzfristig Zeit und Energie, verlieren aber beides langfristig. Diese, von uns Menschen bewusst gewollten Umstände, fördern aber noch mehr einen gesundheitlichen Kräfteabbau, als er alters- und naturgemäß eintritt.

- Zukunftskunst

Wie wir wissen, gibt es immer mehr Kinder mit Entwicklungsstörungen, Lernbehinderungen etc. Immer mehr greifen Epedemien, *Geistes- und Seelenkrankheiten* um sich. Wir sind mehr oder weniger *ausgebrannt*, am Ende der Hochblüte einer Scheinkultur. Der Schein trügt, weil er der zukunftsträchtigen Nachhaltigkeit entbehrt. Mehr denn je können wir uns jetzt aufgerufen, aufgefordert fühlen, einen neuen Keim zu pflanzen. Wie der Bauer, wenn er im Herbst, nachdem die Früchte eingebracht wurden, für eine neue Ernte vorsorgt, indem er sät. Wie die Blätter sich lösen, »ausgelebt« zur Erde fallen, währenddessen sich in der bereits schon gebildeten Knospe neues Leben vorbereitet, so können auch wir uns nicht nur um das schwindende Leben sorgen, sondern auch mutig und freudig an die Arbeit machen, indem wir uns um diese geschenkten Zukunfts-Keime kümmern, versuchen, diese zu schützen und zu pflegen, damit sie zum Wachsen kommen können. Neue *Knospen*, in denen Zukunft und neue Lebenskraft schlummert. In diesem Sinne kann Eurythmie als *Zukunftskunst* (sie *»steckt noch in den Kinderschuhen«*, sie ist noch im Keimzustand – 100 Jahre verglichen mit Tausenden Jahren der anderen Künste –) den heutigen Menschen in seiner Not beschenken, und ein wenig Einblick in die *Lebenskräfte-Werkstatt* gewähren. Sie kann beglücken und die Seele erfreuen – wie andere Künste auch – von innen her und ohne Schein. Noch entbehrt sie der üppigen Fülle und Farbenpracht eines bunten Blumenstraußes, der anerkannt, gesehen und bewundert wird, aber sie ist wie der Samen, der jeden Tag noch ganz unter der Erde ist, und nun liebevolle Pflege und sorgende Arbeit vom Gärtner braucht. Noch ist der Same unscheinbar (das Wort »Eurythmie« kennt kaum jemand), aber der Gärtner ist sich sicher und versorgt sein Pflänzchen, bis es vielleicht nach überstandenem Winter zu einer kräftigen Pflanze, vielleicht zu einem Baum herangewachsen ist, der den schönsten Blumenstrauß überdauern wird. So kann der Mensch sich durch elementares Verbinden mit den Kraftquellen der Laute an diese anschließen. Quellen aus der im Menschen wohnenden Geistig-Göttlichen Kraft.

3. Eurythmie als Hygiene

Nun gibt es noch den Bereich der sogenannten Hygiene. Die Hygiene des Zusammenwirkens und -klingens von Leib, Seele und Geist. So wird Heileurythmie mehr oder weniger prophylaktisch, *saluto-genetisch* in Institutionen oder Firmen als sogenannte Betriebs-Eurythmie angeboten. Hier bewegen sich Laien gemeinsam unter Anleitung eines ausgebildeten Eurythmisten ohne künstlerischen oder therapeutischen Anspruch mehr oder weniger in Gruppen. Ein- bis zweimal wöchentlich werden eurythmische Grundelemente, Gebärden, Formen, Rhythmen und Bewegungen in sogenannten Laut- oder Toneurythmiekursen erarbeitet.

4. Pädagogische Eurythmie

In den *Rudolf-Steiner*-Schulen gibt es noch die pädagogische Eurythmie. Hier wird versucht, neben einer geist-, seelen- und körpergemäßen Erziehungsmethode oder, anders gesagt, einer menschengemäßen oder menschenfreundlichen Erziehungsmethode, die Eurythmie als wesentlichen Pflichtgegenstand ein bis zweimal in der Woche – möglichst rhythmisch – zu entwickeln. Sie soll quasi volkspädagogisch-hygienisch, künstlerisch gesundheitsfördernd und -erhaltend wirken. Oft kann sie ausgleichend nach einseitiger Kopftätigkeit sein, oft belebend und erfrischend, dann wieder zur Besinnlichkeit und Ruhe führen. So wird sie im guten Falle den gesunden Leibeserziehungsunterricht (Turnen) mit einem *seelischen Turnen* ergänzen und vorbeugend im noch so bildsamen Kindes- und Jugendalter den Menschen vor einseitiger Körper- und Materie-bezogener Kultur bewahren. Eines ihrer Ziele wird jedoch sein, die Einseitigkeit möglichst durch Gleichgewicht zwischen Materie und Geist zu überwinden, d.h. stets die Harmonie zwischen Leib, Seele und Geist zu suchen, und zwar im Sinne des Wortes von *Rudolf Steiner*:

»Suchet das wirklich materielle Leben, aber suchet es so,
dass es euch nicht betäubt über den Geist, der in ihm wirksam ist.
Suchet den Geist, aber suchet ihn nicht in übersinnlicher Wollust,
aus übersinnlichen Egoismus, sondern suchet ihn,
weil ihr ihn selbstlos im praktischen Leben,
in der materiellen Welt anwenden wollt.
Wendet an den alten Grundsatz:
›Geist ist niemals ohne Materie, Materie ist niemals ohne Geist.‹
In der Art, dass ihr sagt: wir wollen alles Materielle
im Lichte des Geistes tun, und wir wollen das Licht des Geistes so suchen,
dass es Wärme entwickle für unser praktisches Tun.«

Am Menschen offenbaren sich die Bewusstseinskräfte und Formen, die überall im Kosmos und auch in der Natur zu finden sind. Diese sind aber unseren physischen Sinnen verborgen. Durch die Eurythmie werden sie sichtbar.

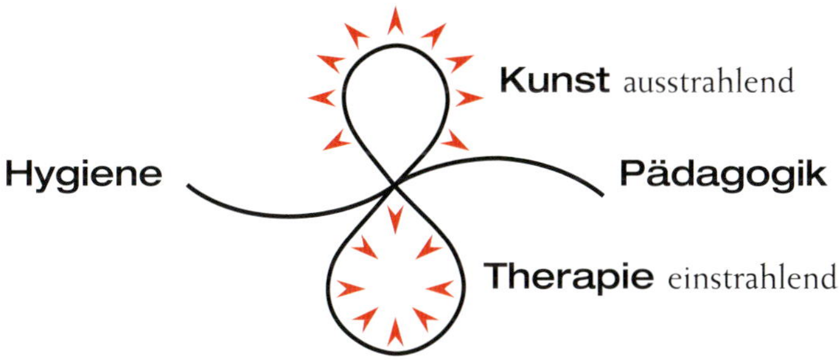

Astrid Walter

*1954; nach langjähriger Arbeit in pädagogischer und künstlerischer Eurythmie in Waldorf-Kindergärten und in Schulen in Salzburg und im Ausland – und nach der Auflösung des Familienverbandes (Kinder erwachsen, Ehe getrennt) – verbrachte sie vier Jahre in Dornach (Schweiz). Dort erlernte sie in einem zweijahrigem Studium die Heileurythmie und im Altenheim, in der Sonderpädagogik (Sonnenhof) und vor allem im Krankenhaus (*Ita Wegman* Klinik) auch praktizieren. Wieder nach Salzburg zurückgekehrt, arbeitet *Astrid Walter* in der *Paracelsus*-Schule Salzburg (Bildungsstätte für seelenpflege-bedürftige Kinder und Jugendliche) und in freier Praxis als Heileurythmistin.

Zurück zum Licht

Aus früheren Leben Kraft für das Jetzt schöpfen: *Ursula Demarmels*, Spezialistin für spirituelle Rückführungen, erzählt, wie sich aus dem Vorleben und dem Leben als Seele wertvolle Erkenntnisse für das Hier und Jetzt gewinnen lassen.

U*rsula Demarmels* ist Spezialistin für spirituelle Rückführungen in Vorleben und ins Zwischenleben als Seele. Nicht nur wer wissen will, welch Bettler, Räuber oder Ehrenmann er in vorigen Jahrhunderten einmal war, ist bei ihr richtig. Aus unseren Erfahrungen, die wir in einem Vorleben bereits erworben haben, lässt sich auch viel lernen, um den Alltag sinnvoller und mit mehr Lebensfreude zu bewältigen.

Wenn ich fürs Fernsehen vor laufender Kamera Menschen in ihre Vorleben zurückführe, geht es vorwiegend darum, verifizierbares Material zu erhalten, Informationen also, die mir der Klient in tiefer Trance erzählt und die wir auch heute noch finden bzw. überprüfen können: zum Beispiel detaillierte Schilderungen einer Statue, eines Wappens, einer Kirche oder einer längst vergangenen Kultur, von deren Existenz der Klient im heutigen Leben nichts wusste und meist auch gar nichts wissen konnte. Diese Angaben werden dann vor Ort von Historikern auf ihre Richtigkeit überprüft und können so sehr oft auch bestätigt werden. Das ist faszinierend und verblüffend zugleich und lässt auch Leute, die mit Rückführungen bislang nichts am Hut hatten, nachdenklich werden. Viele Millionen Menschen haben sich diese TV-Dokumentationen bereits angesehen und dadurch begonnen, sich mit dem Thema Wiedergeburt auseinanderzusetzen.

Auf der Suche nach dem Lebenssinn

Früher oder später stellen sich bei den meisten Menschen Fragen ein, die über die übliche Alltagsbewältigung weit hinausgehen. Auch wenn das persönliche Alltagsleben in Ordnung und befriedigend ist, sucht der Mensch nach tieferen Wahrheiten und Erkenntnissen, die seine Person, aber schlussendlich alle materiellen und nicht materiellen Erscheinungsformen betreffen. Auf einer tie-

fen inneren Ebene sucht er seine Seele und schlussendlich Gotteserkenntnis. Oftmals sind es Schicksalsschläge, die den Einzelnen innehalten, nachdenken und suchen lassen. Viele Menschen haben spontane Erinnerungen, ungewöhnliche Wahrnehmungen, Träume oder Gefühle, die ihnen vermitteln, dass es noch sehr viel mehr geben muss, als wir mit unseren äußeren Sinnen wahrnehmen können. »Die Kunst zu leben« beinhaltet unweigerlich auch die bewusste Auseinandersetzung mit dem tieferen Lebenssinn und den persönlichen Lebensaufgaben.

Wir sind so viel mehr!

Als spirituelle Rückführungstherapeutin begleite ich Menschen in ihre Vorleben und dort über den Tod hinaus in die spirituelle Welt, das Jenseits hinein, wo sie sich als lichtvolle Seele wahrnehmen. Dabei geht es bei privaten Rückführungen im Gegensatz zu meiner Arbeit fürs Fernsehen nicht um Verifizierbarkeit, sondern vor allem um Selbsterkenntnis und Persönlichkeitswachstum. Wir erfahren durch Rückführungen in Vorleben die Vielschichtigkeit unserer Persönlichkeit, die so weit über unser *Alltags-Ich* hinausgeht! Wir erleben uns in unterschiedlichsten Rollen. Unser Geist dehnt sich aus, und vieles Neue oder Andersartige, das wir bisher nicht für möglich gehalten oder sogar abgelehnt hatten, finden wir in uns selbst. Das bringt echte Selbsterkenntnis, und dadurch wachsen auch unsere Geduld und unser Verständnis für andere. Wir sehen uns in deren *So-Sein* gespiegelt.

Vorbereitung und Ablauf einer spirituellen Rückführung

Wenn Sie sich für das Thema spirituelle Rückführung interessieren, empfehle ich Ihnen, zuerst mein Buch »*Wer war ich im Vorleben? Die positive Wirkung spiritueller Rückführungen*« (Südwest-Verlag) zu lesen. Da werden Ablauf, tieferer Sinn und vieles mehr gründlich beschrieben und die üblichen Fragen, die zu Rückführungen gestellt werden wie etwa: Können Rückführungen gefährlich sein? Für wen sind sie gedacht? Wie erkennt man einen guten Rückführungsleiter? umfassend beantwortet. Viele unterschiedlichste Beispiele aus meiner Rückführungspraxis geben einen tiefen Einblick in das faszinierende Erlebnis einer spirituellen Rückführung und deren positive Auswirkungen auf das heutige Leben. Mit meiner Entspannungs- und Selbstfindungs-CD »*Licht im Spiegel*« (Selbstverlag) können bewusste Trance und das innere Vorstellungsvermögen geübt werden. Danach rate ich, an einem meiner Workshops teilzunehmen, um erste praktische Erfahrungen mit spirituellen Rückführungen zu machen, bevor man Einzelrückführungen in Betracht zieht. Auch in den

Workshops führe ich die Teilnehmer in tiefe Trance und lasse den einzelnen Klienten Kontakt mit seinem Seelenführer aufnehmen, dieser engelsgleichen Gestalt, die ihn liebt und durch alle Leben und auch in der spirituellen Welt als Seele begleitet. Dann geht es zurück durch die Zeit in die frühe Kindheit, danach in den Mutterleib und weiter zurück in eines oder mehrere Vorleben. In verschiedenen Szenen erlebt sich der Klient noch einmal als die Person, in den Lebensumständen und mit den entsprechenden Gedanken, Intentionen und Gefühlen, die damals seine Person und sein Leben ausmachten. Das kann zeitlich hin und her springen: Vielleicht sieht er sich zuerst als junger Mann oder junge Frau, danach als kleines Kind oder als Greis. Wir schauen uns alle wichtigen Gegebenheiten genau an. Manchmal erkennt man intuitiv, dass Menschen oder Tiere, die einem im Vorleben wichtig waren, auch im heutigen Leben wieder bei einem sind. Meist sehen diese Personen im heutigen Leben aber völlig anders aus. Sie können ein anderes Geschlecht haben, sogar andere Charaktermerkmale. Vielleicht ist die große Liebe von damals heute die anstrengende Großmutter oder der beste Freund oder aber ein strenger Lehrer aus unserer Kindheit.

Keine Angst vor Gewaltszenen und dem Sterben

Natürlich kann es sein, dass sich auch Szenen zeigen, die man als schmerzhaft, brutal oder leidvoll empfindet – sei es, dass man sich als Opfer oder auch als Täter erfährt. Beides ist möglich. Auf unserem langen Entwicklungsweg durch sehr viele Leben erleben wir uns in beiden Rollen. Vor solchen Szenen braucht man sich aber dennoch nicht zu fürchten. Es gibt viele Techniken und vor allem den lichtvollen Beistand aus der spirituellen Welt, um solche Erlebnisse mit genügend Abstand und auf einer Basis von Sicherheit und Geborgenheit zu erleben. Nach vielen unterschiedlichen Szenen führe ich den Klienten zum Ende dieses Vorlebens. Der Klient erlebt, wie er damals gestorben ist und dass es damit nicht zu Ende ist. Ich führe ihn über den Tod hinaus und weiter in die spirituelle Welt, das Jenseits, hinein. Er erkennt, dass er sich auch ohne irdischen Körper sehr lebendig fühlt und teilweise noch vorhandene Erdenschwere, Trauer, Angst, Schmerzen, geistige Beschränktheit immer mehr von ihm abfallen, je tiefer er in die spirituelle Welt hineingeht. Er fühlt sich leicht, frei, geliebt, glücklich und geborgen. Das ist ein wunderbares und tröstliches Erlebnis und hilft, dass sich unsere Angst vor dem Tod verringert. Wir erkennen, dass wir unsterbliche göttliche Seelen sind, die auf der Erde inkarnieren, um sich in enorm vielen Körpern, Zeitepochen und Lebensumständen zu erfahren und zu lernen, wie man sich an seinen göttlichen Ursprung erinnert und danach lebt. Ein Mensch, der mit seiner Seele in Kontakt ist, lebt auch immer mehr ihre Qualitäten wie Güte, Liebe, Freude, Kreativität und Mitgefühl mit allen Lebensformen.

Er fühlt sich verbunden und ahnt das schlussendliche Einssein mit allem, was ist: der göttlichen Quelle.

Was geschieht nach dem Tod?

Oft holen den Verstorbenen die Seelen geliebter Menschen oder auch Tiere, die er aus seinem eben erlebten Vorleben oder auch aus anderen Leben kannte, ab. Bald ist auch der Seelenführer (Schutzengel) zur Stelle, um die Seele zu begrüßen und mit ihr jenes Vorleben aus der höheren Warte der Seele zu reflektieren. Da sind dann Fragen wichtig wie: Was habe ich gut gemacht oder weniger gut? Was habe ich gelernt oder nicht gelernt? Wie bin ich mit mir und mit meinen Mitmenschen und den Tieren umgegangen? Welcher Art waren meine hauptsächlichen Gefühle und Gedanken? Habe ich meine Lebensaufgaben erkannt und umgesetzt? Und warum wurde mir in der Rückführung gerade dieses Vorleben gezeigt? Was kann ich daraus lernen, mitnehmen und in meinem heutigen Leben auf der Erde umsetzen? Wir können sehr viel aus unseren Erfahrungen, die wir in einem Vorleben bereits erworben haben, lernen – aus unseren damaligen Stärken und Schwächen. Auf manche gute Erfahrung dürfen wir zurückgreifen, und manches Unfertige oder Negative werden wir im heutigen Leben besser machen und ausgleichen wollen. Auch manches sogenannte *Ungute*, das uns im gegenwärtigen Leben widerfahren ist, zum Beispiel eine Krankheit, können wir aus dieser höheren Perspektive nun in ihrem tieferen Sinn besser verstehen und als Chance zur Entwicklung annehmen oder sogar Möglichkeiten zum Gesundwerden finden.

Entwicklungsschritte

Auf unserem langen Entwicklungsweg durch die Erdenleben geht es darum, sich Schritt für Schritt bewusster zu werden, sich mit seiner Seele zu verbinden und seine Seelenqualitäten zu erkennen, sodass in deren Umsetzung das Leben immer sinnvoller, liebevoller und lichtvoller wird. Der Mensch bemüht sich dann immer mehr um eine ethisch-humane stimmige Lebensausrichtung. Es ist ihm ein großes Bedürfnis, zur Harmonie der Menschen untereinander, dem Wohlergehen der Tiere und dem nachhaltigen Überleben der Natur und des gesamten Planeten beizutragen. Absichtliches Quälen eines anderen Wesens oder auch das passive Dulden einer solchen Handlung sind ihm fremd. Seine Fähigkeit wächst, die eigene Bequemlichkeit und Angst und seine negativen unbewussten egoistischen Tendenzen zu erkennen und abzulegen. Er empfindet Achtung und Mitgefühl mit allen Lebensformen.

Positive Ausblicke

Viel Schönes und Berührendes und unerwartete glückliche Fügungen bereichern das Leben einer derart entwickelten Seele auf der Erde. Je mehr man seine tiefere Bestimmung lebt, desto mehr empfindet man Sinnhaftigkeit, Lebensfreude und Lebendigkeit. Der oft lähmende Alltagstrott und das Gefühl, auf der Stelle zu treten oder in Sinnentleertheit und Negativität zu versinken, verschwinden. Die Lektionen werden üblicherweise sanfter, wobei das Leben natürlich nicht frei sein wird von weiteren Herausforderungen, zu wachsen und sich immer weiterzuentwickeln. Im Kontakt mit seiner Seele und der spirituellen Welt wächst unsere Fähigkeit, Liebe zu schenken und anzunehmen und Glück zu empfinden. Wir folgen dem inneren Bedürfnis, lichtvolle Spuren auf der Erde zu hinterlassen. Wir erkennen, dass es unsere Freude vermehrt, wenn wir anderen Menschen, Tieren, Pflanzen und der Natur Gutes tun, zu ihrem Wohlgefühl und Wohlergehen beitragen und mit ihnen in Harmonie leben.

Die Kunst zu leben oder der wunderbare Apfelbaum

(ein Beispiel aus meiner Rückführungspraxis)

Christine, eine junge Modeverkäuferin aus Wien, war dem Konsumrausch verfallen. Sie war mit einem lieben tüchtigen Mann verheiratet, der versuchte, ihr jeden Wunsch zu erfüllen, und sie so mit teuren materiellen Gütern überhäufte. Aber sie war nie lange zufrieden. Schon bald verlor sie das Interesse an den gekauften Sachen und wünschte sich sehnlichst etwas Neues. Bis sie das wiederum hatte, wurde sie zusehends nervöser, nörglerischer und niedergeschlagen. Sie trieb ihren Mann in die Verzweiflung und an die Grenze des finanziellen Ruins. Er war gerade dabei, die Scheidung einzureichen, als sie durch Zufall mein Buch »*Wer war ich im Vorleben?*« las. Das Thema faszinierte sie, und sie entschloss sich zur Teilnahme an einem meiner Workshops. Zuerst hatte sie große Mühe, sich einzulassen und zu entspannen, aber dann gelang es ihr, in Kontakt mit ihrem Seelenführer zu treten und ruhiger zu werden. Später, bei einer Gruppenrückführung, konnte ich sie in tiefe Trance versetzen und in ein Vorleben führen. Danach wirkte Christine sehr nachdenklich und betroffen und teilte mir etwas später ihre Erfahrung mit: Sie erlebte sich im Vorleben als Mary, eine Bäuerin im England Ende des 18. Jh. Sie war Witwe und Mutter von sechs Kindern und lebte in sehr armen Verhältnissen. Zum Essen gab es fast nur Kartoffeln und ein paar Wurzeln, und auch die waren meist nur sehr knapp vorhanden. Einzig ein Apfelbaum schenkte mit seinen wohlschmeckenden Früchten ein wenig Reichtum und brachte eine wundervolle Abwechslung in den

eintönigen Speiseplan. Die Äpfel wurden sorgfältig gelagert und eingeteilt, damit sie möglichst lange reichten, und der Baum wurde gepflegt und als Schatz der Familie behütet. Eines Nachts im Herbst aber, bei einem furchtbaren Sturm, wurde der Baum entwurzelt. Die ganze Familie trauerte sehr über diesen schrecklichen Verlust. Es waren noch einige gelagerte Äpfel übrig, und Mary sammelte sorgfältig die Kerne und versuchte, daraus einen neuen Apfelbaum großzuziehen. Sie wusste, dass das ein sehr langes Unterfangen sein würde, aber die Freude, dass ihre Familie einst wieder die Früchte eines Apfelbaumes genießen könnte, spornte sie an. Als Christine diese Geschichte aus ihrem Vorleben erzählte, weinte sie tief berührt.

Sie erkannte das Glück und die Freude, etwas wirklich wertzuschätzen und mit Achtung und Dankbarkeit zu behandeln. Sie begann, ihr Leben mehr nach inneren Werten auszurichten. Sie wurde insgesamt ruhiger und zufriedener und es gelang ihr, ihre Konsumsucht zu überwinden und mit ihrem Mann eine harmonische Beziehung zu leben.

Ursula Demarmels

*1957; die durch Presse und TV-Dokumentationen bekannte Schweizerin lebt im Salzburger Seenland und arbeitet seit über 20 Jahren als selbständige Rückführungsexpertin. Ihre Ausbildungen und Studien absolvierte sie in der Schweiz, Deutschland, Österreich und den USA. Sie ist erfolgreiche Buchautorin und leitet Seminare zum Thema spirituelle Rückführungen in Vorleben und ins Zwischenleben als Seele (nach *Dr. Michael Newton*, USA, und ihrer eigenen Methode) im In- und Ausland. ▷ *www.spiritualregression.de*

Max Deml → Macht Geld glücklich? 148

Markus Pausch → Der Streit ums gute Leben 160

Erwin Thoma → Das Leben, ein Traum 172

Walter Trausner → Rezept des Lebens 180

Reinhold Barta → Das Glück ist grenzenlos 186

3 Wirtschaft, Geld & Politik

LIBERTY

Macht Geld glücklich?

Rüstung, Klimasünden, Kinderarbeit: das Diktat der Geldvermehrung um jeden Preis zeitigt hässliche Konsequenzen. Aber kann es so etwas wie einen ethischen Umgang mit Geld überhaupt geben? *Max Deml*, Spezialist für faire Investition, weiß Alternativen aus der scheinbaren Ausweglosigkeit des Geldkreislaufs.

Angenommen die Anonymität des Geldes, die zwangsläufig dazu führt, dass es um der Rendite willen auch in zwielichtige Geschäfte fließt, ließe sich in soziale Beziehungen umwandeln und veranlagtes Geld ließe sich innerhalb von sechs Jahren mehr als versiebenfachen – trotz Börsenkrise und mit gutem Gewissen? Wäre das nicht einen Versuch wert, sein Geld anzulegen, ohne sich dabei die Hände schmutzig zu machen? *Max Deml*, Gründer des Öko-Invest-Verlages, Autor und Kolumnist über persönliche Wertvorstellungen, politische Ansprüche und die Marktmacht des Einzelnen.

Zur »Kunst zu leben« gehört auch der Umgang mit Geld – sei es als Anleger(in), Schuldner(in) oder einfach nur im alltäglichen Zahlen von Produkten oder Dienstleistungen mittels Bargeld, Kreditkarten oder anderen Zahlungsmitteln. Bei immer mehr Menschen spielen Kriterien wie *Öko* und *Ethik* nicht nur im Konsum (mit Siegeln für *Bio* oder *fair trade*) eine Rolle, sondern zunehmend auch bei der Geldanlage. Wie man beim Einkauf von Produkten auf Herkunft und Qualität achten kann, können Investoren auch Aktien von Unternehmen meiden, die ihre Gewinne mit Rüstungsproduktion, Kinderarbeit oder Klimaschädigung maximieren wollen.

Wer eingesehen hat, dass Geld oft fatal mit Umweltzerstörung zusammenhängt, ja, dass oft erst eine Finanzierungszusage einer oder mehrerer Banken die Realisierung von Projekten ermöglicht, wird selber sensibler werden im Umgang mit Geld. Er wird Widersprüche zwischen seinen persönlichen Wertvorstellungen oder politischen Ansprüchen und der Praxis seiner eigenen Geldanlage wahrnehmen und evtl. aktiv werden, um diesen Zustand zu verbessern. Wenn dies nicht nur individuell, sondern auf breiter Basis geschieht, haben die Geldanleger – und seien die einzelnen Beträge noch so klein – eine *Marktmacht*, die der beim Kauf bzw. Boykott bestimmter Waren nicht nachsteht. Der Einsatz von Geld durch den Menschen hat einen Einfluss auf die Natur. Mit Geld kann Natur zerstört werden, aber mit Geld kann sie auch vor der Zerstörung bewahrt werden. Geld macht's möglich. Vermögen kann etwas bewirken. Dazu ein kurzes Beispiel *mit langer Laufzeit*: Dass 1983 der erste österreichische Nationalpark eröffnet werden konnte, geht auf einen ökologisch motivierten Grundstückskauf aus dem Jahr 1918 (!) zurück. Ein Kärntner Industrieller hatte das Gebiet rund um den Großglockner gekauft und mit der Verfügung, es als *Naturschutzpark der Zukunft* vor der *spekulativen Fremdenindustrie* zu schützen, dem österreichischen Alpenverein gestiftet. Über Jahrzehnte hindurch konnte der Alpenverein den regelmäßig wiederkehrenden »Erschließungsvorhaben« (Planung von Seilbahnen, Liftanlagen, Straßen und Parkplätzen) die *Waffe* des Grundbesitzes entgegenhalten. Die Kernzone des heutigen Nationalparks Hohe Tauern hatte seinerzeit rund 10.000 Kronen gekostet. Natürlich eine gute Geldanlage, oder?

Beispiele dafür, wie Geld auch negativ, gegen die Natur, eingesetzt wurde und wird, erübrigen sich an dieser Stelle: verbetonierte Landschaften sind leider immer noch häufiger anzutreffen als z.B. von Grünpflanzen überwucherte ehemalige Autobahnschneisen. In den USA wird inzwischen jeder zehnte Dollar nach ethischen Kriterien angelegt. Europa ist von dieser Marke (mit nicht einmal 1 %) noch weit entfernt, aber das Marktvolumen und die Zahl der Anbieter wachsen stark. Inzwischen hat sogar fast jede Großbank einen *Ethik*- oder Umweltfonds im Programm. Ein Kennzeichen ethisch-ökologischer Geldanlage ist es, dass man wissen sollte, *wo* das ersparte Geld *arbeitet*. Meist kann man sich genau umgrenzte Gebiete aussuchen, sei es in Form von Firmenbeteiligungen oder Anteilen bzw. Einlagen bei Bankinstituten, die wiederum Kredite an bestimmte Unternehmen vergeben. Die Arten der umweltbewussten Geldanlage sind inzwischen fast schon so vielfältig geworden wie die am herkömmlichen *Markt*: die Palette reicht vom *Öko-Sparbuch* über die festverzinsliche Umweltanleihe bis zur Unternehmensbeteiligung über Aktien oder Investmentfonds.

Und um welche Summen geht es dabei auf der Seite der Investoren? Die Spanne der Geldvermögen reicht von *x* Milliarden (nicht nur aus Erbschaften) bis zu Null – oder unter Null bei hoch verschuldeten Haushalten, die oft kaum eine Chance haben, sich aus eigener Kraft aus dem Strudel zu befreien. Denn die Zinseszinsschulden wachsen nicht linear, sondern exponentiell. Während man Kredite an Freunde oder Verwandte in der Regel zinslos vergibt, hält man es für selbstverständlich, dass einem bei Sparbuchguthaben Zinsen *zustehen*. Wer weiß schon, dass in früheren Zeiten Wucher und Zins dasselbe Wort waren? Heutzutage bezeichnet man höchstens *überhöhte* Zinssätze als Wucher, und selbst das gilt eher als Kavaliersdelikt. Man kann daher den Banken nicht die alleinige Schuld an den negativen Konsequenzen des Zinseszinssystems geben. Der Sparer, der am Bankschalter Zinsen verlangt, ist eigentlich der Auftraggeber, diese bzw. höhere Zinsen von jemand anderem zu verlangen. Sehen wir uns dieses Geld- und Zinssystem doch einmal näher an.

Globale Monetarisierung und Umverteilung

Wir leben in einer Zeit, in der täglich zig Milliarden von Dollar und Euro als *Anlage suchendes* Kapital elektronisch rund um den Globus transferiert werden. Obwohl die meisten Religionen ein Zinsverbot beinhalten, hat sich weltweit, mit Ausnahme des islamischen Raums, ein Zinseszinssystem etabliert, das die Reichtümer, aber auch die Schuldenberge exponentiell vermehrt: es sorgt dafür, dass jeden Tag eine Umverteilung des Vermögens von den 90 % ärmeren zu den 10 % reicheren Bevölkerungsteilen stattfindet. Wir leben in einer Zeit, in der aufgrund von Verschuldung Millionen von Menschen ins Elend und schließlich in den Tod getrieben werden. In einer Zeit, in der es Länder gibt, die zur Begleichung von Zinsen Nahrung exportieren, während die eigene Bevölkerung hungert: »*Wer hat, dem wird gegeben. Wer nichts hat, dem wird auch das noch genommen.*« Die (Zinsen-) Zeche zahlen dabei nicht nur Kreditnehmer, sondern alle Konsumenten, denn deren Ausgaben

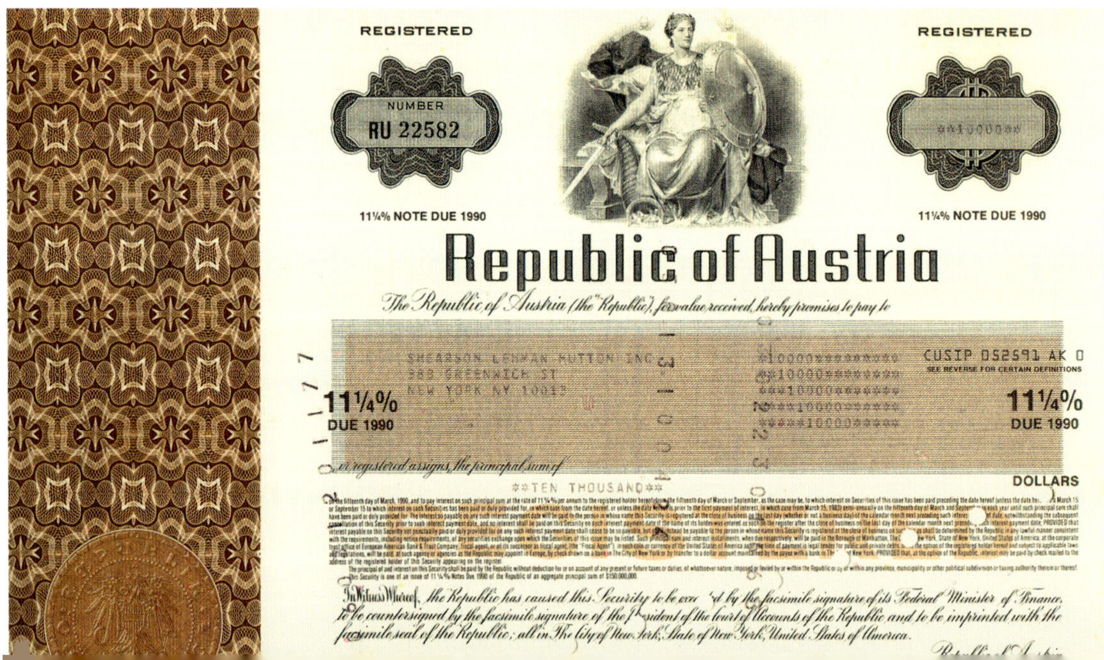

bestehen fast zu einem Drittel aus Zinsen, die in Mieten, Preisen oder Steuern (Staatsverschuldung!) enthalten sind. Der Zinsendienst macht bei vielen Staaten einen immer größeren Anteil am Budget aus: er muss aus Steuern oder von kommenden Generationen bedient werden. Bei manchen kreditfinanzierten Neubauwohnungen besteht die Monatsmiete – früher sagte man dazu häufig auch »Zins« – sogar bis zu 80 % aus Zinsen! Wer nachrechnet, welchen Betrag man derzeit – sehr gut verzinst – anlegen müsste, um allein die in den täglichen Ausgaben *versteckten* Zinsen wieder hereinzuholen, kommt auf über 200.000 Euro. Alle, die weniger (verzinstes) Geldvermögen haben, zahlen also tagtäglich drauf. Aus diesem Geldsystem gibt es kaum ein Entrinnen – außer man rührt wie *Franz von Assisi* überhaupt kein Geld an. Heutzutage ist das schwer möglich, aber man kann zumindest versuchen, verantwortungsvoller mit seinem Geld umzugehen, als es bei einer Bank zu sparen, von der man nicht weiß, was genau sie anschließend damit finanziert. Wer ausschließen will, dass sein Geld gar in Rüstung oder Atomkraftwerke fließt, hat – wenn er weiß, wo und wie – zahlreiche …

Alternativen

Da Informationen über solche Alternativen noch vor zwanzig Jahren in Europa – in den USA gab es bereits einen Markt für *socially responsible investments* (SRI) – schwer zu bekommen waren, fing ich an, solche Informationen zu sammeln. Neben einem kleinen privaten Forschungsinstitut habe ich dann 1991 den Öko-Invest-Verlag gegründet, zusammen mit einem anderen Börsenbriefverlag (inzwischen gehört der Verlag zu 50 % meiner Frau Marianne und mir). So war es möglich, Informationen und Analysen zu *grünen* Anlagen an Interessierte weiterzuverbreiten. In den Anfangsjahren – zum Start wurden 3.000 *Öko-Invest*-Exemplare gedruckt – gab es wie bei den meisten Medienprojekten Anlaufverluste, aber die Zahl der Abonnenten stieg kontinuierlich und zusammen mit einem immer größer werdenden Markt und Interesse seitens der Anzeigenkunden kam dem Verlag schon Mitte der 90er-Jahre in die Gewinnzone. Zwar gibt es auch heute noch nicht mehr als rund 5.000 Stammleser(innen), aber mit dem jährlichen Sonderheft »*Grünes Geld*« (mit Auflagen bis zu 420.000 Stück) werden rund eine Million Menschen erreicht. Und die jährliche »*Öko-Invest-Solaraktien-Studie*« lesen Investoren und Fondsmanager, die insgesamt über ein Vermögen von schätzungsweise über 50 Milliarden Euro verfügen. Neben der Herausgabe des 14-täglich erscheinenden *Öko-Invest*-Hefts habe ich als (Co-)Autor auch einige Bücher geschrieben, z.B. »*Widerspruch zu Protokoll. Handbuch für kritische Aktionärinnen und Aktionäre*« (1989) und das 300-seitige Jahrbuch »*Grünes Geld*« (seit 1990). Daneben verfasse ich Kolumnen und Beiträge für diverse Finanz- und Umwelt-Zeitschriften.

Vor zwanzig Jahren waren bei der Geldanlage – neben Rendite, Liquidität und Sicherheit – Kriterien wie *Ökologie* und *Ethik* kaum gebräuchlich. Inzwischen gibt es allein im deutschsprachigen Bereich mehr als 130 *grüne* Investmentfonds mit einem Gesamtvolumen von über 25 Milliarden Euro, Tendenz – trotz Finanzkrise – weiter steigend. Neben Aktien-Umweltinvestmentfonds gibt es mehrere andere Kategorien, z.B. ethisch orientierte Rentenfonds, die z.B. wegen der Todesstrafe in den USA keine US-Anleihen kaufen. Dazu kommen *gemischte* Fonds (großteils Rentenpapiere, Rest Aktien), Dachfonds (die keine Einzeltitel kaufen), *Ethik-Geldmarktfonds* und jüngst Mikrofinanzfonds. Doch Investmentfonds sind nur ein kleines Segment dessen, was sich *grüne* Geldanlagen nennt. Auch abseits der Börse gibt es zahlreiche Möglichkeiten: von einem 200-Euro-Anteil bei der Mikrokredit-Entwicklungsgenossenschaft oikocredit über einen 10.000-Euro-Anteil an einem Windpark oder Solarkraftwerk bis zu einem 50.000-Euro-Investment in nicht börsennotierte Aktien wie z.B. die der BioArt AG (Seeham) oder der Öko-Pellets AG (Reichraming), die mit diesem Geld ihr erstes Pelletswerk finanziert hat. Auch Umwelt-Sparbriefe und andere Bankprodukte gibt es in Milliardenhöhe, in Deutschland und der Schweiz – und ab 2010 auch in Österreich, wohin mit der GLS-Bank die erste deutsche *Alternativbank* expandiert.

Auch weltweit erkennen zunehmend mehr – große und kleine – Anleger ihre Verantwortung für die Folgen ihrer Geldanlagen! Von Australien bis Kanada gibt es schon fast 500 ethisch-ökologisch orientierte Investmentfonds und allein in den USA werden mehrere Billionen Dollar nach ethischen Kriterien (z.B. Ausschluss von Rüstungsaktien) veranlagt. Vor allem die Schlagworte *Öko-Effizienz*, *Sustainability* oder *best in class* haben ganz neue Anlegerschichten erschlossen, die weit über die Nische von *Öko-Investoren* der ersten Jahre hinausgehen. Öko-Rating-Verfahren wurden entwickelt und verfeinert. Aber ähnlich wie bei den Produktionsverfahren lässt auch die Bewertung eines Produktionsunternehmens nach ökologischen Kriterien kein endgültiges Urteil zu. Man kann höchstens sagen: derzeit ist das Unternehmen nach den und den Prüfungen als mehr oder weniger gut einzustufen. Dieses *Prüfungsergebnis* könnte in einem halben Jahr ganz anders ausfallen, wenn z.B. das Produktionsprogramm umgestellt wird oder ein neues Management eine andere *Umweltpolitik* verfolgt. Denn wer den Anspruch erhebt, nach ethisch-ökologischen Kriterien zu investieren, muss sich laufend mit den aktuellen Entwicklungen auseinandersetzen und auch bereit sein, einmal getroffene Anlageentscheidungen zu revidieren. Selbst die Kriterien bleiben nicht immer dieselben: wer z.B. kein Geld in Südafrika investiert hat, weil dort Bürgerrechte von der Hautfarbe abhängig waren, hat Südafrika umgehend von der Boykottliste gestrichen, nachdem das Apartheidsystem überwunden war.

Information ist alles

Viele Menschen – laut Umfragen bis zu 75 % – würden gerne ökologisch anlegen, wenn sie dabei keine Abstriche bei der Rendite machen müssen. Nur 1 % bis 2 % tun es wirklich – die anderen haben meist zu wenig Information, wie ein derartiges Investment funktionieren soll. Da es so etwas wie ein »Öko-Güte-Siegel« in der Finanzbranche für kaum eine Produktkategorie gibt (eine Ausnahme bildet das österreichische »Umweltzeichen« für einige Investmentfonds), müssen sich die Anleger bzw. deren Berater selbst informieren, ob ein Fonds auch das hält, was er verspricht. Oder wie *grün* ein bestimmter Fonds tatsächlich ist: von *dunkelgrün* bis *blassgrün* gibt es viele Schattierungen bei der Aktienauswahl. Bei den *best-in-class*-Ansätzen von *Sustainability*-Fonds, die keine Ausschlusskriterien berücksichtigen, sondern jeweils die Aktien der *nachhaltigsten* Branchenführer auswählen, darf man sich nicht wundern, wenn auch Aktien aus der Rüstungs- oder Atomkraftbranche gekauft werden.

Kein Renditeverzicht

In vielen Köpfen hält sich hartnäckig das Vorurteil, dass mit grünen Anlagen »*kein Blumentopf zu gewinnen*« sei, dass die Renditen niedriger oder die Risiken höher seien. Zahlreiche wissenschaftliche Studien belegen das Gegenteil: man muss nicht auf Rendite verzichten, nicht selten ist sie sogar höher als bei *konventionellen* Anlagen (nicht nur bei »Garantiezertifikaten« der Lehman Brothers). Trotz des Kursdebakels an den Weltbörsen nach der Lehman-Insolvenz liegen manche Öko-Aktien wie z.B. die deutsche SolarWorld oder die dänische Vestas Wind, wenn man sie vor einigen Jahren gekauft hat, noch mit mehr als 1.000 bis 4.000 Prozent im Gewinn. Kein Wunder, der Solarsektor boomt nach wie vor: 2008 ist die weltweite Produktion von Solarzellen um rund 85 % auf rund 8.000 Megawatt Leistung gestiegen, in manchen Regionen wie z.B. Bayern hat der Solarstromanteil im Netz bereits die 2-Prozent-Marke überschritten. Im Bereich Solarindustrie habe ich den Photon Photovoltaik-Aktien-Index »PPVX« entwickelt, der aus den Aktien der 30 international größten Solarunternehmen, z.B. aus Deutschland, China und USA, besteht. Er hat z.B. in den 6 Jahren von Anfang 2003 bis Ende 2008 gegenüber dem *fossilen* Erdölaktien-Index (»AMEX Oil«) wesentlich besser abgeschnitten: während der AMEX Oil *nur* um rund 63 % zugelegt hat, waren es beim PPVX 645 %. Das eingesetzte Geld hat sich innerhalb von sechs Jahren also mehr als versiebenfacht – trotz Börsenkrise im Herbst 2008! Erneuerbare Energien, Wasser oder Umwelttechnologien sind keine Modethemen, sondern werden auch noch in 100 Jahren aktuell sein. Man sollte bei grünem Investment ohnehin sehr langfristig orientiert sein: Erdöl und Kohle werden bald zu Ende gehen, die Sonne wird noch Milliarden Jahre scheinen.

Grüne Fonds – wie grün sind sie wirklich?

Wie *grün* sind die Umwelt-, Ethik- und *Nachhaltigkeits*-Fonds eigentlich? Die Anlagekriterien sind unterschiedlich streng: von dunkelgrün bis blassgrün gibt es viele Schattierungen bei der Aktienauswahl. Bei den *best-in-class*-Ansätzen von *Sustainability*-Fonds, die keine Ausschlusskriterien berücksichtigen, sondern jeweils die Aktien der *nachhaltigsten* Branchenführer auswählen, darf man sich nicht wundern, wenn auch Rüstungs- oder Atomkraftaktien gekauft werden. Es ist daher ratsam, sich – z.B. im jährlichen Rechenschaftsbericht, den jeder Fonds publizieren muss – anzusehen, welche 50–100 Titel sich tatsächlich im Portfolio befinden. Manchmal kommt es sogar vor, dass sich das Management nicht an die eigenen Kriterien hält! Im Sommer 2009 wurde bspw. bekannt, dass sich im Portfolio des deutschen *Liga-Pax*-Fonds Aktien von Unternehmen (z.B. British American Tobacco) fanden, die mit Rüstungs-, Tabak- und Verhütungsmittelproduktion zu tun hatten. Die Pax-Bank hat zusammen mit der ebenfalls kirchlichen Liga-Bank diese Titel (im Gegenwert von rund 1,6 Millionen Euro) umgehend verkaufen lassen und Besserung gelobt: »*Wir werden unsere Guidelines überprüfen und unsere Prozesse noch weiter verbessern und schärfen, um einen solchen Fehler für die Zukunft auszuschließen.*«

Wirkung und Hebelwirkung grüner Geldanlage

Kennen Sie die Auswirkungen Ihrer Geldanlage auf die sog. »Realwirtschaft«? Gerade in *grünen* Branchen haben Investments hunderttausende neue Arbeitsplätze geschaffen, z.B. im Wind- und Solarenergiebereich. Bei der Windenergie gab es vor zwanzig Jahren kaum Erzeugungskapazitäten, inzwischen – nachdem x-tausende Anleger Milliarden investiert haben – liegt der Windstromanteil beim deutschen Stromaufkommen schon bei über sieben Prozent. Dabei wirken z.B. 10.000 Euro Windpark-Anteil mit einem fünffachen *Hebel*, denn die Betreibergesellschaft kann dann z.B. ein viermal höheres Fremdkapital einsetzen: 10.000 Euro bewegen 50.000 Euro Investitionen in eine umweltfreundlichere abgasfreie Energieform. Anfangs noch als unrentable Liebhaberei belächelt, haben sich Wind- und Solarparks – ähnlich wie konventionelle Schiffs- oder Immobilienfonds – inzwischen zu einer etablierten, professionellen Anlagekategorie entwickelt. Nicht zuletzt dank überdurchschnittlicher Renditen von fünf bis zehn Prozent, die durch die Stromeinspeisetarife nach deutschem Gesetz möglich sind. Nachteil der meisten Windfonds dieser Art: man muss das Geld 15–20 Jahre binden. Auch im Solarpark-Bereich ist das – anders als bei Solaraktien, die man an der Börse täglich kaufen und verkaufen kann – die übliche Bindungsfrist. Die Richtigkeit der Gleichung »*Ökologie ist langfristige Ökonomie*« zeigt sich immer deutlicher, je mehr wir die Auswirkungen der globalen Umweltverschmutzung am eigenen Leib zu spüren bekommen oder Bilder von wochenlang rauchverhangenen asiatischen Großstädten ins Haus geliefert bekommen. *Gute Haushalter* (griechisch *oikonomoi*), also die ökonomisch Denkenden, werden die Ökologie beachten, wenn sie langfristig und dauerhaft wirtschaften wollen. Wer hingegen – wie viele Rodungsfirmen im tropischen Regenwald – nur den kurzfristigen Profit bzw. Eigennutz sucht, der wird sich wohl kaum um die Auswirkungen seines Tuns auf die Umwelt kümmern. Angesichts der großen wirtschaftlichen und ökologischen Herausforderungen unserer Zeit wird es ohnehin unumgänglich sein, Ökonomie und Ökologie auf einen Nenner zu bringen. Im Zweifelsfall sind jedoch die

von Menschen gemachten Gesetze auf die unabänderlichen der Natur abzustimmen. Wirkungsvolle Hebel, die hier anzusetzen sind, findet man in den Instrumenten der Finanzwirtschaft, denn jedes Projekt braucht zur Realisierung eine mehr oder weniger gesicherte Finanzierung. Ökologische Aspekte haben längst auch in die Kreditvergabe Eingang gefunden. Denn Unternehmen, die bereits jetzt umweltfreundlich wirtschaften und deren Schadstoffausstoß weit unter den gesetzlichen Grenzen liegt, haben es in Zukunft leichter als die Konkurrenz, die z.B. bei gesetzlichen Grenzwertverschärfungen erst teure Investitionen vornehmen muss, die ihren Gewinn schmälern. Ganz zu schweigen von dem Vorteil, den ein *umweltfreundliches* Firmenimage beim Absatz der Produkte hat. Durch die Nachfrage der Investoren nach *umweltfreundlichen Aktien* ergab sich mancherorts – zusätzlich zum öffentlichen Druck der Umweltbewegung – ein finanzieller Anreiz für Unternehmen, *grüner* zu werden. Begriffe wie Transparenz oder *Corporate Responsibility* waren in der Szene der *kritischen Aktionäre* und umweltbewussten Anleger schon lange vor den Skandalen von Enron & Co. bekannt.

Es ist fast unmöglich, Geld über mehr als ein oder zwei Vorbesitzer zurückzuverfolgen. Diese Anonymität des Geldes kann bei der ethisch-ökologisch motivierten Geldanlage zumindest teilweise aufgehoben werden, ja sogar im Gegenteil in soziale Beziehungen umgewandelt werden. Eine Grundvoraussetzung dafür ist, dass der Geldgeber weiß, wohin sein *angelegtes* Geld fließt. Da nur in den seltensten Fällen frei vereinbarte Privatdarlehen zwischen zwei Personen gegeben werden, wurden im Bereich der ethisch-ökologischen Geldanlage Anlagekriterien erarbeitet und weiterentwickelt, die sicherstellen sollen, dass das eigene Geld in genau den gewünschten Bereichen und nirgendwo sonst eingesetzt wird. Da beim Kauf börsennotierter Aktien das Geld ja in der Regel – außer bei der Neuausgabe von Aktien – nicht in das Unternehmen, sondern an den Vorbesitzer fließt, legen zunehmend mehr öko-engagierte Investor(inn)en in sog. außerbörslichen Aktien an: hier werden – bei Gründung oder einer »Kapitalerhöhung« – Aktien ausgegeben und das Geld fließt direkt in das Unternehmen.

Geld anlegen und Geld ausgeben

Es gibt zwar auch »Genuss-Scheine« als Form der Geldanlage, bei denen die Erträge fallweise auch in Form von Naturalien wie Wein oder Naturkost ausbezahlt werden – aber in der Regel landen die Renditen bzw. Kursgewinne beim Verkauf von Aktien (in Österreich immer noch steuerfrei, wenn man die Aktien länger als ein Jahr besessen hat) in harter Währung auf dem Konto. Und dort sollten die Euros nicht unbedingt gleich wieder angelegt werden, sondern auch einmal ausgegeben werden. Zum Beispiel, um mit Freunden einen Wanderurlaub zu machen, bei dem man die Natur genießen kann, die man mit seinen Öko-Investments schützen will. Oder ein Fest veranstalten, wie meine Frau und ich es aus Anlass unseres »100. Geburtstags« im Sommer 2009 im Wiener Don-Bosco-Haus bzw. Garten gefeiert haben. Viele der über 180 Gäste aus nah und fern haben den Großteil des Tages – von 15 bis nach 24 Uhr – mit musikalischen, literarischen, kulinarischen, witzigen und *Mitmach*-Einlagen unvergesslich gestaltet. Es gab ein regional zusammengestelltes Biobuffet – und natürlich durfte auch BioArt-Schokolade nicht fehlen! Unser Überraschungsgast kam aus München: *Konstantin Wecker* – wir ahnten gar nicht, dass es so viele *Wecker*-Fans unter unseren Gästen gab – spielte ohne Mikrofon auf einem alten Bösendorfer-Flügel und erzählte aus seinem Leben. Er wünschte uns (als Widmung in seinem Buch »*Die Kunst des Scheiterns*«) u.a. »... *die Kunst, beim Scheitern heiter zu bleiben*«.

Statt materieller Geschenke an uns *Jubilare* waren die Gäste eingeladen, zu spenden, zugunsten der beiden Organisationen »*Don Bosco Jugend Eine Welt*« und »*ARGE Schöpfungsverantwortung*«, die im selben Haus ihren Sitz haben. Spät abends meldete sich noch – per Skype aus New York – über eine große Leinwand im Saal ein letzter Gratulant: unser ältester Sohn Tobias (Jg. 1989), der im Rahmen seines 12-monatigen Auslandszivildiensts gerade unterwegs war vom *Wiesenthal-Center* in Los Angeles zu seinem zweiten Einsatzort bei der *Kleinman Family Foundation* in Montreal. Nach einem kurzen *Heimaturlaub* in Wien hat er Mitte 2009 begonnen, in L.A. Film und Psychologie zu studieren, und ist begeistert, dass er schon im ersten Semester einen eigenen Dokumentarfilm drehen und Hollywood von innen kennenlernen konnte. In seinem Tagebuch-Blog schwärmt er von den vielen Möglichkeiten (▷ *www.tobiasdeml.com*/wordpress), die er in Europa kaum haben könnte. Sein Bruder Johannes – er hat 2010 maturiert – hat sich für den Zivildienst beim Verein für Menschenrechte entschieden, und versucht sich in seiner Freizeit u.a. beim Entwickeln von Internet-Spielen wie »*Blubber*« (▷ *www.johannesdeml.com*).

Humor-Business

Nachdem ich in den Jahren 2004 bis 2008 als Investor einige Öko-Unternehmen (EBES AG European Bio Energy Services, ABID Biotreibstoffe AG, GreenTec Invest AG, Öko-Pellets AG und BioArt AG) mitgegründet habe und als Aufsichtsratsmitglied begleite, habe ich mich 2009 erstmals auch finanziell im *Humorgeschäft* engagiert, und zwar gleich bei zwei neuen Unternehmen:

die Rappelkopf Media AG gibt seit Oktober 2009 in Wien ein »*exquisites Satiremagazin*« (68 Seiten, ▷ *www.rappelkopf.at*) heraus, und die gagster comedy AG betreibt seit Anfang 2010 dreimal die Woche im Wiener »*Spektakel* 2.0« einen Comedy-Klub sowie das Web-Portal ▷ *www.salaminews.at*, auf dem täglich satirische Meldungen zu lesen sind, auch für Radio und Video ausbaubar. Schon seit Jahrzehnten bin ich ein Fan von *Toni Lauerers* witzigen Alltagsgeschichten, die er in Mundart schreibt und über Heftchen, Bücher und Radio verbreitet. Wenn ich solche »Lauerer-Geschichten« bei Kindergeburtstagen vorgelesen habe, wollten die Gäste nächstes Jahr diese wieder hören, obwohl sie sie (wie z.B. »*Das Telefongespräch*«) oft schnell auswendig konnten. Manchmal lese ich aus seinen Büchern (eines enthält speziell Geschichten rund um Weihnachten) auch bei öffentlich zugänglichen Anlässen wie dem Adventabend der Wiener Pfarre Ober St. Veit. Und 2009 habe ich zusammen mit dem Kabarettisten und Liedermacher *Georg Bauernfeind* ein eigenes *Grünes-Geld-Kabarett* geschrieben, das wir zu zweit auf Bühnen und im Rahmen von Firmen-Events in und außerhalb von Wien spielen. Dabei machen nicht nur die Aufführungen viel Spaß, sondern auch das gemeinsame Entwickeln der inzwischen zwanzig Nummern und Lieder.

Zum Abschluss hier ein kurzer Auszug aus einer Nummer, einer Lehrplan-Einheit für den neuen »*Finanzführschein*«.

Geldkreislauf

oder: die Wichtigkeit liquider Mittel

In einem kleinen Ort in Österreich haben viele Einwohner Schulden und leben auf Kredit. Eines Tages betritt ein reicher Tourist das einzige kleine Hotel am Ort: Er will ein Zimmer für eine Woche, legt einen 500-Euro-Schein auf den Tisch und geht, um sich das Zimmer anzusehen. Der Hotelchef nimmt das Geld und rennt zum Fleischhauer, um seine Schulden zu begleichen. Der Fleischhauer gibt das Geld dem Bauern, dem er die letzten Schweine noch nicht bezahlt hat. Der Bauer nimmt die 500 Euro und rennt zum Futterlieferanten, um seine Schulden zu reduzieren. Der Lieferant nimmt das Geld und gibt es der Slowakin, die im Hotel »*ned nur serviert*« und bei der er laufend auf Kredit war. Diese nimmt das Geld und rennt zum Hotelchef, um ihre Schulden für das Stundenzimmer zu zahlen. Genau in diesem Moment kommt der Tourist zurück und sagt, dass das Zimmer doch nicht ganz seinem Geschmack entspricht, nimmt seine 500 Euro zurück und verlässt den Ort. Wunder – Wunder! Niemand hat etwas gearbeitet, aber der ganze Ort hat auf einmal keine Schulden mehr!

Max Deml

* 1957, ist gebürtiger Bayer und lebt seit 1979 in Wien. Er befasst sich seit über 20 Jahren mit *grünen* Geldanlagen, sei es als Buchautor und Chefredakteur des 14-täglichen Börsenbriefs *Öko-Invest*, als Entwickler des ersten Solar Aktien-Index (PPVX), als *grüner Business Angel*, der inzwischen 10 Unternehmen wie die BioArt AG oder die OekoSpirit AG mitgegründet hat oder (seit 2009) auch als Kabarettist. ▷ *www.oeko-invest.de*

Der Streit ums gute Leben

Für ein beglückendes Leben braucht man alles, nur nicht die Politik, möchte man meinen. Längst macht die Politik Menschen doch eher verdrossen als glücklich. Für *Markus Pausch* allerdings ist Politik Lebenskunst auf hohem Niveau. Und das Erlernen und Kultivieren dieser Kunst, sagt er, sollte nicht alleine Politikern vorbehalten, sondern Aufgabe von uns allen sein.

Dass Politik die Seele bildet, ist nicht neu. Wir scheinen es nur oft aufgrund unserer tief sitzenden Verdrossenheit vergessen zu haben. Aber wie glücklich macht ein Diktator tatsächlich? *Dr. Markus Pausch* erinnert uns mit Nachdruck daran, dass jeder von uns ein Stück weit selbst Politiker ist, und sei es nur am Wahltag. Der Politologe über die Diskrepanz zwischen Demokratie und Effizienz und wie man politische Rechte und Möglichkeiten im Sinne der eigenen Psychohygiene nutzt.

Was hat Politik mit Lebenskunst oder Glück zu tun? Bei vielen Menschen würde diese Frage wohl auf Verblüffung stoßen. Für ein geglücktes, gutes Leben braucht man doch keine Politik! Wenn man sich umhört und entsprechende Umfrageergebnisse studiert, so sieht man, dass die Politik die Menschen doch eher verdrossen als glücklich macht. Wozu also eine solche Frage stellen? Nun, die Antwort ist dann doch nicht ganz so klar. Wenn wir heute von Politik reden, denken wir zuallererst immer an jene, die in Führungsrollen, Ministerien, Parlamenten oder Parteien sitzen, also an die Berufspolitiker. Sie sind es, die uns tagtäglich aus den Medien entgegengrinsen und bei deren Anblick wir alles Mögliche empfinden mögen, aber in den seltensten Fällen wahres Glück. Allerdings vergessen wir dabei häufig, dass Politik in einem demokratischen Staat doch viel mehr ist als das, was diese Damen und Herren repräsentieren. Sie ist nämlich nichts weniger als der Streit um das gute Leben. Das klingt hoch gegriffen und vielleicht pathetisch, aber wenn man genauer nachdenkt, kann man es doch nicht leugnen. Es geht bei Politik notwendigerweise immer um die Frage, was ein gutes Leben ausmacht.

Lassen Sie mich das an einem Beispiel verdeutlichen. Frau Sylvia U. sieht sich als liberalen Menschen. Sie ist stolz auf ihre Offenheit und ihre Toleranz und zutiefst überzeugt davon, dass jeder Mensch ein Recht auf Freiheit und Selbstbestimmung hat. Deswegen ist sie der liberalen Partei beigetreten und sitzt für sie im Gemeinderat ihres Heimatortes. In diesem Gemeinderat sitzt auch Herbert S., der ein traditionelles Weltbild pflegt, am Wochenende die Messe besucht und überzeugt davon ist, dass Familie und Naturverbundenheit für den Menschen am wichtigsten sind. Hingegen kann Fritz M., der auch im Gemeinderat derselben Stadt sitzt, mit dieser Traditionsverbundenheit nichts anfangen. Seiner Meinung nach muss man die alten Ungerechtigkeiten und Ungleichheiten dieser Erde endlich ausräumen, und allen ein Mindesteinkommen sowie eine Reihe weiterer sozialer Sicherheiten geben. Dagegen verwehrt sich wiederum Magda L., denn ihrer Meinung nach kann man nur durch Fleiß und Leistung ein gelungenes Leben führen. Faulheit dürfe man keineswegs mit einer sozialen Hängematte unterstützen. Robert R. wiederum vertritt die Meinung, dass der Mensch nachhaltig leben, also nicht nur die Ökonomie und die Gesellschaft, sondern auch die Ökologie im Auge haben sollte. Josef B. ist das alles nicht so wichtig. Er hat zwar Verständnis für die verschiedenen Positionen, aber am meisten interessiert ihn, wann er selbst endlich Bürgermeister wird und alle zu ihm aufschauen werden. Jede Position, die ihm dazu verhelfen kann, dieses Ziel zu erreichen, nimmt er ungeniert ein. Deswegen kann er sich theoretisch auch eine Koalition mit allen anderen vorstellen, vorausgesetzt sie hilft ihm in den Bürgermeistersessel.

So sitzen alle diese Menschen aus verschiedenen Gründen in diesem Gemeinderat und streiten sich regelmäßig über anstehende Vorhaben, die sie dann manchmal im Konsens miteinander, häufig aber auch gegeneinander durchsetzen. An diesem Beispiel sehen wir, dass es bei Demokratie tatsächlich um nichts anderes geht als um den Streit um das gute Leben. Für Sylvia U. ist das gute Leben von Freiheit und Offenheit geprägt, für Herbert S. von Tradition und Nächstenliebe, für Fritz M. geht es um soziale Gerechtigkeit, für Magda L. um Leistung, für Robert R. um Nachhaltigkeit und für Josef B. um seinen ganz persönlichen Erfolg. So steckt hinter dem, was wir auf den ersten Blick als verdrießlich und manchmal vielleicht sogar als abstoßend empfinden, nämlich der parteipolitischen Streiterei, doch eine ziemlich ernste Sache. Es geht aber noch weiter: Nicht nur, dass die beruflich oder auch ehrenamtlich tätigen Repräsentanten des Volkes in diesem Sinne ihr eigenes Ideal verfolgen – nein, auch wir als Wähler und sogar als Nichtwähler tun dies. Das ist das Prinzip der Demokratie, dass jeder von uns ein Stück weit selbst Politiker ist, und sei es nur am Wahltag. So ist die Entscheidung für die eine oder andere Partei, den einen oder die andere Kandidatin, eine Entscheidung für ein Lebenskonzept, für ein Modell des guten Lebens. Jetzt könnte einer sagen: »*Stimmt nicht, denn ich habe beim letzten Mal meine Stimme aus Protest gegen die Regierung abgegeben, und nicht weil mir das Programm der Opposition so sehr gefällt«*. Nun gut, das kann passieren – dann war es aber immer noch eine Entscheidung gegen etwas, das dem eigenen Konzept eines guten Lebens nicht entspricht. Es war also eine Entscheidung für ein kleineres Übel oder eine, die dazu auffordern soll, den Kurs zu ändern. Und wenn einer gar nicht wählt, dann heißt das nichts anderes, als dass zur Verwirklichung seiner Vorstellung vom guten Leben scheinbar keine Partei und kein Kandidat etwas beitragen kann. Konsequenzen hat das Nichtwählen jedenfalls aber auch – im Extremfall kann es sogar zum Ende der Demokratie führen. Und das hat dann wiederum Folgen für das individuelle Glück. Denn es ermöglicht anderen, ihre persönlichen Glücksvorstellungen an die Spitze zu stellen und alle gegenteiligen Meinungen zu unterdrücken. Das Prinzip einer Diktatur könnte man als die Herrschaft eines einzigen Glückskonzepts bezeichnen, das häufig auch noch sehr exklusiv auf einen Diktator oder eine Partei zugeschnitten ist. In der Monarchie schließlich leitet sich das gute Leben von der gottgewollten Herrschaft eines Königs oder Kaisers her. Zu diskutieren gibt's da auch nicht viel. Lediglich die Demokratie erlaubt es, unsere unterschiedlichen Vorstellungen vom Glück auch auszuleben, auszustreiten und zu kritisieren. Sie macht uns nicht zu Unterworfenen einer vorgegebenen Glücksdefinition, sondern zu Politikern und wenn man so will gewissermaßen zu Glücksrittern.

Demokratie und Glück: warum die Schweizer Lebenskünstler sind

Mit der Demokratie ist es so ähnlich wie mit dem Geld und der Gesundheit: sie macht nicht automatisch glücklich, aber ohne sie ist es auf Dauer ziemlich schwierig, das Glück zu erhaschen. Das zeigt sich in vielen verschiedenen Untersuchungen zu subjektivem Wohlbefinden. Menschen, die in Demokratien leben, geben in der Regel ein weitaus höheres Maß an Zufriedenheit und Glück an als solche, die sich in undemokratischen Verhältnissen zurechtfinden müssen. Das heißt freilich nicht, dass die Stimmabgabe bei Wahlen zu ekstatischen Wonnegefühlen oder zum sogenannten *Flow* führt. Dennoch ist der Zusammenhang sehr deutlich: stabile Demokratien wie Dänemark, Schweden oder die Schweiz liegen regelmäßig im Ranking des subjektiven Wohlbefindens ihrer Einwohner ganz vorne. Und das hat nicht nur mit der wirtschaftlichen Bilanz dieser Länder zu tun, sondern auch mit ihrem ausgeprägten demokratischen System. Freilich schneidet auch Österreich bei solchen Umfragen nicht schlecht ab, denn schließlich gibt es ja auch hier eine stabile und wirtschaftlich starke Demokratie. Mit unseren westlichen Nachbarn können wir aber nicht ganz mithalten – und das liegt daran, dass diese politisch deutlich mehr mitreden können als wir. Der Schweizer Ökonom und Glücksforscher *Bruno S. Frey* hat es in mehreren Studien belegt:

Demokratische Mitbestimmung, wie sie in der Schweiz möglich ist, fördert das individuelle Wohlbefinden. In der Politik der Eidgenossen ist eine breite Palette an direktdemokratischen Möglichkeiten vorgesehen. So stimmen sie mehrmals jährlich in Referenden über verschiedene Gesetze ab und können, wenn sie wollen, auch eine Volksinitiative starten, um die Verfassung zu ändern. Zwar nimmt man bei Weitem nicht an jeder Abstimmung auch tatsächlich teil, aber das Wissen, dass man es könnte, wenn man nur wollte, führt zu höherem Wohlbefinden.

Die ausgeprägte Möglichkeit der Mitbestimmung in der Schweiz hat somit nachgewiesene Vorteile für die Zufriedenheit ihrer Staatsbürger. Das bedenkend muss man den Eidgenossen doch wohl zugestehen, dass ihre Politik so etwas wie Lebenskunst auf hohem Niveau darstellt. Ob das politische System allerdings mehr zum individuellen Wohlbefinden der Schweizer beiträgt als ihre Natur, ihr Käse oder ihre Schokolade, das konnte durch Umfragen bis dato nicht erhoben werden. Außerdem darf man bei allem Lob für die direkte Demokratie auch deren Schwächen nicht übersehen. So haben Populisten in Hinblick auf die Mobilisierung von Wählern bei Referenden häufig einen Vorteil gegenüber seriös und behutsam argumentierenden Politikern. Nicht selten kommen sogar die Volksentscheide diversen Grund- und Menschenrechten in die Quere, wenn etwa per Abstimmung über den Bau von Minaretten und somit über die Religionsfreiheit und über die Lebensqualität anderer entschieden werden soll. Schließlich darf auch nicht vergessen werden, dass in einigen Kantonen erst sehr spät das Frauenwahlrecht eingeführt wurde, weil das per Referendum durch die Männer lange verhindert worden war. Bei all diesen Einschränkungen kann dennoch festgehalten werden, dass die Demokratie *à la Suisse* ihren Beitrag zum Glück der Eidgenossen leistet.

Politik als Seelenbildnerin

Nachdem gezeigt wurde, wie die Demokratie auf das subjektive Wohlbefinden wirkt, ist es nun an der Zeit, ein wenig tiefer zu schürfen. Denn Mensch und Politik sind noch enger aneinander gebunden, als dies durch die empirischen Untersuchungen von zeitgenössischen Glücksforschern belegt wird. Schon *Platon* stellte einen unaufhebbaren Zusammenhang zwischen dem Individuum und dem Gemeinwesen fest. Bei ihm ist die Seele des Einzelnen *Polis*bildnerin, so wie die *Polis* Seelenbildnerin ist. Ein gesunder Staat muss die Gesundheit seiner Mitglieder im Auge haben, so wie die Mitglieder stets an die Gesundheit des Staates denken müssen. Nach *Platon* besteht die menschliche Seele aus drei Teilen: aus dem appetitiven Begehren (etwa nach Nahrung), aus einem feurigen Willen und aus der kontrollierenden Vernunft. Alle drei Teile müssen seiner Meinung nach im Einklang stehen und harmonisch zusammenwirken, ansonsten ist der Mensch nicht gesund und kann auch nicht glücklich sein. Analog zur Dreigliederung der menschlichen Seele ist dann auch der Staat zu gestalten. In ihm müssen Begehren, Emotion und Vernunft der Individuen ein Pendant finden. Auch der Staat ist nur dann gesund, wenn die drei Teile in Einklang zueinander stehen und mit gewissen Tugenden einhergehen. So müssen die Regierenden weise und vernünftig regieren, die Wächter mutig für Sicherheit sorgen und der Nährstand bzw. die Gewerbetreibenden besonnen das Begehren des Volkes befriedigen. In einem solchen Staate erst trifft sich das Glück des Ganzen mit dem des Einzelnen. Das alles mündet in die uns heute noch geläufige Forderung: »*Philosophen auf die Throne*«. Sitzen dort aber nicht die Vernunftbegabten, sondern andere, so ist nach *Platon* der Staat nicht gesund und auch die Einzelnen leiden darunter. Auch wenn uns aus heutiger Sicht manches der platonischen Lehre nicht mehr zeitgemäß und überholt erscheinen mag, so gilt doch eines nach wie vor: Glück und Politik lassen sich nicht auseinander dividieren. So ähnlich sah das auch *Platons* Schüler *Aristoteles*. Der Mensch sei ein *zoon politikon*, ein politisches Wesen. Zwar ist die Staatslehre des Aristoteles wesentlich differenzierter und analytischer angelegt als die seines Lehrers, dass ein gutes Leben aber ohne einen guten Staat nicht möglich ist, stand auch für ihn außer Frage. Dass die Politik die Seele bildet, heißt somit nichts anderes, als dass sie darauf Einfluss hat, ob die Menschen glücklich sind oder unglücklich, ob sie ihre Grundbedürfnisse – die körperlichen wie die seelischen – abdecken können, ob sie zu Weisheit und Vernunft gelangen oder dumm und unwissend bleiben.

Wie sehr staatliches und individuelles Glück tatsächlich zusammenhängen, wurde seit der Antike weniger oder zumindest in völlig anderem Lichte diskutiert. Im Gottesstaat des Mittelalters war diese Frage ohnehin nicht besonders relevant. Die liberalen Aufklärer des 17. und 18. Jahrhunderts stellten explizit nicht das Glück, sondern die Freiheit des Einzelnen in den Mittelpunkt – freilich weil sie der Meinung waren, dass zum Erreichen des Glücks die Freiheit notwendig sei. In der Unabhängigkeitserklärung der Vereinigten Staaten von 1776 hieß es, dass jeder Mensch das Recht auf Leben, Freiheit und auf das Streben nach Glück habe (*the pursuit of happiness*). Das impliziert, dass der Staat für das Glück nicht zuständig ist, sondern nur für das Recht auf das Streben nach demselben. Mit dieser für die Freiheit des Menschen so wichtigen Phrase wurde ein neues Zeitalter eingeläutet, nämlich die Trennung von Staat und individuellem Glück. Das kann als große Errungenschaft gesehen werden. Die Demokratien, wie wir sie heute kennen, basieren auf diesem Grundsatz: jeder kann auf seine Weise glücklich werden und der Staat mischt sich diesbezüglich nicht ein. Wie wichtig dieser pluralistische Ansatz ist, kann nicht überschätzt werden. Wir wissen, was passiert, wenn die Regierung genau vorgibt, was Glück ist. Ich erinnere an die obige Definition einer Diktatur als einer engen, staatlich vorgegebenen und einzig gültigen Glücksdefinition. Dennoch gibt es nach wie vor Debatten darüber, in welchem Staat der Mensch am glücklichsten ist, welche Ausprägungen der Demokratie sein Wohlbefinden vergrößern und wie viel Mitbestimmung er braucht. Auch der Punkt, an dem das individuelle und das staatliche Glück aufeinanderprallen, ist nach wie vor von Interesse, sowohl für den Einzelnen wie auch für das Ganze. Die antike Diskussion darüber, ob der Rückzug aus der Politik oder doch die Beteiligung am Gemeinwesen glücklicher macht, ist nicht ausgefochten. Sie begegnet uns heute in der immer größer werdenden Zahl von Nichtwählern und Politikverdrossenen, von Hedonisten und politischen Zynikern. Spannend ist dabei, was der Einzelne für das Ganze tun kann, aber auch, wie sich das Ganze auf den Einzelnen auswirkt. Für *Platon* war die Seele der Menschen *Polis*bildnerin, die *Polis* aber auch Seelenbildnerin. Er nahm mit dem zweiten Teil der Aussage vorweg, was im 20. Jahrhundert vor allem von *Michel Foucault* gezeigt wurde: dass das politische System nämlich den Menschen formt und im schlimmsten Fall deformiert. Was für die Antike galt, gilt somit auch heute noch: die Politik beeinflusst die Seele und entscheidet maßgeblich über das Glück und das subjektive Wohlbefinden mit.

Wie glücklich macht ein guter Diktator?

Manche Leser dieses Buches werden es vielleicht nicht für möglich halten, aber tatsächlich ist die Demokratie als Staatsform auch heute keineswegs unumstritten. Ich führe hin und wieder mit Studierenden in Lehrveranstaltungen Gespräche über die Qualität der Demokratie. Dabei ist festzustellen, dass es sogar unter angehenden Politikwissenschaftern einige gibt, die überzeugt davon sind, dass ein guter Diktator für die Menschen besser wäre. Man kann dem freilich all die Untersuchungen zum subjektiven Wohlbefinden und alle möglichen wirtschaftlichen Daten, Statistiken zur Lebenserwartung und zum Gesundheitssystem entgegenhalten, aber es ist dennoch schwer, solch tiefe Überzeugungen wegzuargumentieren. Die Meinung ist also die, dass ein charismatischer Mensch mit hohen Ansprüchen an sich selbst und mit dem Wunsch, Gutes zu tun, als idealer, aufgeklärter Herrscher seine Untertanen glücklicher machen kann, als das die Demokratie jemals könnte. Als bestes Beispiel für eine solch übermenschliche Figur wird dann stets der *Dalai Lama* ins Spiel gebracht. Als spiritueller und weltlicher Führer gibt er den Menschen Halt und erhöht ihr Wohlbefinden. Nun ist es unbestritten, dass das Oberhaupt der Tibeter für viele eine faszinierende Persönlichkeit ist, ein spiritueller Weiser, ein pazifistisches Vorbild. Wir müssen, um die gestellte Frage wirklich beantworten zu können, uns genau einen solchen guten Diktator

CCCP/SU
TRABI.89

vorstellen. Wäre also der *Dalai Lama* als politischer Führer besser als eine Demokratie? Einige meiner Studenten beantworten diese Frage mit einem glatten Ja. Ich bin hingegen der Meinung, dass dies nicht der Fall ist. Niemals kann ein einzelner Mensch wissen, was für alle anderen gut ist, niemals kann Glück diktiert werden. Die Freiheit, nach dem jeweils eigenen Glück zu streben – *the pursuit of happiness* – ist die Voraussetzung dafür, dass wir uns wohl befinden. Nur die Demokratie kann uns diesen Pluralismus garantieren.

Ich bin übrigens mit dieser Meinung in ziemlich guter Gesellschaft. Nicht nur die Aufklärer dachten so, auch *Winston Churchill* brachte es auf den Punkt: Die Demokratie sei eine ziemlich schlechte Staatsform, meinte er, aber doch besser als alle anderen. Und noch einen prominenten Vertreter dieser Ansicht gibt es, nämlich den *Dalai Lama* selbst, der für ein autonomes Tibet mehrfach Demokratie gefordert hat. Trotzdem bleibt eine spannende Frage übrig: Wenn man nun die Wahl hat zwischen Hunger und Armut in einer Demokratie und ausreichend Nahrung und Wohlstand in einer Diktatur – wofür sollte man sich dann entscheiden? In der Geschichte der Menschheit haben wir oft erlebt, dass in solchen Fällen die Diktatur gewählt wurde. Vor der Sehnsucht nach politischer Freiheit kommt dann eben doch der Wunsch nach Abdeckung der Existenzbedürfnisse. Was bringt mir das Wahlrecht, wenn ich am nächsten Tag verhungern muss? Die Diskrepanz zwischen Demokratie und Effizienz ist ein wahrlich schwieriges Thema. Die Russen nehmen es *Gorbatschow* etwa bis heute übel, dass er dem Land zwar *Perestroika* und *Glasnost* gebracht, es damit aber auch in ein wirtschaftliches Chaos und große Armut gestürzt hat. Nicht zuletzt deswegen haben sie lange Zeit den autoritären Führungsstil von *Putin* geschätzt, der zwar ihre Freiheiten einschränkte, aber immerhin eine gewisse Stabilisierung brachte.

In Diktaturen jedenfalls kommt früher oder später immer der Punkt, wo die Lebensqualität so stark leidet, dass es für eine Mehrheit unerträglich wird. Und heute können wir ohne Zweifel sagen, dass wirtschaftliche Prosperität und Wohlstand mit keinem politischen System so gut einhergehen wie mit dem demokratischen. Schließlich sind die unterschiedlichen institutionellen Ausprägungen in den Demokratien auch sehr gut geeignet, um auf unterschiedliche und schwierige Situationen zu reagieren. Dort, wo wirtschaftliche Stabilität erst erarbeitet werden muss, hilft Konsenspolitik wie wir das aus der Sozialpartnerschaft in Österreich kennen. In manchen Situationen und Staaten erweist sich aber auch ein starkes präsidentielles System als effizient und stabilisierend. Der Diktatur kann man auf vielerlei Weise ausweichen, ohne damit die politischen Freiheiten oder das subjektive Wohlbefinden zu gefährden.

Politische Aktivität und Glück

Wie bereits gezeigt wurde, sind die Schweizer ein besonders glückliches Volk, nicht zuletzt aufgrund ihrer ausgeprägten demokratischen Mitsprachemöglichkeiten. Sie müssen sich nicht auf konfliktreiche Demonstrationen, Streiks oder andere Geschichten einlassen, um politisch gehört zu werden. Und das erfreut sie offenbar. Wenn Menschen im konventionellen Rahmen mitgestalten können, ist das für ihr Wohlbefinden von Vorteil. Andererseits weiß man aus vielen psychologischen Arbeiten, dass Aktivität und umso mehr soziale Aktivität ebenfalls positive Auswirkungen haben kann. Sie wirkt sinn- und identitätsstiftend und kann ein starkes Gemeinschafts- und Zugehörigkeitsgefühl hervorbringen. Warum sollte also der konventionelle Schweizer Volksabstimmer oder der österreichische Wähler glücklicher sein als ein Demonstrant, ein In-Sitter oder gar ein Revolutionär? Wenn man sich diverse Studentenbewegungen ansieht, so besteht doch Grund zur Annahme, dass diese jungen Menschen sich wohler fühlen, wenn sie ihrer politischen Meinung Ausdruck verleihen können und nicht auf das Kreuzerl in der Wahlkabine reduziert werden.

Für ein Anliegen auf die Straße zu gehen, darum zu kämpfen, dass es Gehör findet und eine öffentliche Angelegenheit wird, kann viel zum subjektiven Wohlbefinden eines Menschen beitragen. Es gibt das Gefühl, etwas erreicht zu haben, aktiv zu sein und zumindest mitreden zu können. Die Bürger brauchen daher nicht nur ein Wahlrecht und die Möglichkeit, Mitglied in irgendeiner Partei oder Interessensgruppe zu sein, sondern sie sollten auch die Chance haben, ihre Stimme auf unkonventionelle Weise zu erheben, etwa durch Demonstrationen. Dort, wo man nur zu Hause sitzt und jammert, einmal in vier Jahren wählen geht und ansonsten über die Parteipolitik klagt, ist die Zufriedenheit weniger groß als dort, wo man sich mit Gleichgesinnten zusammentut und eine Bürgerinitiative startet, weil einem etwas auf dem Herzen liegt. Das setzt aber voraus, dass diese Art der Beteiligung in der Gesellschaft nicht geächtet ist und auch Aussicht auf Erfolg hat.

Was das betrifft, sind die Österreicher historisch betrachtet nicht allzu verwöhnt. Die wenigen Revolutionen – *Nestroy* würde sie eher als *Revolutionerl* bezeichnen – waren hierzulande nicht erfolgreich. Wir haben keinen Sturm auf die Bastille in unserer Erinnerung, keinen gewonnenen Unabhängigkeitskampf. Das dämpft ein wenig die Motivation und macht die Österreicher insgesamt politisch eher passiv. Aber es gibt auch Gegenbeispiele, wo das Volk sich durchgesetzt hat, etwa in der Volksabstimmung über Zwentendorf oder in der Besetzung der Hainburger Au. Wenn man die Aktivisten von damals befragt, so waren ihre Erfolge durchaus beglückend und das politische

Engagement hat zu ihrem Wohlbefinden beigetragen. Aus den Bürgerbewegungen dieser Zeit sind Parteien und stabile Interessenvertretungen hervorgegangen, die heute ein gewichtiges Wort mitzureden haben. Auch politisch ist es daher schlecht, die Dinge in sich hineinzufressen, zu resignieren und alles über sich ergehen zu lassen. Die politischen Rechte und Möglichkeiten, die man hat, sollte man auch im Sinne einer Psychohygiene nutzen.

Der Bereich der Ökologie und der Nachhaltigkeit ist in Hinblick auf politische Lebenskunst von ganz besonderem Interesse. Denn wie sehr das Glück nicht nur der gegenwärtig lebenden Menschen, sondern auch der zukünftigen Generationen, von der Politik abhängt, ist gerade mit der Debatte um den Klimawandel eindrucksvoll erkennbar. Gleich mehrere Aspekte eines guten, gelungenen Lebens hängen mit diesem Thema zusammen. Wenn etwa die Politik nicht früh genug auf die großen Klimaveränderungen reagiert, so werden unsere Kinder und Enkelkinder möglicherweise unter unangenehmeren klimatischen Bedingungen leben müssen, sie werden mit Extremwetterlagen zu kämpfen haben, vielleicht müssen sie sogar ihren Lebensraum verlassen und in andere Gebiete umziehen. Dass es unter solchen Umständen schwieriger ist, sich um das eigene Glück und um die eigenen seelischen Bedürfnisse zu kümmern, kann nicht geleugnet werden.

10 Tipps zur politischen Lebenskunst

Zum Abschluss dieses kurzen Artikels über den Zusammenhang zwischen Politik und individuellem Glück werde ich nun einige vorsichtige Tipps geben, wie man als Bürger zufriedener werden kann, falls man es nicht ohnehin schon ist.

1. Ziehen Sie in die Schweiz und werden Sie Schweizer Staatsbürger. Sollte das nicht möglich sein, setzen Sie mit 2. fort!

2. Nehmen Sie Ihr Wahlrecht wahr und wählen Sie jene Partei oder Gruppe, die Ihnen nach Abwägung aller Vor- und Nachteile am ehesten geeignet scheint, etwas zu Ihrem Wohlbefinden beizutragen. Manchmal werden Sie dabei die Wahl zwischen Pest und Cholera haben. Zur politischen Lebenskunst gehört es in solchen Fällen, das kleinere Übel zu erkennen und zu wählen.

3. Lassen Sie sich dabei nicht täuschen von Panikmache oder Schönfärberei. Glauben Sie nicht bedingungslos, was durch die Medien vermittelt wird.

4. Überlegen Sie auch gut, welche Konsequenzen es hätte, wenn diese Partei oder Gruppe an der Regierung wäre. Gerade im Sinne von Nachhaltigkeit ist es heute besonders wichtig, nicht nur kurzfristig zu denken, sondern auch zu überlegen, was gewisse Entscheidungen für die künftigen Generationen bedeuten könnten. Wer etwa auf dem ökologischen Auge blind ist, läuft Gefahr, die Folgen dieser Ignoranz auch selbst noch zu spüren, jedenfalls aber seinen Kindern keinen guten Dienst zu erweisen.

5. Resignieren Sie nicht, wenn die von Ihnen gewählte Partei nicht Wahlsieger ist. In Demokratien ist nach der Wahl immer vor der Wahl. Die nächste Chance kommt bestimmt.

6. Schweigen Sie nicht, wenn Ihnen politisch etwas auf dem Herzen liegt. Verdrängen und Jammern macht unzufrieden.

7. Wenn Sie etwas politisch nicht akzeptieren können oder etwas durchsetzen wollen, machen Sie sich Luft: schreiben Sie Briefe an Abgeordnete und Parteien, wenden Sie sich an die Medien, diskutieren Sie mit Familie, Freunden, Bekannten und Unbekannten, gründen Sie eine Bürgerinitiative, starten Sie eine Petition, streiken oder demonstrieren Sie!

8. Wenn die Demokratie oder ihre Grundlagen in Frage gestellt werden, bedenken Sie, dass dies auch Konsequenzen für Ihre Lebensqualität, für Ihr Wohlbefinden haben kann. Und reagieren Sie darauf!

9. Wenn alles so läuft, dass Sie sich nicht besonders ärgern oder aufregen müssen, dann bleiben Sie gelassen gegenüber den Schwächen der Demokratie und der Berufspolitiker. Sie sind ja auch nur Menschen.

10. Seien Sie nicht neidisch auf die Schweizer, denn Neid macht unglücklich! Und so viel besser haben sie es schließlich auch nicht.

Das gute Maß zu finden im politischen Engagement, zwischen Gelassenheit und Aktivität, zwischen Gewährenlassen und Aufschrei, kann durchaus als eine Kunst, eine Lebenskunst bezeichnet werden. Im demokratischen Streit um das gute Leben ist das Erlernen und Kultivieren dieser Kunst nicht alleine die Aufgabe von Berufspolitikern, sondern die Aufgabe von uns allen. Die Politik formt unsere Seele. Wir sollten das nicht einfach über uns ergehen lassen und uns auf *Platon* besinnen: Unsere Seelen müssen auch die Politik formen.

Quellen

[1] *Reinhold Popp*, *Reinhard Hofbauer* und *Markus Pausch* »Lebensqualität. Made in Austria« (LIT-Verlag 2010)

[2] Über die Qualitäten von Politikern gibt es vielerlei Abhandlungen. Von *Platon* über *Machiavelli* und *Max Weber* bis zu zeitgenössischen Politologen haben sich viele Menschen darüber Gedanken gemacht, was einen guten Politiker ausmacht.

[3] Die Definition des *guten Lebens* ist eine der zentralen Fragen der Philosophie. In diesem Artikel wird darunter das individuelle Lebensglück verstanden. Als *Lebenskunst* bezeichne ich sodann die Art und Weise, wie man zu diesem Lebensglück kommen kann. Somit werden in diesem Artikel die Begriffe *gutes Leben* und *Glück* weitgehend synonym verwendet.

[4] Als *Flow* wird ein rundum erfüllender, fast tranceähnlicher Zustand verstanden (vgl. *Czikszenmyhali* ...)

Markus Pausch

*1974, Studium der Politikwissenschaft, Geschichte und Soziologie an der Paris-Lodron-Universität Salzburg und der Université de Lyon II. Seit 2007 Wissenschaftlicher Mitarbeiter am Zentrum für Zukunftsstudien der Fachhochschule Salzburg. Wissenschaftliche Schwerpunkte: Demokratie, Lebensqualität, Partizipation.

Das Leben, ein Traum

Nachdem *Erwin Thoma* jahrelang nach einem Weg gesucht hatte, für seine Familie und sich ein wirklich gesundes Haus zu errichten, fand er die Lösung schließlich in einem Traum, den er bis heute lebt: Er baut Häuser aus massivem Holz.

Was in einer Garage begann, beschäftigt heute ein ganzes Forschungszentrum. *Erwin Thoma's* erste, tatsächlich auf einem Traumprotokoll fußende Vollholzwand revolutionierte das Bauwesen nachhaltig. Mit dem simplen Rezept, sich einfach auf den Naturbaustoff Holz – und somit auf die Kraft der Bäume – zu verlassen, wurde sein Traum von einem gesünderen, technisch besseren Haus Wirklichkeit, das noch dazu praktisch keine Energie verbraucht und uns einfach hochwertiger leben lässt.

Um zur Kunst des guten und erfüllten Lebens zu gelangen, bietet uns das Leben selbst die Gelegenheit. Die größte Kraft für Neues, Besseres und Veränderung wird uns oft in schweren Stunden zuteil. In jeder Krankheit und jedem Schicksalsschlag liegt die Chance für persönliche Weiterentwicklung und Wachstum. Als zwei unserer heute erwachsenen Kinder im Vorschulalter plötzlich an einer Allergie erkrankten, war unsere Bestürzung groß. Bald war die Ursache bekannt: Verleimte Holzspanplatten! Nach wirkungslosen schulmedizinischen Behandlungen fand ich die Lösung auf ganz einfachem Wege. Jegliche Art von verleimten Holzwerkstoffen wurde aus der Wohnung entfernt und siehe da: die beiden Kinder wurden gesund. Aus dieser Lebenserfahrung entwickelte sich meine Lebensvision.

a. Es ist möglich Häuser zu bauen, in denen die Menschen gesünder bleiben.
b. Es ist möglich Häuser zu bauen, die uns unabhängig machen – frei von teuren Heizstofflieferungen; und frei von Ängsten, weil diese Häuser jeder Gefahr widerstehen.
c. Es ist möglich Häuser zu bauen, die auch nach Generationen langer Nutzung ihren Wert behalten und deshalb noch von unseren Urenkeln geschätzt werden.
d. Es ist möglich Häuser zu bauen, die allen nützen und die Umwelt erhalten, statt sie zu belasten.

Anfänglich war ich sehr vorsichtig und vertraute diese neuen Ziele nur meiner Frau an. Doch bald schon gab ich den Forstberuf und meine sichere Staatsanstellung auf, um mit einem Einmann-Betrieb und ganz wenig erspartem Startkapital meiner inneren Stimme zu folgen. Harte Jahre für die ganze Familie folgten. Nach sieben Jahren Forschung und Entwicklung konnte ich dann allerdings die ersten Patente anmelden. Nachdem meine Gedanken und meine Arbeit jahrelang von der Suche nach diesem Ziel beherrscht wurden, fiel mir die Lösung unerwartet in einem Traum zu: Im Frühjahr 1998 träumte ich, dass das beste Haus aus reinem Holz gebaut ist – jenes chemisch unbehandelte Holz, das auch meine Kinder gesund gemacht hatte. Das Besondere an diesem Traum waren zwei Dinge:

1. Das Haus bestand aus vollen, massiven Holzwänden, Decken und Dächern.

2. Diese Wandplatten wurden mechanisch und nicht chemisch verbunden. Ein Netzwerk von staubtrockenen Holzdübeln hielt alles zusammen und ersetzte jede belastende Chemie im Holz.

Bis ins Detail genau konnte ich im Traum die technischen Verbindungen und Anschlüsse sehen. Meine erste danach angefertigte Patenturkunde ist sozusagen ein Traumprotokoll. In einer Garage neben unserer kleinen Holzwerkstätte bauten wir dann die ersten erträumten Vollholzwände zusammen und begannen den Weg von einer Universität und technischen Prüfstelle zur nächsten zu beschreiten. Die technischen Ergebnisse der puristischen Bauweise waren einfach atemberaubend: Stand der Technik im Brandschutz bei Holzhäusern war damals F30. Das bedeutet 30 Minuten Widerstand gegen die 1.000 °C heiße Prüfflamme. Wir schafften auf Anhieb F180. Der Stand der Technik war also um das Sechsfache verbessert worden. Das Geheimnis liegt in der vollmassiven Bauweise. Holz brennt nur dann gut, wenn es dünn und von Luft umspült ist (große Oberfläche!) Ein großer Klotz hingegen brennt nicht, er verkohlt nur an seiner Außenseite.

Ähnlich ging es weiter. Begeistert gaben wir der neuen Bauweise den Namen *Holz100*, weil sie eben zu 100 % aus Holz besteht. In weiterer Folge wurde für unsere Holz100-Elemente der Wärmedämmwert ermittelt. Das Ergebnis: Lambda 0,078. Das ist bis heute Weltrekord in Sachen Wärmedämmung aller statisch tragenden Baustoffe! Gegenüber vollem und verleimtem Holz bedeutet es beinahe die doppelte Dämmung bei gleichem Querschnitt. Das technische Geheimnis wiederum liegt in den aufeinander gelegten Holzlagen mit hauchdünnen Luftschichten dazwischen. Der Wärmestrom in der Wand wird so immer wieder unterbrochen. Was für ein Lohn für

die Fürsorge, alle Gifte vom Holz der Bäume fernzuhalten! Tatsächlich wurde dieses Prüfergebnis auch in der Praxis bestätigt. *Holz100*-BauherrInnen berichteten uns laufend von viel geringeren Heizkosten als vorher berechnet und einem geradezu optimalen Brennstoffverbrauch. Heute wissen wir aus Erfahrung, dass *Holz100*-Häuser bei gleichem Dämmwert gegenüber konventionellen Bauten zwischen 30 und 50% an Heizenergie einsparen. Inzwischen konnte ich für unsere Arbeit eine ungemein hilfreiche Einrichtung bauen. In Goldegg im Salzburger Land entstand das Thoma-Forschungszentrum für Naturholzverarbeitung. Von hier aus arbeiteten wir ein technisches Thema nach dem anderen durch.

So etwa Schallschutz • Im Tiroler Ötztal bauten wir 2004 das leiseste Holzhotel der Welt. Mit den massiven *Holz100*-Wänden und Decken gelingt höchste Schalldämmung. Das und eine weitere technische Entwicklung öffnete uns das Tor zu großen Objektbauten: Durch die großartige Wärmedämmung waren wir plötzlich in der Lage, die besten Wärmedämmwerte, wie sie für Passivhäuser – auch Null-Energie Häuser genannt – gefordert werden, nur mit reinen Holzwänden zu erzielen. Die üblichen dicken Dämmstoffschichten, Dampfbremsen, Folien, verklebte OSB bzw. Spanplatten waren nicht mehr erforderlich. Der große Vorteil dabei war und ist aber nicht nur die Einsparung der Kosten für diese Dämmungen. Durch die einstoffliche Bauweise von *Holz100* ist eine 100%ige Sicherheit gegen Kondensat (Schwitzwasser) und Schimmelbildung gegeben. Im Musterhauspark »*Blaue Lagune*« bei Wien wird *Holz100* neben ca. 40 Mitbewerbern der Fertighausindustrie ausgestellt. Beim Punkt »Garantie gegen Schimmelbildung« gibt es aber nur für das *Holz100*-Haus 50 Jahre Garantie!

Strahlenabschirmung • Die großen technischen Vorteile zeigten sich auch noch nach weiteren Untersuchungen. Gemeinsam mit der Universität der deutschen Bundeswehr untersuchten wir die Fähigkeit von verschiedenen Baustoffen, Hochfrequenzstrahlen, also insbesondere Mobilfunkstrahlen, abzuschirmen. Die Strahlenfachleute konnten es kaum glauben. Unsere einfach wirkenden Holzwände erreichten Bestwerte und schirmten auch wesentlich besser ab als Stahlbeton, bei jeweils gleicher Wandstärke. Wo immer wir wissenschaftliche Test und Prüfungen absolvierten, die Kraft und Fähigkeit des Holzes erstaunte immer wieder. Bei Raumklimauntersuchungen der technischen Universität Graz etwa zeigte sich, dass Massivholzwände ein wahres Geborgenheitsklima für ihre Bewohner entfalten. Alle unbehaglichen Externa, sei es Temperatur, Feuchtigkeit, Trockenheit, elektrostatische Aufladungen etc., werden vom massiven Holz gepuffert, gespeichert und auf das für uns Menschen behaglichste Maß gebracht.

Die wohl skurrilste Forschungsarbeit aber war die als weltweit am strengsten bekannte Erdbebenprüfung in Japan. Beim ersten Test bauten wir auf der gefürchteten Rüttelplatte eine Hauskonstruktion, so wie wir es immer machen. Trotz der stärksten Belastungen konnte allerdings nicht der geringste Schaden beobachtet werden. Da verweigerten uns die Japaner kurzerhand das Prüfzertifikat. Die Begründung lautete: Wenn gar nichts kaputt wird, können wir auch keine Aussage zur Belastbarkeit machen. Daraus lernten wir und wiederholten den Test. Beim zweiten Versuch verwendeten wir allerdings Wände mit stark geschwächten Mittellagen. Diese wurden dann weit jenseits der erforderlichen Erdbebenbelastung beschädigt. Seither verfügen wir auch über ein japanisches Erdbebenprüfzertifikat. Mit dem simplen Rezept, sich einfach auf den Naturbaustoff Holz – und somit auf die Kraft der Bäume – zu verlassen, ist meine Vision Wirklichkeit geworden. Es gibt inzwischen über eintausend *Holz100*-Bauten, die auf 25 Länder aufgeteilt sind. Die Kombination technischer Bestleistung mit dem ökologischen Vorteil des naturbelassenen, wieder verwendbaren reinen Holzmaterials hat uns in die anspruchvollsten Bereiche des Bauens geführt. In meiner Studienzeit lernte ich noch, dass Holz-Know-how beim Hausbau immer von Skandinavien nach Mitteleuropa komme. Zuletzt konnten wir auch dieses Prinzip umkehren: So wurde die Sommerresidenz der norwegischen königlichen Familie ebenso mit *Holz100* gebaut wie die Forst- und Holzuniversität in Oslo. Auch Schulen, Kindergärten und Krankenhäuser wurden bereits aus Holz100 gebaut. Damit nicht genug: Vom Gartenhaus bis zur Prachtvilla der obersten Ausstattungskategorie, Schwimmbäder ganz aus *Holz100*, ein viergeschossiger *Holz100*-Lift, Hotels und Pensionen, mehrgeschossige Wohnanlagen und das alles in Kombinationen mit allen denkbaren Materialien wie Glas, Lehm, Stein, Beton, Putz, Gips, Fliesenkeramik … Beinahe alles, was sich Architekten ausdenken können, ist mit *Holz100* bereits umgesetzt worden. Trotz all dieser Erfolge und trotz der enormen Weiterentwicklung in der Produktionstechnik, wo längst Roboter Einzug gehalten haben, blieben wir unserem wichtigsten Grundsatz aber treu: *Holz100*-Häuser umhüllen ihre Bewohner mit reinem Holz. Diese Häuser halten Jahrhunderte.

Und dennoch haben wir die *Holz100*-Fabriken so gebaut, dass ein Haus jederzeit zurückgenommen werden kann. Im Retourgang können die Dübel herausgebohrt und die einzelnen Holzlagen wieder auseinander gestapelt werden. So kann aus altem, bereits verwendeten Holz wieder ein neuer Bau entstehen. Auf diese Weise werden Häuser zu einem wertvollen Rohstoffspeicher für die nächste Generation. Die Zeit, in der Häuser am Ende teuer als Bausondermüll entsorgt werden müssen, ist damit vorbei. Auch hier ist die Natur selbst das Vorbild: Der Specht, der seine Höhle in das volle Holz eines Baumes baut, findet dort Schutz und Geborgenheit. Oder ein Ameisenhaufen, mit der Lupe betrachtet: Welch ein technisches Wunderwerk! Im Inneren des

kunstvollen Bauwerks, das nur aus Fichtennadeln errichtet ist, gibt es für uns Menschen ungeahnte Vorgänge zu beobachten. Durch Hitze- und Kälteausgleich ist vom empfindlichen Ei bis zum fertigen Tier für jede Lebensphase Geborgenheit und gesunde Entwicklung gegeben. Wenn aber die Ameisen ausziehen oder der Specht seine Höhle verlässt, dann kommt niemand auf die Idee, deren Behausung mit großem Aufwand zur Sondermülldeponie zu bringen. Im Gegenteil, zuerst kommen einmal andere Nutzer. Im Spechtkobel sitzt vielleicht Frau Eichhorn mit Kindern und in den Gängen des verlassenen Ameisenbaus ziehen verschiedene Insekten ein. Irgendwann ziehen auch diese und vielleicht noch weitere Bewohner aus. Dann wird aus dem gewachsenen Naturmaterial des Ameisenhaufens wieder Humus – Erdboden, der die nächsten Bäume wachsen lässt. Bäume, von denen die Nadeln für den nächsten Ameisenhaufen fallen … Die meisten Menschen wissen um diese wunderbaren Kreisläufe der Natur – Stoffkreisläufe, die niemanden belasten und nur nutzen. Viele glauben aber auch, dass sich so etwas für Menschen nicht errichten lässt. Aber warum eigentlich nicht? Wir hören so oft, dass die vielen Menschen auf dieser Erde das Klima belasten und die Umwelt zerstören. Heißt das nun, es ginge uns besser, wenn es weniger Menschen gäbe? Dazu ein Zahlenvergleich: Biologen können das Gewicht aller Ameisen berechnen, die auf dieser Erde leben. Ebenso lässt sich aber auch das Gewicht aller auf der

Erde lebenden Menschen annähernd genau berechnen. Wussten Sie, dass das Gewicht aller Ameisen ca. sechsmal so groß ist wie das aller Menschen? Niemand jedoch kommt auf die Idee zu sagen, dass wir zu viele Ameisen hätten und diese die Umwelt unbotmäßig belasten würden. An diesem Beispiel können wir eines klar sehen: Wir sind nicht zu viele Menschen, wir haben bloß das falsche (Wegwerf-)Konzept.

Das Beispiel der *Holz100*-Häuser zeigt es: Mit nachwachsendem, unbelastendem Naturmaterial können wir gesündere, technisch bessere Häuser bauen, die noch dazu praktisch keine Energie verbrauchen und uns einfach hochwertiger leben lassen. Ein Weg der so vielfältig ist wie die Natur selbst. Das architektonisch reduzierte puristische Wohnhaus für den Geldbeutel eines Briefträgers wird da genauso Wirklichkeit wie die mehrere tausend Quadratmeter große puristische Königsresidenz. Plötzlich belastet nichts mehr die Umwelt oder unsere Nachkommen. Das Haus wird zum wertvollen Rohstoffspeicher. In unserem Forschungszentrum gibt es einen kostbaren Ordner, vollgefüllt mit persönlichen Dankesbriefen und Berichten von Menschen, die im Haus aus reinem Holz wieder gesund wurden. Das Haus wird zum Ort der Gesundung, es wird zum Ort der Erholung und zur Lebensenergie-Tankstelle. Und wir – wir können wieder voll und ganz eintauchen in die Kraft unserer Bäume, in den herrlichen Geruch des Holzes, in ein Leben, das mit der Freiheit der Vögel am Himmel zu tun hat und mit der Schönheit der Lilien am Felde.

Erwin Thoma

* 1962, ist selbstständiger Unternehmer und Gründer des Thoma-Konzerns. Aus seinem Traum vom völlig leim- und chemiefreien Massivholzhaus wurde ein patentiertes System, das mittlerweile weltweit zum Einsatz kommt. Diese Häuser aus reinem Holz erreichen Spitzenwerte in allen bauphysikalisch relevanten Bereichen wie bspw. Wärmedämmung, Auskühldauer, Brandschutz und Erdbebensicherheit. *Erwin Thoma* schrieb vier Bücher zum Thema, darunter zwei Bestseller. ▷ *www.thoma.at*

Rezept des Lebens

Vom Boom zum Konkurs und wieder zurück. ***Walter Trausner*** nimmt uns mit auf die Berg- und Talfahrt des selbständigen Kleinunternehmers. Höhen und Tiefen, sagt der Konfiteur, stärken und prägen die Persönlichkeit. Dass er sich mit seiner Marmeladen-Manufaktur heute eine Moral leisten kann, die in der heutigen Wirtschaftswelt schon fast ausgestorben ist, macht ihn glücklich.

W*alter Trausner* bereiste als Koch die ganze Welt, um als Obstbrenner Schiffbruch zu erleiden. Heute verdient er sein tägliches Brot mit dem Aufstrich dafür. Unter der Marke »TRAUSNERS GENUSS WERKSTATT« stellt er Marmeladen & Konfitüren her. Moral und Nachhaltigkeit sind ihr stabiles Fundament. Dass er heute glücklicher denn je ist, verdankt er der Einsicht, dass Reichtum nicht verzinsbar ist und keinen Währungsschwankungen unterliegt.

Wie bei jedem Aufsatz, Schriftstück oder Buch ist der Einstieg, der Anfang immer das Schwierigste. Wenn der erste Satz sitzt, dann geht´s dahin. Zum Glück ist mir bei diesem Buch schon der Einstieg relativ leicht gefallen! Die Kunst zu leben. Darüber könnte ich persönlich mehrere Bücher schreiben, in diesem Fall aber beschränken sich meine Ausführungen auf einige wenige Seiten. Deshalb keine lange Einleitung, sondern gleich zur Sache: Mehr als zehn Jahre Selbständigkeit in der Privatwirtschaft als kleiner Unternehmer sind alleine schon eine »Kunst zu leben«. Gebeutelt von Hochs und Tiefs bis hin zum wirtschaftlichen Bauchfleck – sprich Konkurs des Unternehmens – haben ich und im gleichen Atemzug auch meine Familie schon alles erlebt. Im Augenblick des Freudenhochs möchte man die Welt umarmen oder aber für immer im Erdboden verschwinden. Beides geht nicht und würde auch nicht sehr viel bringen. Besser ist es da, die Situation zu genießen, sie zu verstehen, mit ihr zu leben und aus ihr zu lernen. Eigene Stärken kristallisieren sich heraus, Freunde werden nicht weniger, sondern erkennbarer und man grenzt sein Umfeld ein. Höhen und Tiefen stärken und prägen die Persönlichkeit.Wie kam es zu meiner Entscheidung, in die Selbständigkeit zu treten? Wie jeder kleine Bub hatte auch ich Berufswünsche, allerdings wollte ich nie Lokomotivführer oder Astronaut werden. Ich wollte immer Koch werden. Erstens, weil ich einen außerordentlichen Geruchs- und Geschmackssinn besitze, und zweitens, weil es die Chance war, aus meiner heilen Welt auszubrechen. Weg von der elterlichen Fürsorge, raus in die Welt. Der Ruf nach Abenteuer und Freiheit, dem ich Folge leisten musste. Meine heile Welt beschränkte sich ursprünglich auf das wunderschöne Salzkammergut. Aber nach meiner Lehrzeit stand sie mir dann offen, die Tür zur Welt. Alles habe ich ausprobiert, große Hotels, gute Restaurants, schlechte Systemgastronomie, Topküchen im In- und Ausland und in Übersee. Irgendwann wird aber der Koffer zu klein, aus dem man jahrelang lebt und ich wurde sozusagen sesshaft – geografisch zumindest, denn geistig bin ich noch immer Nomade. Zwar nicht auf der Suche, aber immer mit einem Blick nach vorne. Zum Sesshaftwerden war der Schritt in die Selbständigkeit unausweichlich, denn nur in der Selbständigkeit fand ich die Freiheit wieder, die mich auch bei meinen Reisen immer begleitet hat. Ankommen und wegfahren wann man will.

Nach ersten Erfahrungen in der Herstellung von Fruchtsirupen folgte die Gründung einer Obstbrennerei, die nach sieben Jahren allerdings im Konkurs endete. Die Welt brach für mich und meine Familie, damals mit zwei Kindern, zusammen. Nach jahrelanger Quälerei, ob man den nächsten Tag als Unternehmen noch überleben wird, ob das Geld noch reicht für die Löhne, Sozialabgaben, Steuern, und der ständigen Frage, wie lange die Banken noch mitmachen, Lieferanten noch bezahlt werden können, hörte ich dann auf. Es war eine Last, deren Gewicht man sich als nicht Betroffener kaum vorstellen kann. Nach dieser trüben Zeit war mit einem Tag auf den anderen alles anders. Konkurs! Ein Ende mit Schrecken, aber ein Ende. Allerdings auch ein Anfang, denn der nächste Tag kommt bestimmt – »*the world keeps going on*«, sagte ein Freund aus Australien zu mir. Recht hat er, aber so einfach ist es nicht, man braucht schon einige Zeit, um damit klar zu kommen. Aber es war auch ein Befreiungsakt. Die Dinge regeln wie sie sind, Klarheit schaffen, Rückgrat zeigen, sich den Tatsachen stellen, und vor allem keine Ausreden benutzen und immer wieder den Blick nach vorne richten.

In dieser schwierigen Phase waren meine liebe Frau und unsere Kinder immer hautnah dabei. Einige Jahre vergingen, bis alles ausgestanden war. Immerhin hatte ich mein gesamtes Vermögen inklusive Erbe bei dieser Sache verloren, aber auch viel dabei gewonnen. Werte – wie in erster Linie Familie, Freunde, Selbstvertrauen und Freude – bekamen neue Dimensionen. »Die Kunst zu leben« fand in dieser Aufbruchstimmung ihren Anfang. Über materielle Werte begann man innerlich zu schmunzeln. Mehrgängige Gourmetmenüs bis tief in die Nacht, runtergespült mit den teuersten Gewächsen der Welt, wechselten sich nun ab mit frisch gekochten Erdäpfeln, dazu frische Butter und Salz. Letzteres essen wir heute noch mit großer Freude. Selbstverständlich besuchen wir auch gute bis sehr gute Restaurants, nur der Zugang zum Erlebnis Essen und Trinken ist ein anderer geworden. Mittlerweile hat sich die Familie um zwei weitere Kinder vergrößert, und unser tägliches Brot verdienen wir mit dem Aufstrich dafür. Seit acht Jahren produzieren wir als selbständiges Familienunternehmen Marmeladen & Konfitüren unter der Marke »TRAUSNERS GENUSS WERKSTATT«. Nicht jeder versteht das nach dieser Vergangenheit, aber die Ursache liegt in der Zukunft. Vielleicht kann man das mit einem Zitat von *Beuys* erläutern: »*Wir wissen noch nicht, warum wir das hier machen, aber in der Zukunft werden wir das verstehen.*«

Man kann nicht immer für alles einen Plan haben. Gewisse Dinge muss man tun, vor allem wenn man sie kann. Die Basis, auf der wir unser Unternehmen aufbauen, ist allerdings alles andere als planlos. Moral und Nachhaltigkeit geben unserer Manufaktur ein stabiles Fundament, auf dem wir täglich mit großer Hingabe unser Handwerk ausüben. Mit den daraus entstandenen Produkten bereiten wir Menschen eine kleine Freude. Wir folgen dabei einer Moral, die in der heutigen Wirtschaftswelt schon fast ausgestorben ist, ja fast altmodisch erscheint. Hätten einige Glücksritter der Hochfinanz nach den Grundsätzen des kategorischen Imperativs, im wahrsten Sinne des Wortes gehandelt, gäbe es heute vielleicht keine *Krise*, denn wenn der Wille gut ist, ist auch die Handlung moralisch gerechtfertigt. Nachhaltigkeit bedeutet in unserer Werkstatt, alles nach den Grundsätzen und mit den Rohstoffen der biologischen Landwirtschaft zu produzieren. Es ist eine schöne Sache, gesunde Lebensmittel mit gesunden Rohstoffen herzustellen. Hinterlassen wir unseren Kindern eine intakte Umwelt, sie werden sich dafür bei uns bedanken. Auch wir sollten uns bei unseren Eltern und Großeltern bedanken, dass wir unsere »Kunst zu leben« in Freiheit genießen dürfen. Es ist auf keinen Fall selbstverständlich, all unsere Sinne in Frieden ausleben zu können. Ich würde sagen, wir sind die wahren Glückskinder, die Profiteure derer, die es nicht so schön hatten wie wir jetzt.

Halten Sie Augen und Ohren offen, und lassen Sie die Welt in Ihr Herz. Schnell wird man merken, dass Reichtum nicht verzinsbar ist, und keinen Währungsschwankungen unterliegt. Ein Blick über den eigenen Horizont kann dabei nicht schaden. Meine Profession ist es seit meiner Jugend, Rezepturen zu erstellen und deren Zutaten harmonisch zu vereinen. »Die Kunst zu leben« gibt es dagegen in meiner Rezeptsammlung bis dato noch nicht. Ein Premierenversuch also. Einfach in der Zusammenstellung, unkompliziert in der Herstellung.

Rezept

Nehmen Sie jeweils einen Teil

Freiheit
Moral
Humor

Die Freiheit im Ganzen lassen, auf keinen Fall zerteilen.
Mit der sehr reifen Moral vermengen und mit einer großzügigen Portion Humor würzen.
Das Ganze vorsichtig, aber intensiv verrühren und sofort in Gläser abfüllen – hält ein Leben lang.

Falls es beim ersten Mal nicht klappen sollte: Nicht aufgeben, auf keinen Fall.

Walter Trausner

* 1961 in Wels, Ausbildung zum Koch und Konditor, langjährige Praxis im In- und Ausland. Er sieht seine Berufung darin, Genuss zu produzieren und hat die Liebe zum Süssen zur Passion gemacht – seit 2001 in seiner GenussWerkstatt. *Walter Trausner* lebt und arbeitet mit seiner Frau und den vier Kindern in Mauterndorf im Lungau.
▷ *www.genusswerkstatt.com*

Das Glück ist grenzenlos

Sein Hobby zum Beruf machen – Biobraumeister *Reinhold Barta* erzählt, wie das Leben im Osten Österreichs seine kreative Ader weckte und was Bier mit Bewusstsein für die Gesellschaft zu tun hat.

Wäre der Eiserne Vorhang nicht gefallen, säße *Reinhold Barta* vielleicht heute noch in seinem Geburtsort unweit der tschechischen Grenze und würde von der *großen weiten Welt* träumen. Dass er heute seinen Traum lebt und die erste *bio-dynamische Brauerei* der Welt betreibt, hat er zu einem großen Teil den politischen Umwälzungen des Jahres '89 zu verdanken, die neben dem geografischen auch seinen ganz persönlichen Horizont erweiterten.

Im Jahr 1975 wurde ich in einer Kleinstadt direkt an der tschechischen Grenze geboren. Bis zur *Öffnung* gab es dort den eisernen Vorhang, der nur etwa 500 Meter von unserem Haus die zwei Welten trennte. Diese eiserne Grenze stellte für uns Kinder beinahe das *Ende der Welt* dar. Undurchdringlich war sie, und keiner von uns wusste, was sich dahinter so richtig verbarg. Wenn wir in die nahe gelegene Thaya zum Baden gingen, sahen wir immer die schwer bewaffneten Grenzpatrouillen der *Anderen*, die uns Angst einjagten. An kalten, schweren Wintertagen roch es nach verbrannter Braunkohle von *drüben* und der Feuernebel legte sich auch über unsere Stadt. Da fragte ich mich oft, wie es wohl auf der anderen Seite sei, konnte es mir als Kind jedoch nie richtig vorstellen.

Im Jahr 1989 kam es schließlich zur Öffnung des eisernen Vorhangs, und auch für mich als 14-Jährigen taten sich damit neue Wege und Ziele auf. Mit einem Mal begann mein Leben interessanter zu werden, alles um mich herum konnte mich begeisterten. In dieser Zeit entwickelte sich auch immer mehr mein enormes Interesse für Technik. Zum Unmut meiner Eltern musste ich immer alles zerlegen und nachsehen, wie *die Welt* funktioniert. Dazu kam auch noch das Interesse für die Natur, das durch meinen damaligen Biologie-Lehrer begründet und gefördert wurde. Er zeigte uns die Pflanzen und Tiere des schwindenden *Urwaldes* von Laa (mittlerweile leider durch Bauprojekte trockengelegt) und machte uns schon sehr früh auf die Gefahren und Eigenheiten rein wirtschaftlicher Denkweisen aufmerksam. Mit seinen Ansichten und seinem Zugang zur Wissenschaft war er mit Sicherheit einer der wichtigsten Grundsteine meiner künftigen Prägungen. Nach der

Matura schließlich wollte ich wie so viele andere auch zu studieren beginnen. Nur was? Durch meine beiden großen Interessensgebiete bedingt, wollte ich einmal Biologie, dann wieder Maschinenbau studieren. So ging es hin und her in meinem Kopf. Gottlob ließ die Lösung des Dilemmas nicht lange auf sich warten: Eine ausgewogene Mischung aus Technik und Naturwissenschaften fand ich schließlich im Studium der »Lebensmittel- und Biotechnologie«. Doch bevor ich zu studieren beginnen durfte, musste ich noch meinen Staatsdienst ableisten.

Mit den Waffen und autoritären Strukturen des Militärs konnte ich mich nie so recht anfreunden und so landete ich – auch weil ich der Überzeugung war, so meinen ganz persönlichen Beitrag zur Allgemeinheit leisten zu können – beim Roten Kreuz. Heute weiß ich, dass gerade diese Periode mein Bewusstsein für die *Gesellschaft* enorm öffnete. Ich sah auf einmal arme, kranke Menschen und auch das Leid und die Einsamkeit, die hinter jedem einzelnen dieser Schicksale steckten. Das war für mich neu, gleichzeitig übte es aber auch einen gewissen Reiz auf mich aus und weckte meine Neugier. Kurzzeitig wollte ich sogar Arzt werden, ließ es dann doch wieder sein, weil mein Inneres mir mitteilte: »*Das hältst du vielleicht psychisch nicht durch.*« Nach dem Zivildienst studierte ich nun so vor mich hin und hielt mich mit diversen Nebenjobs finanziell über Wasser.

Daneben interessierte ich mich für alte Gebäude. Die alte Brauerei, für die ich *Bierfassln* auslieferte, war ein idealer Anschauungsort. Dort konnte ich Stunden, Tage und Wochen meine Neugierde befriedigen. Schon bald folgten Reisen zu unzähligen Brauereien und durch halb Europa – gar nicht so sehr der Biere, sondern der interessanten Geschichten rund um die jeweiligen Brauerein wegen. Dieses Hobby war unfassbar spannend für mich und füllte meine Freizeit vollkommen aus. Im Studium dachte ich, ich müsste meine analytisch-technischen Fähigkeiten ausnutzen und konzentrierte mich auf die Molekularbiologie. »Klonieren« hieß da die Devise und so *schnipselte* ich mit Genen herum – spannend zwar, aber oft nicht von Erfolg gekrönt und auch einigermaßen unkommunikativ. Als ich einmal an einem großen Projekt über das Hepatitis-B-Virus arbeitete, kamen auf einmal in mir Fragen auf: »*Was wäre, wenn wir diese Krankheit ausrotten könnten? … Ist das gut*

so? Soll das denn überhaupt so sein? Ist es unsere Bestimmung, die Natur zu kontrollieren? Wäre es nicht besser, sich in seine Umwelt einzufügen …?« So fand gegen Ende der 90er-Jahre ein großer Wandel in mir statt. Auf einmal kaufte ich Milch und Brot zum doppelten Preis auf (Bio-)Bauernmärkten, genoss es allerdings auch viermal so stark, und mit reinem Gewissen noch dazu. Ich beendete auch meine gentechnischen Experimente und intensivierte, was ich zuvor schon als Hobby betrieben habe: das Bierbrauen. Und weil es sich gut fügte, konnte ich meine Diplomarbeit bei einer Brauerei in Süd-Irland absolvieren. Ein Inselvolk, wenig Sonne, die höchste Selbstmord-Rate in der EU – gewaltige Eindrücke eines Landes, seiner Natur und Bewohner. Dort wurde mir die Endlichkeit unseres Seins und der Natur bewusst. Ich wollte es nicht mehr wahrhaben, dass es bestimmt sei, sich die Natur *untertan* zu machen. Durch irgendetwas im Laufe der Evolution bekamen wir Fähigkeiten, die andere Lebewesen nicht haben. Aber wie diese Fähigkeiten nutzen, ohne andere zu unterwerfen, welche darunter leiden? Die Lösung – zumindest für mich – ließ nicht lange auf sich warten. Nach meiner Rückkehr aus Irland begann ich – gegen den anfänglichen Willen meines Chefs – Bier in BIO-Qualität zu brauen. Aus Selbstverständlichkeit. Später braute ich Biobier in einer großen österreichischen Privatbrauerei. Ein tolles Unternehmen, mit außergewöhnlichen *Visionen* des Eigentümers … Trotzdem beschloss ich im Jahr 2007, mich mit der Brauerei »*Gusswerk*«

in Salzburg selbstständig zu machen. Auf diese Art und Weise wollte ich meinen bescheiden Teil zum *System* beitragen, den Menschen mit meinen Bieren den Genuss und die Lebensfreude dieses ältesten Getränks näherbringen und dadurch das System auch ein Stück weit ändern und einen Anteil zur Erhaltung unserer »Kulturgeschichte« leisten.

Um viele Dinge auf der Welt verstehen zu können, muss man deren Geschichte und ihre Entwicklungen kennen. Früher wurde der Mensch durch die Natur in *Schach* gehalten, seit der industriellen Revolution werden diese Einschränkungen durch unsere *technischen Errungenschaften* außer Kraft gesetzt. Und was dabei herausgekommen ist, zeigt uns die Vergangenheit und die Gegenwart. Wie sollen heutzutage junge Menschen *das Leben* kennenlernen, wenn sie durch Wohlstand, multimediale Ablenkungen und Scheinwelten verirrt werden?

Wo ist die Besinnung auf wirklich lebenswerte Werte geblieben? Was könnten Sie in Ihrem Umfeld dafür tun?… Denken Sie doch einmal nach …

Reinhold Barta

* 1975, ist Kreativ-Braumeister. Schon in seiner Studentenwohnung braute er sein erstes Bier. Heute betreibt er mit der Brauerei »*Gusswerk*« in Salzburg die erste bio-dynamische Brauerei der Welt. Mit biologisch hergestellten Zutaten und einzigartigen, wechselnden Geschmacksrichtungen beweist er Monat für Monat, dass Bier glücklich machen kann. ▷ *www.brauhaus-gusswerk.at*

Theo Häni ⇀ Wohin geht die Reise? 194
Jutta Costa ⇀ Der Weg ist das Ziel 200
Gottfried Sandböck ⇀ Die Reise ins Innere 208
Roswitha M. Reisinger & Christian Brandstätter ⇀ Gracias a la vida 214

4 Abschied, Reisen & Ankommen

Wohin geht die Reise?

In Eigenverantwortung etwas Nachhaltiges schaffen: *Theo Häni* erzählt, wie man es vom Schweizer Banker zum rumänischen Bauern bringt und dabei glücklich und zufrieden wird.

Der Schweizer Banker *Theo Häni* entschloss sich, die *virtuelle* Welt der Finanzen hinter sich zu lassen, um in der realen Welt der Landwirtschaft anzukommen. So fand er einen Weg, bei dem Rendite zwar wichtig, aber nicht das Wichtigste ist: Er wanderte gemeinsam mit seiner Familie aus und ist heute Landwirt in Rumänien.

→ Früher oder später stellt sich jeder die Frage, inwieweit der eingeschlagene Weg der Richtige ist. Je mehr wir uns von der Natur entfernen und meinen, die Naturgesetze übersteuern zu können, umso mehr begeben wir uns in eine virtuelle Welt, und über einen gewissen Zeitraum glauben wir sogar, diese virtuelle Welt sei die reale Welt. Wie der Lügner, der beginnt, seine eigenen Lügen zu glauben … Wer nach dem zweiten Weltkrieg in Westeuropa geboren wurde, durfte dank dem fast ungebrochenen wirtschaftlichen Wachstum seither immer bessere materielle Lebensbedingungen erleben. Diese Zeit führte sogar dazu, dass man sich nicht die Frage stellte, ob diese verbesserten Lebensbedingungen zu Lasten anderer gegangen sein könnten – nein, man glaubte, dass diese verbesserten Lebensbedingungen durch die eigene harte Arbeit, Fleiß und Cleverness zustande gekommen seien. Man ging sogar soweit, die Bewohner der unterentwickelten Länder als dumm und faul zu betiteln.

Durch meine berufliche Tätigkeit hatte ich das Glück, die ganze Welt bereisen zu dürfen. Ziel dieser Reisen war es, das Vermögen wohlhabender Menschen in die Schweiz zu *locken*. Mit dem nötigen Selbstvertrauen ausgestattet, weil uns Schweizern ja nachgesagt wird, sehr clever zu sein und uns mit Vermögensverwaltung und -vermehrung bestens auszukennen, ging das eine Zeit lang auch ganz gut. Zudem gab es für Leute, die ihr Geld nicht dem heimischen Fiskus und dem heimischen politischen Risiko aussetzen wollten, auch noch das Bankgeheimnis. Der Banker aus der Schweiz kam also immer gerade rechtzeitig vorbei. Im Verlauf der Zeit stellten die Schweizer Banken dann aber fest, dass sie die Ertragskraft deutlich steigern könnten, wenn sie die anvertrauten

Vermögen nicht mehr nach der klassischen konservativen Art betreuen, sondern nach amerikanischer aggressiver Art bewirtschaften würden. Warum auch sollte man das Ganze nicht noch mehr ausreizen, da das System anfänglich ja sehr gut funktionierte? Schliesslich leben wir ja in einer Welt, in der man alles ausreizt, sei es in Sport, Religion oder Sex, warum also nicht auch bei den Finanzen?

Schneller Gewinn ist wichtiger als langfristige Kapitalerhaltung, Spitzenleistung im Sport ist wichtiger als die Gesundheit. Die Religion wird missbraucht, um mit fundamentalistischen Gedanken die jeweils anderen Glaubensrichtungen zu verteufeln. Das Ausreizen der sexuellen Freiheiten geht zu Lasten der langfristigen Beziehung von Mensch und Familie. Konsumieren ist das »A und O«. Sparen, investieren, anlegen, vorsorgen? Nein, das ist doch altmodisch. Mehr ausgeben als das, was man hat; Schulden zu machen scheint die Devise zu sein. Der Staat hat ja mit den Sozialwerken vorgesorgt. Der Staat, der Staat, der Staat? Wo bleibt denn die Eigenverantwortung? Der Schweizer Schriftsteller *Gottfried Keller* hat einmal gesagt: *»Im eigenen Hause muss beginnen, was leuchten soll im Vaterland.«* So ein Blödsinn, der Staat regelt doch alles. Man hat einfach vergessen, wer eigentlich der Staat ist. Unser System ist im höchsten Maße gefährdet. Wir wissen zwar heute, dass der Kommunismus nicht funktionierte, aber wir wissen noch nicht, ob der Kapitalismus uns viel weiterbringen wird. Hinterfragte man noch vor wenigen Jahren unser System, wurde man belächelt. Mit nachhaltigem Wirtschaften kann man doch kein Geld verdienen. Schon gar nicht in der Landwirtschaft und überhaupt, was soll ich mich auch noch mit dem Wetter, Bodenlebewesen, Fruchtfolge etc. beschäftigen, die Charts in der virtuellen Finanzwelt zeigen mir ja auf, wann ich etwas kaufen und wann ich wieder verkaufen soll?

Uns Schweizern ist kaum mehr bewusst, dass wir vor kaum hundert Jahren auch ein Entwicklungsland waren. Wegen des Hungers sind viele Leute nach USA, Kanada, Südamerika etc. ausgewandert. Ein paar Engländer haben dann die Schönheit der Natur hier in diesem Alpenland entdeckt, haben Tourismusprojekte finanziert und dabei auch herausgefunden, dass es in der Schweiz günstige Arbeitskräfte gibt. Internationale Gesellschaften haben sich hier angesiedelt und siehe da, auf einmal ging es mit dem Wohlstand aufwärts. Hinzu kam, dass ein paar findige Leute herausgefunden haben, dass man das *Bankgeheimnis der Ungarn* kopieren könnte. Das war ja eine gute Idee, aber keine schweizerische Erfindung. Kaum jemand erinnert sich noch daran. Kurz: Die Schweizer waren nicht geborene Unternehmer und Chefs, die Schweizer haben sich einen guten Wohlstand erarbeitet, weil sie bereit waren zu dienen. Dienen und Dienstbereitschaft waren Tugenden, die in den letzten 25 Jahren abhanden gekommen sind und dazu führten, dass wir den wirtschaftlichen

Zenit überschritten haben. Jeder muss sich Gedanken darüber machen, woher er kommt und wohin er gehen soll.

Wir als Familie entschieden uns dazu, uns wieder besser zu *erden*, denn Erdung ist wichtig, nicht nur beim Strom. Sie wissen ja, was passiert, wenn ein Gerät nicht geerdet ist, der Strom schlägt zurück ins Gerät, was das Gerät in der Regel nicht überlebt. Nachhaltiges Wirtschaften ist der einzige gangbare Weg für unsere Menschheit; zwingend ist auch, dass Bewohner der wirtschaftlich entwickelten Länder dies in die Tat umsetzen. Wir müssen uns wieder Ziele setzen, die uns und unserer Umwelt dienen. Beeinflusst durch unsere heranwachsenden Kinder und Freunde aus der Bioszene habe ich mich seit über zwanzig Jahren tiefer gehend mit der Nachhaltigkeit beschäftigt und dank meiner beruflichen Tätigkeit Investoren für diese Art des Wirtschaftens begeistern können. Je mehr mir dies gelang, umso wohler fühlte ich mich und interessanterweise auch die Investoren. Die Rendite war zwar wichtig, aber nicht das Wichtigste. Investoren begannen, bewusster zu leben und machten sich Gedanken über ihr Konsumverhalten. Nicht, dass sie weniger konsumiert hätten, aber sie konsumierten umweltbewusster. Als dann unsere Kinder noch Landwirtschaft studieren wollten, entstand bei uns gemeinsam der Wunsch, landwirtschaftlichen Boden zu kaufen und diesen Boden biologisch zu bewirtschaften. Es war die Zeit, als der eiserne Vorhang fiel und sich für uns Westeuropäer eine neue Welt eröffnete. Diese neue Welt interessierte mich, ich war von den Naturschönheiten Rumäniens besonders angetan. Armut sah ich auch, aber ich erinnerte mich noch gut an die Zeit meiner Jugend, als ich die Sommerferien bei meinen Großeltern und Großonkeln auf der Alp verbrachte. Kein Strom, kein fließendes Wasser in den Häusern. Damals herrschte Selbstversorgung in der Schweiz. Und nun holte mich dieses System in Rumänien wieder ein. Ich sprach viel mit den Leuten, sie waren sehr gastfreundlich und ich hatte nicht den Eindruck, dass sie unglücklich waren. Eines gefiel mir ganz besonders: sie hatten überhaupt keine Erwartungen an den Staat. Ich spürte dort eine große Selbstverantwortung.

Es kam so weit, dass wir in Rumänien einen Betrieb erwerben konnten. Damit war auch klar, dass wir als Familie die Schweiz verließen und nach Rumänien auswanderten. Was? Die wandern aus nach Rumänien, ausgerechnet Rumänien, das Armenhaus Europas, ein Land von Betrügern, was? – Die verkaufen ihre Immobilien in der Schweiz dafür? Kopfschütteln auch bei den Rumänen, da kommen Schweizer und lassen sich nieder, beginnen ihre Landwirtschaft mit Weißklee, um den Boden mit Stickstoff zu versorgen und das noch dazu drei Jahre lang. Sie ernten nichts, mulchen den Weißklee und geben diese organische Masse dem Boden zurück? Verwenden einfache Maschinen, die »Ecodyn« genannt werden, pflügen nicht, zählen die Würmer pro m² und sagen, sie seien

erst zufrieden, wenn mindestens 200 Würmer pro m² vorhanden seien? Man hört die Leute förmlich sagen. *»Ja, ja, die bleiben sicher nicht lange hier.«* Siebenbürgen und Banat sind ein Teil von Rumänien. Von der Geschichte dieser Region habe ich in meiner Schulzeit wenig bis gar nichts mitbekommen. Dafür konnten wir die Geschichte um *Wilhelm Tell* auswendig. Auch der Sempacher- und Morgartenkrieg wurde im Detail behandelt, vielleicht noch etwas von der französischen Revolution, aber das war's dann. Die Region Siebenbürgen wurde durch die Sachsen und das Banat durch die Schwaben über Jahrhunderte stark geprägt. Das erklärt auch, warum eines unser Nachbardörfer Kreuzstädtel und das andere Scharlottenburg heißt. Kleine Dörfer neben größeren Städten wie Hermannstadt, Schässburg, Leschkirch, Themeschburg etc. Je mehr man sich mit der

Geschichte dieser Regionen befasst, umso sympathischer wird dieses Land, es ist einem dann gar nicht mehr so fremd. Zurück zur Landwirtschaft: Kaum nach der Revolution 1991 kamen die internationalen Düngemittel- und Chemieproduzenten ins Land und erklärten den Bauern, wie man mit Kunstdünger und Pestiziden den Ertrag steigern kann. Natürlich bräuchte man dazu auch ganz andere Maschinen. Was sie nicht gesagt haben ist, dass sie dadurch in die finanzielle Abhängigkeit dieser Konzerne geraten würden. Jetzt schütteln wir den Kopf, weil wir nicht verstehen können, dass die lokalen Landwirte ihr nachhaltiges Wirtschaften aufgegeben und sich dem räuberischen Ackerbau zugewendet haben – nicht ahnend, dass eine Rückkehr zur nachhaltigen Landwirtschaft sehr mühsam sein wird. Heute können sie vergleichen, können unsere Felder sehen und anfangen zu rechnen, was ihnen so oder so unter dem Strich übrig bleibt. Die Chancen stehen also gut, dass wir bald Nachahmer finden und unsere Bioprodukte gemeinsam zum Vorteil aller Beteiligten vermarkten können. Auch unsere Projekte im Harbachtal in der Nähe von Hermannstadt entwickeln sich erfreulich. Einige Investoren aus Deutschland und der Schweiz haben sich zu einer Erzeugergemeinschaft zusammengeschlossen. Es werden dort mehrere tausend Hektar nach den strengen Biorichtlinien der »Biosuisse« bewirtschaftet.

Die ganze Familie lebt im Banat im Dorf Firiteaz und es gefällt uns sehr, weil wir hier noch etwas bewegen können. Wir sind eingebettet in diesem Dorf und leben bescheiden. Dass wir überall mit anpacken und in Überkleidern mitarbeiten, können die Leute im Dorf oft nicht verstehen und unsere Mitarbeiter mussten erst lernen, dass Chefs nicht wie zu *Chausescus* Zeiten nur überwachen, sondern eben auch mitarbeiten. Mein Leben hat sich sehr verändert. Die *virtuelle* Welt der Finanzen habe ich verlassen und bin in der realen Welt der Landwirtschaft angekommen – in einem Leben mit der Natur und Mitmenschen. Einander helfen, dankbar sein für all das, was uns die Natur gibt, und Dankbarkeit wiederzuentdecken sind ein Schlüssel für mehr Zufriedenheit.

Ich danke den Mitgliedern meiner Familie, dass sie dies möglich machten.
»Die Kunst zu leben« hat viele Facetten.

Theo Häni

*1951, eidg. dipl. Bankfachmann mit Affinität zum nachhaltigen Wirtschaften. Nach mehrjährigen, berufsbedingten Aufenthalten in verschiedenen Erdteilen, Rückbesinnung auf die Basis unserer Daseinsberechtigung mit der Konsequenz, dass er mit Hilfe seiner Familie vom Banker zum Biobauern wurde. Lebt heute im Banat (Westrumänien).

▷ *www.biofarmland.com / www.ghp-arbitrium.ch*

Der Weg ist das Ziel

Vom Flüchtling zum Heimatdichter und Feuerläufer: Wer staatenlos ist, lernt schnell loszulassen und nur langsam, wieder sesshaft zu werden. Dass es dennoch funktioniert und dass mentales Training eine große Hilfe beim Verfolgen von Lebenszielen sein kann, zeigt uns die Schriftstellerin und Mentaltrainerin *Jutta Costa*.

Die Schriftstellerin und Mentaltrainerin *Jutta Costa* verlor alles und bereut dennoch nichts, denn letztlich gibt es nichts, das es nicht gibt und jede Ursache, die man setzt, zieht eine entsprechende Wirkung nach sich. In ihrem Text erzählt sie, wie man die eigene Angstgrenze überschreitet und lernt, schier Unmögliches zu schaffen.

Mein Leben lehrte mich sehr früh, was es heißt *loszulassen*. Als ich vier Jahre alt war, beschloss mein Vater aus beruflichen Gründen, mit meiner Mutter und uns beiden Kindern von Siebenbürgen, wo wir geboren sind, für einige Jahre nach Österreich zu übersiedeln. Ursprünglich war er selbstständiger Baumeister und nun bekam er die Chance, bei einer großen österreichischen Baufirma angestellt zu werden, die während des zweiten Weltkriegs das erste Kraftwerk an der Enns in Ternberg/Steyr erbauen sollte. Wie so viele andere Männer wurde er dann jedoch nach einiger Zeit zum Kriegsdienst eingezogen und diente als Unteroffizier, was für uns der Beginn einer sehr schweren, traurigen Zeit werden sollte.

Nicht nur, dass wir die uns lieben Menschen in Siebenbürgen alle verlassen hatten, Großmutter, Großväter, Tanten, Cousinen, Nachbarskinder und Freunde wie auch das Elternhaus, nein, auch mein Vater kam aus dem Krieg nicht mehr zurück. Er fiel 32-jährig am 30.04.1945, nur eine Woche vor Kriegsende. So blieben meine Mutter, mein jüngerer Bruder und ich, damals sieben Jahre alt, in Ternberg hängen. Die Enns wurde zur Demarkationslinie zwischen dem russisch und dem amerikanisch besetzten Teil Ternbergs. Über Nacht verließen alle Angestellten-Familien die Häuser der Ennskraftwerk-Siedlung und zogen in die ehemaligen Bürobaracken. Alle waren froh, in der amerikanischen Besatzungszone ein Dach über dem Kopf zu haben. Noch heute sehe ich

die endlose Schlange armer, abgekämpfter Soldaten auf der Straße vor unserer Baracke vorbeimarschieren, die dankbar den heißen Tee annahmen, den unsere Mutter und Nachbarinnen aus großen Töpfen im Freien an sie verteilten. Mehr konnten wir leider nicht geben, da auch für uns eine Zeit äußerster Knappheit begann. Unsere Familien traf es fortan finanziell besonders hart, weil wir als staatenlos galten und keine Flüchtlinge waren. Von staatlicher Seite gab es deshalb keinerlei Hilfe.

Die erste Aktion unserer Mutter war es daher, einen kleinen Gemüsegarten anzulegen. Dann suchte sie nach einem Weg, uns irgendwie durchzubekommen. So betreute sie als Gesellschaftsdame eine gepflegte, alte Dame, deren Wahl auf meine Mutter gefallen war, weil meine Familie durch meinen Vater im Ort ein gewisses Ansehen genoss. Aus diesem Ansehen konnte ich stets ein gutes Selbstvertrauen schöpfen, was in meinem Leben noch sehr wichtig werden sollte. Meine

Mutter spezialisierte sich zusätzlich auf das Nähen von Herrenmoden nach Maß, wodurch sie zuhause an der Nähmaschine arbeiten konnte. Noch heute bin ich ihr dafür dankbar, dass sie immer, wenn wir von der Schule heim kamen, da war und wir nie das Los vieler Schlüsselkinder teilen mussten. Ihre Leistungen in dieser Zeit sind ihr hoch anzurechnen, da sie ursprünglich eine ziemlich verwöhnte Frau war. Unser Vater sorgte, so lange er lebte, bestens für uns, und wir genossen auch so manchen Luxus. Der eiserne Vorhang nach dem zweiten Weltkrieg hat allerdings alles, was wir besessen hatten, inklusive meines Elternhauses vernichtet. Da hieß es, wieder bei Null anzufangen. Als ich dann zehn Jahre alt war, musste ich vor fünf Uhr früh aufstehen, um 5:30 Uhr losgehen, um den Zug, der um sechs Uhr früh von Ternberg nach Steyr in die Hauptschule abfuhr, zu erreichen. Das tat ich mehrere Jahre lang; besonders hart war es im bitterkalten Morgengrauen des Winters ohne Straßenbeleuchtung. Kurz erwähnen möchte ich in diesem Zusammenhang, dass ich bis zu meiner Heirat mit 25 Jahren insgesamt vier Mal zwischen Ternberg / Steyr, Linz und Salzburg umgezogen bin. Jedes Mal bedeutete das, Vertrautes loszulassen und neu zu beginnen.

Als Kind schon hatte ich eine besondere Liebe zur Sprache, was sich bis heute nicht geändert hat. Mein erstes Gedicht schrieb ich im Alter von elf Jahren und bald darauf mein zweites. Leider erkannte die Mutter mein Schreibtalent damals nicht und so verkümmerte es wieder. In der Hauptschule hatte ich stets dasselbe Zeugnis: Einen Zweier, sonst nur lauter Einser. Auf der Rückseite meines Hauptschul-Austrittszeugnisses steht gar *»Laut Beschluss der Lehrerkonferenz für besonders leistungsfähig erklärt«*. So hätte ich anschließend, besonders wegen Französisch, eine Handelsakademie besuchen sollen, doch eine solche gab es zur damaligen Zeit in Steyr noch nicht, sodass ich mich für die Handelsschule entschloss. Diese Ausbildung war damals allerdings schon etwas Besonderes, bedenkt man, dass von den 45 Schülern meiner vierten Volksschulklasse nur vier in die Hauptschule und nur drei ins Gymnasium kamen. Die übrigen 37 blieben bis zur achten Klasse in der Volksschule. Zwischenzeitlich hatte meine Mutter wieder geheiratet. Mein Stiefvater war Tischlermeister. Es kamen noch drei weitere, jüngere Geschwister und wir alle haben die Möbelbranche erlernt. Nach der Schule arbeitete ich in einem Linzer Möbelhaus, dann zog es mich mit neunzehn Jahren nach Salzburg. Meine neue Arbeitsstelle, das Möbelhaus Preimesberger, behagte mir sehr, dennoch unterbrach ich dort für ein halbes Jahr meine Arbeit in Büro und Verkauf, um meine Englischkenntnisse auf der Kanal-Insel Guernsey zu verbessern.

Bald darauf lernte ich meinen zukünftigen Mann kennen. Mit 23 musste ich, schwer verliebt, Salzburg wieder verlassen, um bis zu meiner Heirat für zweieinhalb Jahre das Möbelgeschäft meines Stiefvaters in Steyr zu führen. Mein damaliger Freund und späterer Ehemann Robert hatte in

Hallwang ein Grundstück gekauft und begonnen, mit viel Eigenleistung ein Haus zu bauen. Durch meine Heirat wurde ich endlich sesshaft und lebte 46 Jahre glücklich in Hallwang bei Salzburg. Beruflich blieb ich der Möbelbranche treu und war viele Jahre Chefsekretärin beim Direktor einer großen Metall- und Krankenmöbelfabrik. Anschließend erwarb ich mir als Sekretärin eines Steuerberaters über mehrere Jahre spezielle buchhalterische Kenntnisse, die mir zugute kamen, als sich mein Mann im Tischlerhandwerk selbstständig machte. Über zwanzig Jahre lang führten wir unseren Betrieb gemeinsam – mein Mann war für das Handwerkliche zuständig und ich für das Kaufmännische. In den ersten Jahren gab es für uns die 80-Stunden-Woche und ich darf sagen, dass wir sehr erfolgreich waren. Näheres ist in diesem Buch dem Beitrag meines Mannes zu entnehmen.

Seit Jahren hatte ich auch viel geschrieben, vor allem nachts flossen die Inspirationen, sodass ich an meinem 55. Geburtstag mein erstes Buch »*Das Leben – ein Clown*« im Literaturhaus *Eizenbergerhof* präsentieren konnte. Es finden sich darin Gedichte in Mundart und Schriftsprache, viele Sinnsprüche, Kurzprosa und kleine Geschichten. Bei zahlreichen Veranstaltungen und Dichterlesungen habe ich vorgetragen, so z.B. über viele Jahre hinweg beim »*Großen Salzburger Mundarttag*« im Bauernhof-Museum Großgmain. Eines Tages schrieb ich das Heimatgedicht »*Mei Hallwang*«, das von unserem damaligen Kapellmeister *Dir. Josef Stum* vertont wurde. So entstand das Hallwanger Heimatlied »*Mei Hallwang*«, das den Inneneinband des »*Heimatbuches Hallwang*« schmückt. Vor genau zwanzig Jahren recherchierte ich in Bauernhöfen viel über altes Hallwanger Brauchtum, sodass in Gemeinschaftsarbeit mehrerer Hallwanger das »*Heimatbuch Hallwang*« entstand. Dieses Buch haben die meisten Hallwanger Haushalte erworben und mich freut ganz besonders in meinem Exemplar die Widmung unseres damaligen Bürgermeisters, Gemeindebundpräsident *Helmut Mödlhammer*, der da schrieb »*Unserer hochgeschätzten Heimatdichterin Jutta Costa …*« Dieses »Heimatdichterin« mehrte in mir meine spezielle Verbundenheit mit Hallwang.

In unserem Ort engagierte ich mich auch verschiedentlich ehrenamtlich, beispielsweise im Rahmen des Sozialen Hilfsdienstes. Zu meinen weiteren Aktivitäten zählen auch Märchenabende für Erwachsene, ein Bühnen-Clown-Projekt im Kleinen Theater in Salzburg mit eigenen Ideen für die aufgeführten Sketche, ebenso Auftritte als Bühnenclown auf der Freilicht-Bühne des Salzburger Landestheaters beim Ruperti-Kirtag sowie ein Vortrag meiner Texte in einer Salzburger Kirche im Rahmen der »*Langen Nacht der Kirchen*«. Von Radio Salzburg wurde ich wie andere Mundartdichter auch interviewt und so bin ich ab und zu auch mit einem Mundartgedicht im Radio zu hören. Mein Leben lang habe ich nie aufgehört zu lernen. Jahrzehnte lang war ich immer in irgendeinem Volkshochschulkurs anzutreffen, sei es in Umweltschutz, Gesundheitsfragen, Psychologie, Malen,

Meditation, Sprachen, Obst- und Gartenbaukurs, Literaturkreis u.v.a.m. … So blieb es nicht aus, dass ich mir während meiner letzten Berufsjahre intensive Gedanken über die Zeit nach meiner Pensionierung machte. Ich wollte etwas Sinnvolles, Interessantes, vielleicht auch Hilfreiches nicht nur für mich, sondern auch für andere Menschen tun. Also begann ich mit der Ausbildung zur Dipl. Mentaltrainerin bei *Prof. Tepperwein* in der Schweiz, etwas später ließ ich mich auch noch zur Meditationsleiterin ausbilden. Diese Thematik war für mich unglaublich faszinierend und ich lernte zu erkennen, dass alles mit allem zusammenhängt, dass letztendlich all das, was ich aussende, auch gedanklich, zu mir zurückkommt und dass jede Ursache, die ich setzte, eine entsprechende Wirkung nach sich zieht. Mir wurde klar, dass ich, »*wenn ich Hafer säe, auch nur Hafer ernten kann*« und dass ich, wollte ich »*Roggen ernten, eben Roggen säen*« müsste, gemäß dem Wort »*Was du säst, das erntest du!*« Die sogenannten *Lebensgesetze* wirken eben ganz präzise in allen Lebensbereichen. Ich lernte, Energiespender zu nützen und Energieräuber zu erkennen. Auch machte ich die Erfahrung, dass das mentale Training eine große Hilfe beim Verfolgen von Lebenszielen ist. Interessanter- und glücklicherweise wurde ich von meinem Leben weit mehr beschenkt, als ich es je zu träumen gewagt hätte. Ich möchte z.B. erwähnen, dass ich es dank des Mentalen Trainings schaffte, mit 57 und nochmals mit 60 Jahren den sogenannten »Feuerlauf« schadlos zu absolvieren, ebenso übrigens auch mein Mann. Bekanntlich läuft man dabei barfuß über einen längeren Teppich aus ca. 800 Grad heißer Holzglut. Ein weiteres, großes Erlebnis war für mich noch der »Scherbenlauf«. Vor den Augen der Teilnehmer werden viele bunte Glasflaschen auf dem Boden zerschlagen – scharf, mit Spitzen und schneidenden Knoten – wird ein länglicher Teppich ausgearbeitet und wieder hieß es, barfuß darüber zu gehen und am Ende des Scherbenteppiches heil anzukommen. Bei diesen Übungen überschreitet man intensiv die eigene Angstgrenze und man lernt, dass man schier Unmögliches schaffen kann, wenn man sich es absolut zutraut und man der vollen Überzeugung ist: »*Ich kann es!*« Aus genau dieser Einstellung heraus kommt der erst kürzlich um die Welt gegangene Ausspruch des neuen amerikanischen Präsidenten *Obama*: »*Yes, we can!*«

Als Abschluss meiner Lebensgeschichte, die ich nur sehr komprimiert darstellen konnte, möchte ich von einem für mich doch denkwürdigen Erlebnis erzählen: Bei einer Großveranstaltung internationaler Mentaltrainer im *Austria Center* in Wien, an der etwa dreitausend Menschen teilnahmen, auch ich, waren Redakteure des ORF ständig unterwegs und interviewten verschiedene Teilnehmer, unter anderen auch mich. Nach Veranstaltungsschluss kamen die Redakteure auf mich zu und teilten mir mit, dass sie mich zu Hause in Hallwang einen Tag lang mit der Kamera begleiten wollten, um über mich als Mentaltrainerin eine Fernsehreportage zu machen. Ich war beinahe fassungslos, aus dreitausend Seminarbesuchern als Einzige ausgewählt worden zu sein. Doch dann geschah es wie angekündigt: In der Sendereihe »*Am Schauplatz*« unter dem Tagestitel »*Der Weg des Siegers*« wurde ich zweimal innerhalb eines Jahres interviewt und präsentiert. Einer meiner beiden Sinnsprüche, die mich seit Jahrzehnten durch mein Leben begleiten, hat sich wieder einmal bewahrheitet: »*Es gibt nichts, das es nicht gibt!*«

Heute kann ich mich über viele positiven Rückmeldungen meiner Seminarteilnehmer erfreuen und halte meinen Hallwanger Kurs bereits im 30. Semester. Die Essenz aus meinen Kursen darf ich anschließend für Sie, lieber Leser, festhalten:

Deine Gedanken werden zu Worten.
Deine Worte werden zu Handlungen.
Deine Handlungen werden zu Gewohnheiten.
Deine Gewohnheiten werden zu deinem Charakter.
Dein Charakter wird zu deinem Schicksal.
– Achte darum auf deine Gedanken! –

Zutaten für ein Gedicht

Man nehme die schlaflose Stunde einer Nacht, hacke sie fein in 60 Minuten, vermische diese mit den Gefühlen eines Dichters, ziehe den zarten Schnee göttlicher Inspiration unter diese Masse, streiche sie mittels eines Bleistiftes auf ein leeres Blatt Papier, übergieße das Ganze mit sanftem Kerzenschein und lasse es anschließend längere Zeit in einer Schreibtischschublade liegen.

Mit dieser Konservierungsmethode übersteht es unbeschadet viele Jahre, und wenn seine Zeit gekommen ist, hole man es vorsichtig hervor und erfreue damit die Menschen. So ein Gedicht ist die Bereicherung eines netten Abends, regt geistig an, ohne auch nur einen einzigen Tropfen Alkohol zu enthalten. Kurzum, es ist ein Elixier in mancher Lebenslage und hat sogar die Fähigkeit, Einsamkeit in Zweisamkeit zu verwandeln.

Es empfiehlt sich also durchaus, dieses köstliche Gedicht, pardon, Gericht, hin und wieder bei besonderen Gelegenheiten in den Speiseplan aufzunehmen. Dass es sich speziell in der heutigen Zeit sogar zum regelmäßigen Verzehr eignen würde, besagt schon der Spruch:
»*Geistige Nahrung hat keine Kalorien.*«

Ist uns die Zukunft der Jugend egal?

Gott hat die Welt so schön gemacht / doch wenig nehmen wir darauf Bedacht
auf Erde, Luft und auf das Wasser / von Jahr zu Jahr wird es noch krasser.
Wann endlich sind wir denn bereit / zu seh'n wie die Natur aufschreit?
Es sagen einst, die nach uns kommen / dass viel zu viel wir uns genommen,
noch nicht ein Staubkorn ist uns eigen / die ganze Welt dreht sich im Reigen
geborgt ist jedes Ding auf Erden / es soll benützt, gehütet werden;
vererbt den Kindern, Kindeskindern / und keiner darf das Erbe mindern,
denn viele wollen hier noch wohnen / in künft'gen Generationen!
Zu viel müssten sie reparieren / wenn wir nicht endlich mal kapieren,
dass wir kein Recht bekommen haben / so auszubeuten alle Gaben!
Verschwendend, mit Unverfrorenheit, sich zu bescheiden kaum bereit,
verschlossen Augen, Herz und Ohr / das leben wir der Jugend vor.
Es lässt sich heut' noch nicht ermessen / ob uns die Jungen einst vergessen,
ob sie uns gar noch werden hassen / für das, was wir da hinterlassen.
So bleibt uns wirklich nur das Hoffen, dass diese tolerant und offen
uns zeigen, was wir hätten sollen / wir Fortschrittlichen, auch so Tollen.
Es klopfe keiner an die Brust / und sage er hätt' nichts gewusst.
Jetzt wenigstens, nach diesen Zeilen / sollten wir uns rasch beeilen
uns int'ressieren und beraten / nicht mehr nur tun, was wir stets taten,
vielleicht gelingt's, vereint mit Kraft / dass dort und da man Gutes schafft!

Jutta Costa

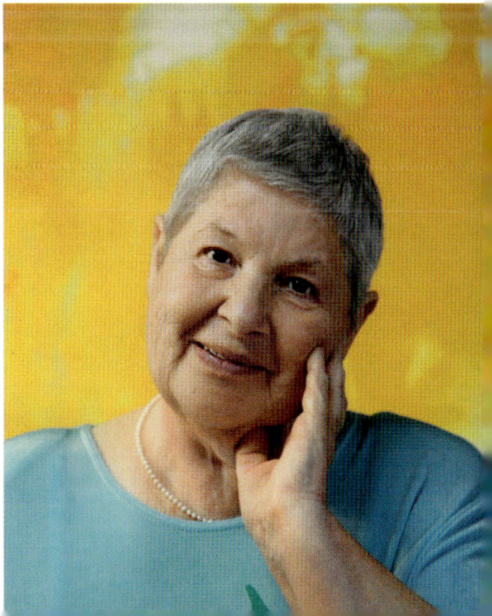

*1937 in der Nähe von Hermannstadt in Siebenbürgen, kam 1941 nach Österreich und verbrachte ihre Kinder- und Jugendjahre in Steyr. Nach dem Besuch einer kaufmännischen Schule und jahrelanger Tätigkeit in der Möbelbranche heiratete sie nach Hallwang bei Salzburg und leitete dort lange Zeit den kaufmännischen Bereich der Möbelwerkstätte ihres Mannes. Das Dichten, seit ihrem elften Lebensjahr Hobby, nimmt heute einen großen Stellenwert in ihrem Leben ein. So stammt der Text zum »*Hallwanger Heimatlied*« aus ihrer Feder. Darüber hinaus ist sie als Mentaltrainerin tätig.

Die Reise ins Innere

Träumerei, Revolte, gelebtes Glück: »Die Kunst zu leben« ist ständiger Veränderung unterworfen, sie passt sich unseren Lebensumständen an. Alles hat seine Zeit und seinen Platz im Leben, die ersten Visionen aber, die einen prägen, entwickelt man in der Kindheit, sagt *Gottfried Sandböck*.

Zwischen den Schritten ins Nichts und dem Salz des Lebens verläuft ein schmaler Grat, Leben genannt. Oft findet man ihn mit traumwandlerischer Sicherheit, oft aber auch tappt man plump und ahnungslos daneben. *Gottfried Sandböck* erzählt, wie »die Kunst zu leben« ein tiefer Glaube an die alles umfassende Liebe ist und uns Schicksalsschläge zu Meditation und Spiritualität und letztlich zu unserem Inneren führen.

Prolog

Stellt man die Frage nach der »Kunst zu leben«, wird man die unterschiedlichsten Antworten bekommen. Für die eigene Lebensgeschichte gilt nichts anderes. Auch hier gibt es für verschiedene Lebensabschnitte verschiedene, äußerst kontroverse Antworten. »Die Kunst zu leben« ist daher nichts Statisches, sondern Gott sei Dank wie alles andere auch ständiger Veränderung unterworfen. Und unter genau diesem Aspekt möchte ich meine wesentlichen Lebenskunst-Schritte zum Hier und Jetzt erzählen.

Der Weg

- Erste Schritte / die Wurzeln / anders sein

1952 in München geboren, Vater Jahrgang 1911, am Chiemsee aufgewachsen, Fernfahrer, später Omnibusfahrer bei der Stadt, und die Mutter, Jahrgang 1922, Hausfrau. Viel wichtiger als diese Fakten aber ist die Tatsache, dass ich bis zur Einschulung bedingt durch unseren abseits gelegenen Wohnsitz in München als Einzelkind ohne Kontakt zu anderen Kindern aufwuchs. Anstelle realer, anderer Kinder waren meine Spielkameraden alle in meinem Kopf zu Hause. Ich lebte mit meinen Spielsachen, die ich mir oft selber bastelte, in meiner eigenen Welt und baute eigene Landschaften. Diese waren oft den auf unseren Ausflügen in die bayerische Alpenwelt und den in München gesehenen nachempfunden. Einige von ihnen wurden alsbald Realität; so hatte ich überraschend schnell eine eigene Spedition, ein Kraftwerk am Walchensee, einen Bootsverleih mit dazugehörendem Restaurant am Chiemsee, war Zoodirektor und Almhüttenbetreiber mit eigenem Jeep. Sicher ist, dass ich durch meine »Kunst zu leben« schon sehr früh eine hohe Achtsamkeit und Visionen entwickeln musste. Immer geblieben ist mir aber meine Liebe zu Natur und Tierwelt. Schon in meiner Jugend schritt ich mutig ein, wenn Kinder Zweige ausrissen oder Tiere ärgerten. Der »erste« und jüngste Grüne Bayerns war geboren. Andere Kinder interessierten mich nur am Rande. Dann kam mit der Einschulung die erste große Katastrophe in mein Leben als Speditionsbesitzer: Ich habe die Schule von der ersten Sekunde an bis hin zum nur mäßigen Abschluss der Realschule immer als Störung empfunden. Lehrer waren große Feindbilder; als einzigen Verdienst kann man ihnen die Förderung meines Gerechtigkeitssinnes gegen ungerechte Noten oder die damals noch üblichen Prügelstrafen (mein Gott, wie hatte ich vor manchen *Pädagogen* Angst) zugute halten. Mir war immer klar, dass ich auch ohne Schule meinen Weg gehen würde. Berufsziele hatte ich keine konkreten, denn ich war ja schon alles. Ganz so stimmt das freilich nicht, denn es gab da einen Moment, als mit fünfzehn nämlich die Entscheidung anstand, entweder den künstlerischen oder den kaufmännischen Zweig für die letzen zwei Jahre Realschule zu wählen. Wie sehr habe ich für den künstlerischen Zweig gekämpft! Ich malte und modellierte für mein Leben gern und hatte in diesen Fächern auch den einzigen Lehrer, der mich förderte. Aber mein Vater erteilte mir mit den Worten *»Du lernst was Gscheites«* eine kapitale Niederlage, die im Drama einer kaufmännischen Ausbildung endete.

▪ Die eigenen Schritte ins Leben / Woodstock – Easy Rider

Das Drama dieser Ausbildung wurde mit allen Mitteln bekämpft. Es war die Zeit des Protests, die 68er waren in vollem Gange und es entstand eine eigene, *unsere* Musik. Meine Schallplattensammlung (Hendrix/Stones Blues und Jazz) war mir heilig. Der vorgeschriebene dunkelblaue Anzug als AZUBI wich T-Shirt und Jeans, die Haare wurden länger, die Konflikte mit dem Elternhaus eskalierten. Vietnam und Notstandsgesetze politisierten. Urlaube wurden zum Trampen genutzt. So kam ich nach Amsterdam, Paris, Brüssel, Rom und Sardinien. Plötzlich hatte ich wieder meinen Standpunkt, die »Kunst zu leben«. Neben meiner Ausbildung arbeitete ich an den Wochenenden als Tankwart, um ein paar Mark für LPs und die Disco dazu zu verdienen. Als ich endlich einundzwanzig wurde, war es dann so weit: Ich zog von zu Hause aus und hatte mit einem Freund eine WG im günstigsten Viertel Münchens. Das erste Auto war selbstverständlich ein 2CV und ich wurde nach der bestandenen Lehre zum Kaufmann in die EDV-Abteilung übernommen. Gott sei Dank war diese Zeit überschaubar, denn der Bund rief mit einem Einberufungsbefehl. Selbstverständlich entschied ich mich dazu, als Drückeberger zu gelten, und verweigerte den Kriegsdienst – damals noch mit einer entwürdigenden Verhandlung, die sich Gewissensprüfung nannte, verbunden. Den Zivildienst leistete ich im Krankenhaus als OP-Helfer und in einem Altenheim. Dort hatte ich Erfahrungen mit dem Tod, Sterben und erste Kontakte mit meinem Inneren. Doch wichtiger waren Veränderungen im Alltag: Meine Möbel musste ich nicht mehr selber bauen, sondern es gab in München den ersten Ikea-Shop. Dort sprachen sie die Kunden mit Du an und waren wie wir. Zum Essen gab es außer der Pizza zum Mitnehmen den ersten Mc Donald's. Das Geld dafür kam neben dem mäßigen Zivi-Gehalt vom Zusatzjob als Taxifahrer. Alles einfach geil – die alten Zöpfe wurden abgeschnitten.

. Weitere Schritte / a bisserl Aufwachen

»Die Kunst zu leben« wurde bei mir bis dato immer von dem Wunsch nach besseren gesellschaftlichen Bedingungen und längst überfälligen Veränderungen geprägt. Die persönlichen Ansprüche wurden von einer inneren Stimme geleitet und einfach umgesetzt. Sparverträge, Zukunftspläne, Familie etc. fanden nicht statt und waren nur für die anderen da. Trotzdem zog ich mit meiner ersten ernsthaften Freundin in eine gemeinsame Wohnung. Ich machte mein Hobby zum Beruf und wurde Schallplattenvertreter. Es ging mir richtig gut. Die Urlaubsreisen, natürlich im selbst ausgebauten VW-Bus, führten in die Türkei und Marokko. Geld und Karriere spielten eine untergeordnete Rolle. Das Lebensgefühl der Freiheit war Maßstab für »die Kunst zu leben«. Als 1977 völlig unerwartet mein Vater starb, kam ich wieder mit meinem Inneren in Kontakt und konnte nicht wirklich damit umgehen. Mit einem kleinen Erbe eröffnete ich einen Schallplattenladen für progressive Musik. Toll, ich war mit 24 Jahren selbständig. Eine wilde Zeit in völliger Freiheit, in Discos, auf Ibiza, als Konzertveranstalter und Kartenvorverkaufstelle, auf Schallplattenbörsen und als Besucher von zig Konzerten begann. Daran zerbrach meine erste Beziehung und ich lernte Susanne, eine hübsche Jurastudentin, kennen. Meine Bedürftigkeit wurde auf allen Ebenen befriedigt. Auch eine »Kunst zu leben« … Auf der politischen Ebene ging es um Atomkraft, die Grünen wurden immer stärker und *Bio* wurde ein Thema. Ich war begeistert dabei, protestierte gegen den Rhein-Main-Donaukanal und outete IKEA als Möbel-Aldi. Eingekauft wurde nur noch im Bioladen, der Arzt wurde durch den Homöopathen ersetzt. Im Urlaub ging es nun in die Toskana. Man interessierte sich für gehobene Küche und Weine. Immerhin schon ein Weg vom Kopf in den Körper. »Die Kunst zu leben« war zwar einerseits alternativ, andererseits aber auf gehobenem Level.

Sauseschritte / Stolpern / the Party is over / Schritte ins Nichts

Durch die übermächtige Konkurrenz von Media-Markt und Konsorten musste ich den Plattenladen schließlich verkaufen und zog mit Susanne, inzwischen meine Frau und ausgebildete Juristin, nach Kassel. Dort gründete ich mit einem ehemaligen Lieferanten den ersten CD-Versand Deutschlands. Doch Kassel war nicht Bayern. Ich vermisste meine geliebten Biergärten, meine Wurzeln, den Dialekt, die Mentalität und wollte nur noch zurück. Gewünscht, geschehen. Zurück in Bayern begann bei einer großen Plattenfirma meine Vertriebskarriere und der Weg ins Management. Stationen bei zwei weiteren Firmen als Vertriebsleiter und Prokurist folgten. »Die Kunst zu Leben« bestand aus den Privilegien der Besserverdiener. Tolle Hotels, beste Restaurants, Events auf Sylt, teure Firmenwägen, Penthauswohnung mit Designermöbeln und eine schicke Frau und Anwältin nährten mein ständig hungriges Ego. Dann kam der Urknall, der mein Leben nachhaltig verändern sollte. Ein Bandscheibenvorfall, der mich insgesamt vier Monate ins Krankenhaus verbannte. Jetzt war ich reif. Reif für eine Therapie, die sieben Jahre als Einzel- und Gruppentherapie andauerte. Vor meinen Augen taten sich Untiefen auf, es galt, Schicht um Schicht liebevoll abzuarbeiten. »Die Kunst zu Leben« bestand nun im Umgang mit Ängsten, Verzweiflung und Schritten ins Nichts. Diese Schritte, die heute das Salz des Lebens sind und Lebensfreude bringen, waren damals fast unmöglich. Alles, was wichtig war, einfach aufzugeben und nicht zu wissen, was danach kommt, dieses Loslassen, ist zwar theoretisch einfach, aber das Tun … Mein Leben begann sich neu zu organisieren. Die Trennung und Scheidung von Susanne war ein trauriger, aber zwangsläufiger Einschnitt, der friedlich ablief und im Nachhinein beiden Erlösung brachte. Die Therapie führte mich fast automatisch weiter zu Meditation und Spiritualität.

Schritte nach innen, die Erdung

»Die Kunst zu Leben« bestand jetzt im Unbekannten, in einer Reise ins innere Universum. Dass dies drastische Veränderung im Alltag mit sich bringen musste, war eigentlich klar, aber wie geht so etwas konkret vor sich? Eigentlich ist all das wie von selbst geschehen, auch wenn ich mich noch so dagegen gewehrt habe und immer wieder in alten Konditionierungsfallen saß. Nach einer intensiven Affäre lernte ich meine jetzige Frau Kathleen in Berlin kennen und lieben. Wir heirateten ohne Wenn und Aber und zogen mutig zusammen. Doch ließ sich meine innere Einstellung nicht mehr mit meinem Beruf vereinbaren. Meine Kunden waren Discounter, die Geschäftsleitung träumte von utopischen Sollzahlen. Nichts wie raus, aber wohin? Die Arbeitswelt sollte sich mit unseren Lebensinhalten decken. So ergab es sich, dass meine Frau eine kleine Confiserie eröffnete. Die Lieferanten, alles Manufakturen, kannten wir persönlich. Qualität stand absolut im Vordergrund. Diese Idee, als Ladenkonzept liebevoll umgesetzt, wurde von den Kunden angenommen.

So kam es zu einem Umzug in größere Geschäftsräume, eine Espressobar folgte und endlich konnte ich meinen alten Beruf aufgeben und mit meiner Frau gemeinsam unseren Traum von einer Confiserie, abseits vom Mainstream, leben.

Meditation und ein tiefer Glaube an die alles umfassende Liebe, verbunden mit tatsächlichem Tun im Alltag, ist uns zur »Kunst zu leben« geworden. Tatsächliches Tun heißt loslassen. Loslassen vom unnötigen Konsum, TV, Discountern, Banken, Versicherungen, sogenannten Sicherheiten und einer *verrückten* Welt. Unsere Vision ist eine Gesellschaft frei von der alles hemmenden Egozentrik. Wir leben von dieser Welt und sind ohne sie nicht überlebensfähig. Es gibt nicht das Ich und die Welt. Unsere Welt braucht Visionäre, Querdenker und Macher. Diese Netzwerke der Energie werden hoffentlich die Zukunft prägen. Wen wundert es, dass die Produkte von BioArt den Weg zu uns, und ich den Weg nach Seeham fand, um diese Produkte in Deutschland mit zu vertreiben.

Gottfried Sandböck

* 1952 in München und in der bayrischen Mentalität verwurzelt. Leben und leben lassen, offen für Neues, den *Fortschritt* kritisch betrachtend. Will in unserer Welt aktiv für Veränderung zu besserer Lebensqualität mitarbeiten und ist dabei immer auf der Suche nach Netzwerken und Gleichgesinnten. Mittlerweile ist er bei den süßen Seiten des Lebens (beruflich) angekommen. ▷ *www.chez-chocolat.de*

Gracias a la vida

Wem in der Kindheit Vertrauen entgegengebracht wird, der kann dieses Vertrauen später auch leichter dem Leben entgegenbringen. Und nur so kann auch die Erkenntnis in einem reifen, dass es lohnend sein kann, sich für eine Sache wirklich einzusetzen, wenngleich von ihr nicht das große Geld zu erwarten ist. ***Roswitha M. Reisinger*** und ***Christian Brandstätter*** beschreiben ihren gemeinsamen Weg von der katholischen Jugend über die Umweltberatung bis hin zu ihrem heutigen Projekt LEBENSART – einer Einladung zur Lebenskunst.

Was tun, wenn der Kopf (und Business-Plan A) *»unmöglich«* sagen, das Gefühl (und Business Plan B) jedoch *»es wird gelingen«*? *Roswitha M. Reisinger* und *Christian Brandstätter* haben bei der Gründung von LEBENSART auf ihr Gefühl gehört und damit nicht nur recht behalten, sondern auch den ganz eigenen Zauber zu spüren gelernt, welcher der Entwicklung von etwas Neuem stets innewohnt.

Gracias a la vida que me ha dado tanto … Ich danke dem Leben, das mir so viel gegeben … Joan Baez

Dankbar sind wir für das Leben, das uns so viel gibt, für die Talente, die wir erhalten und weiterentwickelt haben. Wir sind bereit zu Höhenflügen, sind mutig über Grenzen gegangen und ab und an gestolpert. Wir können abheben und dabei gleichzeitig am Boden bleiben. Wir gehen einen – unseren besonderen – Lebensweg. Und sind glücklich dabei.

Di soll's geb'n solangs die Welt gibt
und die Welt solls immer geb'n
ohne Angst und ohne Dummheit
ohne Hochmut sollst du leb'n Ambros/Heller

Roswitha ● Ich bin mit meinen Eltern und vier Schwestern in einem Haus am Waldrand einer

Kleinstadt aufgewachsen. Schon als Kind war die Natur mein Lebensraum. Der Bach hinter dem Haus und der Wald waren unser Revier. Wir hatten sehr wenig Geld – das ließen uns andere Kinder oder Lehrer auch spüren und das schmerzte. In den wichtigen Dingen des Lebens allerdings waren wir reich: Unsere Eltern hatten Vertrauen in uns. Wir erhielten eine gute Ausbildung, die sich meine Eltern vom Mund absparten. Wir erlebten Großzügigkeit, nicht nur in der Familie, sondern auch über das Engagement der Mutter für Menschen in Entwicklungsländern. Wir hatten nie ein Auto, die Eltern sind aber trotzdem jedes Jahr mit uns auf Urlaub gefahren (mit der Bahn!). Und ich weiß, wie herrlich ein Kressebrot schmeckt.

Christian • Die Orientierung auf die eigene Leistung war auch Prinzip in meinem Elternhaus, auch wenn die finanzielle Basis etwas besser war: Beide Eltern waren berufstätig, die Großeltern lebten im gleichen Haus, und nur zwei Kinder waren zu versorgen. Die Eltern haben neben ihrem Beruf als Krankenpfleger fast rund um die Uhr gearbeitet, die Mutter an der Nähmaschine oder in der Küche, der Vater am Umbau des Hauses. Die Grundregel schien zu lauten: »*Fleißig arbeiten, Geld verdienen und sparen, für ein großes Haus, eine schöne Einrichtung, ein Auto, Urlaube, die Sportausrüstung.*« Kopfarbeit war damit eher nicht gemeint und die Überraschung dementsprechend groß, als ich mich mit zehn Jahren dazu entschloss, statt der vorgesehenen Hauptschule das Gymnasium zu besuchen. Was ich aber immer spürte, war dieses Vertrauen der Eltern, dass ich es schaffen werde, obwohl sie mir dabei nicht helfen können.

You may say I'm a dreamer.
But I'm not the only one.
I hope some day you'll join us.
And the world will be as one. John Lennon

Unsere beiden Wege kreuzten sich erstmal in einer katholischen Jugendgruppe, in der wir über die Verbesserung des Schulsystems ebenso diskutierten wie über die Aparthcid in Südafrika oder für alte Menschen Weihnachtsfeiern organisierten. Wir waren selbst für unsere Ziele, Themen und Ergebnisse verantwortlich. Eine Chance, die uns motivierte und die wir ausgiebig nutzten. In diese Zeit fiel die Abstimmung über das AKW in Zwentendorf. Wir waren noch nicht wahlberechtigt, sahen aber in der Atomenergie keine nachhaltige Lösung. Also sind wir aktiv geworden, haben Podiumsdiskussionen organisiert, Flugzettel verteilt, Plakate geklebt und mit vielen Menschen diskutiert. Das »Nein« hatte auch andere Gründe als unser Engagement. Aber für uns – und vielleicht für unsere Generation – war die wesentliche Erkenntnis, dass es sich lohnt, sich für eine

Sache wirklich einzusetzen. Die Diskussion um Zwentendorf machte uns erstmals sensibel für das Thema Umweltschutz und die Umweltpolitik.

Roswitha • Wie richtig wir mit unserem Engagement gegen die Atomenergie lagen, erlebte ich nach dem 26. April 1986 hautnah. Das AKW Tschernobyl war in die Luft gegangen und der radioaktive Regen fiel auf uns nieder. Hochschwanger saß ich mit meinem zweijährigen Sohn zuhause und musste ihm erklären, warum er bei schönstem Wetter nicht im Sandkasten spielen und seinen geliebten Kakao nicht mehr trinken durfte. Da wurde mir klar, dass ich alles tun möchte, damit so etwas nie wieder passiert. Beruflich in der Umweltberatung – einer Organisation, die ich mit aufbauen und in der ich mich für ökologische Lösungen einsetzen konnte. Privat, indem ich unseren gesamten Einkauf auf energiesparende, biologische und fair gehandelte Produkte umstellte. Entdeckt habe ich für mich dabei auch, dass der Entwicklung von Neuem ein eigener Zauber innewohnt, der mich fasziniert.

Christian • Die Jugendarbeit wurde zu meinem ersten beruflichen Experimentierfeld und bot mir vor allem Einblicke, wie Gruppenprozesse ablaufen. In dieser Zeit habe ich die besondere Qualität der Teamarbeit schätzen gelernt und dort das erste Mal intensiver mit Roswitha zusammengearbeitet. Wir hatten zwar keine Ahnung von Projektmanagement, was wir damals gemeinsam mit geringsten finanziellen Mitteln auf die Beine gestellt haben und zu welcher Perfektion wir dabei aufgelaufen sind, beeindruckt aber aus heutiger Sicht. Eine Mitgliederzeitung gab es auch zu gestalten. Das Zeitung-Machen sollte mich von da an nicht mehr loslassen und der zentrale Faden meines Berufslebens werden, von der KSJ (Katholische Studierende Jugend) über die Umweltberatung bis zur LEBENSART. Mit 23 Jahren übernahm ich für zwei Jahre die Betreuung meines einjährigen Sohnes (Väterkarenz gab es damals noch nicht). In dieser Zeit hatte ich die Gelegenheit, am Bauernhof meiner damaligen Schwiegereltern mitzuarbeiten. Das intensive Erleben eines Jahreszyklus in der Natur war für mich neu und faszinierend. Besonders die winterliche Waldarbeit wurde zu einer Leidenschaft. Über mein Engagement in der internationalen KSJ lernte ich Freunde aus Uganda kennen, die ich 1989 erstmals besuchte. Mit Entwicklungspolitik habe ich mich immer schon beschäftigt, ein Land der sogenannten Dritten Welt einmal selbst zu bereisen war aber eine ganz andere Geschichte. Unfassbare Schönheit und grenzenloses Elend, Armut und Reichtum, Aufbruch und Verzweiflung – alles ganz nah zusammen und überschattet von AIDS und den vielen Gräbern junger Frauen und Männer. Mit Vorträgen und Ausstellungen sammelten wir Geld, um Hilfsprojekte zu finanzieren, und lernten, dass nicht jede Hilfe hilfreich ist und daher gut überlegt sein soll, was man tut.

Roswitha ● In der Umweltberatung hatte mich das Thema »Wie und warum entwickeln sich Unternehmen gut?« begonnen zu interessieren. Eine neue berufliche Herausforderung in diesem Feld suchte und fand ich in der Gesellschaft für Personalentwicklung – einer Unternehmensberatung. Mit meinem damaligen Chef erhielt ich einen der besten Mentoren, den ich je kennen gelernt habe, der mich entsprechend forderte und förderte. Sein Credo, seine Lebensphilosophie war, auf die Stärken und Potenziale der Menschen zu setzen und nicht auf ihre Defizite. Er redete nicht nur darüber, sondern handelte auch entsprechend. CSR in Reinkultur. Meine Leidenschaft für Bioprodukte führte mich einige Jahre später als Geschäftsführerin zum Biobauernverband mit dem spannenden Auftrag, 19 Biovereine zu vereinen. Nach einem intensiven Prozess mit vielen Höhen und auch Tiefen und der engagierten Beteiligung von vielen Menschen wurde Anfang 2005 Bio Austria gegründet.

Du sollst nie aufhörn zu lernen
arbeit mit der Phantasie
wann'st dei Glück gerecht behandelst
dann valosst's di nie Ambros/Heller

LEBENSART

Im September 2005 starteten wir mit der LEBENSART. Der Beginn war turbulent bis dramatisch. Es war ein Sprung ins kalte Wasser, alleine mit der Gewissheit, dass wir schwimmen können. Aber trägt das Wasser auch? Niemand hat wirklich ernsthaft daran geglaubt, dass unser Zeitungsprojekt mit nichts als unserem Engagement und minimalen finanziellen Ressourcen erfolgreich sein kann. Wir schwankten zwischen Unsicherheit und Zuversicht. Der Kopf (und Business-Plan A) sagten »*unmöglich*«, das Gefühl (und Business Plan B) sagten »*es wird gelingen*«. Die Basis für den gelungenen Start waren unsere vielfältigen Erfahrungen und die vielen Kontakte, die wir bislang in der Umwelt-Szene aufgebaut hatten. Dazu das Handwerk zum Zeitungmachen, das Wissen, wie man ein Unternehmen führt und zwei langjährige Mitarbeiterinnen aus der Redaktion, die uns vertrauten und den Sprung mitwagten. Und neue Partner, die an unsere Vision glaubten und uns unterstützten.

LEBENSART – das ist es, wofür wir uns einsetzen wollen. Es geht um das Leben, um eine besondere Art zu leben, um »die Kunst zu leben«. Das Leben passiert nicht einfach, es kann auch ein bewusster Entwicklungsprozess sein, wenn man sich dazu entscheidet. Das Wort »Kunst« leitet sich von »können« ab. Kunst entsteht, wenn Talent und Fähigkeit mit Durchhaltevermögen, Konsequenz und Leidenschaft zu einem Meisterwerk verknüpft werden.

LEBENSART steht im Speziellen für eine nachhaltige Lebenskultur. Das ist nicht nur der Schutz der Umwelt, sondern beinhaltet auch soziale Verantwortung und ein Wirtschaftssystem, das diesen Werten dient. Es ist die Kunst, so zu leben, dass alle Menschen heute und auch die kommenden Generationen gut leben können. Darin liegt unser Herzblut. Es ist unsere persönliche Geschichte, die von der Überzeugung geprägt ist, dass nur eine nachhaltige Lebenskultur Zukunft hat. Mit LEBENSART haben wir ein Instrument geschaffen, diese Begeisterung weiterzugeben – nicht mit erhobenem Zeigefinger, sondern mit der Einladung, ein Lebenskünstler zu werden.

Du sollst vor Liebe brennen und vor Begeisterung! Weu dann bleibst für immer jung Ambros/Heller

»Das Bild entstand unweit meiner Heimatstadt in der Nähe von Leipzig, wo sich seit meiner Kindheit offene Braunkohletagebaue durch das Land fressen, Dörfer abbaggern und später eine völlig veränderte Landschaft zurücklassen. Diese Art der Energiegewinnung in Form von Braunkohlekraftwerken ist heute in dieser Gegend immer noch dominierend. Gleichzeitig entstehen aber auch Konzepte für alternative Energieerzeugung, so sieht man am Rande der Braunkohlentagebaue Windräder, es entstehen Solaranlagen in alten Tagebaurestlöchern und teilweise werden diese geflutet und es entstehen Seelandschaften und Erholungsgebiete. Das Bild ist deshalb ein Metapher für Verlust der Heimat, was sich in den zwei rückgewandten Figuren der Erwachsenen zeigt und gleichzeitig ist mit dem Jungen, der sich dem Betrachter zuwendet, eine Hoffnung und ein Aufbruch spürbar. Eine neue Generation wächst heran.« *Sylvia Vandermeer*

Roswitha M. Reisinger • Christian Brandstätter

Roswitha Reisinger * 1961, absolvierte 1980–1983 die Pädagogische Akademie, 1988–1990 die Umweltberater-Ausbildung und 2005–2007 den Executive MBA an der Donau-Universität Krems. Von 1988–1996 gestaltete sie den Aufbau der Umweltberatung mit, wechselte 1997 zur Gesellschaft für Personalentwicklung (GfP) als Beraterin. Von 2003–2006 war sie Geschäftsführerin von Bio Austria, seit 2006 geschäftsführende Gesellschafterin der LEBENSART. *Christian Brandstätter* * 1963, von 1981–1986 Organisationssekretär im Bereich der kirchlichen Jugendarbeit, danach freiberuflich in mehreren sozialen Projekten und als Journalist tätig. 1990 Ausbildung zum Umweltberater, bis 2005 in der Umweltberatung für die Öffentlichkeitsarbeit und die Zeitschrift »*Umweltfalter*« bzw. »*Die neue UMWELT*« verantwortlich. Seit 2005 Herausgeber des Magazins LEBENSART. ▹ *www.lebensart.at*

Katerina Jacob ·- **Brainstorming** 222

Peter Hecht ·- **Die Kunst zu sehen** 226

Josef Loimer ·- **Der perfekte Kreislauf** 234

Hermann Rosenstatter ·- **Kreativität à la carte** 240

Hermann Rosenstatter senior ·- **Bereit zu verändern** 250

5 Aussicht, Umsicht, Einsicht

Brainstorming

Neid, Hass, Liebe ... Wie man aus Schlag- und Stichworten Einsichten gewinnt, die das Leben bereichern, zeigt uns Schauspielerin *Katerina Jacob*.

»Die Kunst zu leben« bedingt in Wahrheit vielerlei. Genauso umfassend muss daher auch die Herangehensweise an jede allgemeingültige Erklärung sein. Die Schauspielerin *Katerina Jacob* ging in sich und machte sich sehr persönliche Gedanken über die Kunst, das Unwichtige vom Wichtigen zu trennen und sich über Kleinigkeiten zu freuen.

Die Kunst zu leben?

Was sollte ich mir darunter vorstellen? Ich war überfragt. Also ging ich auf Facebook und bat meine Freunde, mir zu diesem Thema Stichworte zu liefern. Manche fragten, ob ich wirklich *die Kunst des Lebens* meine, oder vielmehr *die Kunst des Überlebens*. Das wäre in der heutigen Zeit doch weit wichtiger. Doch jeder machte sich so seine Gedanken und dann kamen Vorschläge. Neid, Hass, Liebe, Genuss, Neugier, Freude, Sex, Kunst, Überwindung, Mut, Erfahrung, Streit, Diskussion, Freundschaft, Geburt und Tod.

Neid • Den Neid unterdrücken zu können? Das ist bestimmt ein wichtiger Aspekt und es ist Kunst ... richtig!

Hass • Hass ist, das gebe ich gern zu, auch eine Kunst und muss dementsprechend beherrscht werden.

Liebe • Zu lieben: Das Wichtigste überhaupt und das Kunstvollste. Richtig!

Genuss • Oh ja! Altersabhängig. Ich genieße zum Beispiel ganz anders als meine Tochter. Für mich ist Genuss in vielerlei Hinsicht wichtig: Ein gutes Glas Rotwein und ein wunderbarer Camembert, hmmm ... Herrlich! Dazu braucht es Zeit, und das wiederum bedarf der Kunst, das Wichtige vom Unwichtigen zu trennen. Für meine Mutter ist es Genuss, ihre Tiere im Garten

beobachten zu können. Wieder der Zeitfaktor. Für meine Tochter bedeutet Genuss, ausschlafen zu können. Bei einem quirligen, vierjährigen Sohn nicht so einfach. Genuss ist also eine sehr individuelle Angelegenheit. Für Genuss braucht man Zeit, und die Fähigkeit, sie sich zu nehmen, ist Kunst.

Neugier • Man ist tot, wenn man nicht mehr neugierig ist. Jeder Tag sollte etwas Neues bringen. Das ist Leben!

Freude • Sich über Kleinigkeiten zu freuen und anderen Freude zu bereiten, ist für mich besonders wichtig und gehört ganz oben auf die Liste von der *Kunst des Lebens*.

Sex • Sex ist Kunst und Freude. Und guter Sex belebt!

Kunst • Damit bereichern wir unser Leben.

Überwindung • Ein wichtiger Aspekt. Wenn man sich nicht überwindet, wird man vieles nicht erfahren.

Mut • Die Wahrheit auszusprechen, sich unangenehmen Dingen zu stellen, seine Meinung ohne Angst vor Konsequenzen zu vertreten. Auch das ist *die Kunst des Lebens*.

Erfahrung • Anzunehmen und zu machen.

Streit • Und auch die Kunst des Streitens gehört zum Leben. Wie schön sind doch die Versöhnungen ...

Diskussion • Ohne sie würde man sich auf die eigene Meinung versteifen. Andere anhören und abwägen. Annehmen – dazulernen – eine große Kunst!

Freundschaft • Hat man gute Freunde, hat man im Leben einiges richtig gemacht. Und ich gratuliere zu jedem einzelnen Freund. Etwas Unbezahlbares.

Geburt • Für jeden, der geboren wurde eine große Leistung, ebenso für die, die uns das Leben geschenkt haben. Der Beginn an sich.

Tod • Als ich meine Mutter zu dem Thema befragte, winkte sie nur lapidar ab und meinte, dass sei ihr zu artifiziell. Ich zitiere: *»›Die Kunst des Lebens‹ habe ich schon vollbracht, jetzt bereite ich mich auf ›Die Kunst des Sterbens‹ vor!«*

▪ Für mich persönlich bedeutet *die Kunst des Lebens* auch, sich zu trauen, immer wieder neue Türen zu öffnen. Menschen frei von Vorurteilen zu begegnen. Aber auch *Nein* sagen zu können. Jeden Tag zu genießen, auch wenn mal was daneben geht. Je älter ich werde, desto mehr begreife ich das Leben und desto entspannter gehe ich es auch an. Viele Dinge werden unwichtig, andere dafür umso wichtiger. Früher habe ich über meine Mutter gelacht, wenn sie stundenlang im Garten gearbeitet hat. Da ich jetzt selbst einen wunderschönen Garten habe, ist es nun an meiner Tochter, sich über mich lustig zu machen. Sie findet es *superspießig*. Ich dagegen finde es grauenhaft, wenn sie stundenlang mit ihrem iPhone in der Weltgeschichte rumsurft. So verschieben sich die Ansichten. Sie sehen, ich arbeite noch an der *Kunst des Lebens*, mache aber große Fortschritte. Was ich erreichen möchte, ist, am Ende sagen zu können: *»Ich bereue nichts und habe alles erlebt, was ich mir vorgenommen hatte!«*

Katerina Jacob

*1958 in München als Tochter von *Ellen Schwiers* und *Peter Jacob*. Schauspielerin, Autorin, Malerin, Kabarettistin und Besitzerin von »Body-point«-Shops. Ab März 2011 zweifache Großmutter. Lebt in Deutschland und Kanada – noch immer in wilder Ehe, das wird sich aber 2011 ändern. ▷ *www.katerina-jacob.de*

Die Kunst zu sehen

Hier ein Plakat, da eine rotierende Reklametafel, dort eine Leuchtschrift. Warum Informationsflut und eine sich ständig schneller drehende Welt förmlich nach Entschleunigung schreien, weiß niemand besser als *Peter Hecht*, Marketing-Leiter von Bio Austria. Eine der großen Herausforderungen, der wir uns stellen müssen, so der überzeugte Bioanhänger, ist, aufs Wesentliche zu blicken und so die Kunst zu sehen zu entwickeln. Die Fokussierung auf Biolandwirtschaft ist dabei nur ein Aspekt dieser Lebenskunst.

Dass die Sehnsucht nach Entschleunigung groß ist, zeigt die große Zahl an Büchern und Seminaren, die zum Thema angeboten werden. »*Wer Rat sucht, wird ihn finden – auch dafür gibt es einen Markt*«, sagt *Peter Hecht*, Marketing-Leiter von BIO AUSTRIA. Der überzeugte Bioanhänger über den Zusammenhang zwischen Sinn und Schönheit, Entschleunigung und Zerstörungsschutz, persönlichem Wohlbefinden und besserer Zukunft.

Nicht, um von oben in mein begrenztes Tal zu blicken,
von wo ich herkam,
sondern über seine Grenzen hinauszusehen,
um das Leuchten am Horizont,
die Dämmerung eines anderen Bewusstseins zu finden,
bin ich auf die Berge gestiegen.
Von Sehnsucht getrieben zog ich in die Welt hinaus,
um am Ende doch wieder dorthin zurückzukehren,
von wo ich herkam: zu mir selbst.
Robert Rauch

Ich leide seit Jahren an Verstopfung. Es liegt nicht an der Ernährung, denn die ist biologisch und einigermaßen ausgewogen. Es liegt an der Fülle an Informationen, die seit Jahren tagtäglich in meinen Kopf dringen und zur Beklemmung führen. Blähungen vom Bla(h) Bla(h) unserer Informationsgesellschaft. Es heißt, dass es 15.000 Lobbyisten in Brüssel gibt, die tagtäglich auf die EU-Politik Einfluss nehmen. Das ist schlimm. Aber auch wir werden lobbyiert. Millionen von Lobbyisten, bezahlt von den Werbeetats unzähliger Firmen, hämmern mit ihren Slogans und Werbebotschaften täglich auf uns ein. Jede Minute, jeden Augenblick der Aufmerksamkeit versuchen sie zu nutzen, um sich in unserem Gehirn festzusetzen. Wer nicht aufpasst, leidet so schnell an Verstopfung. *Obstipation*, so der lateinische Ausdruck, wird auch als »das Gedrängtsein« übersetzt. Das passt gut, denn wer vom Markt informiert wird, soll sich auch bedrängt fühlen, dabei mitzumachen. Nun versuche ich schon seit geraumer Zeit, meiner Verstopfung vorzubeugen und habe mir einen Filter *eingebaut*. Damit selektiere ich schon im Vorfeld und fühle mich gewappnet. Beim Zeitunglesen funktioniert es: Ich lese nur jene Artikel, die ich als wichtig erachte. Sonst leider kaum. Denn schon ist man unachtsam, bekommt man wieder eine Information reingedrückt. Hier ein Plakat, da eine rotierende Reklametafel oder dort eine Leuchtschrift, die sich in unserer Wahrnehmung bemerkbar macht.

Das digitale Zeitalter hat erst begonnen, wird prophezeit. »*In wenigen Jahren sind wir permanent online*«, sagen Experten. Und somit gläserne Konsumenten. Wer das nicht möchte, muss vom digitalen Leben abspringen, wird geraten. Umso wichtiger wird es sein zu selektieren. Eine der großen Herausforderungen, der wir uns stellen müssen, ist aufs Wesentliche zu blicken. Die Kunst zu sehen entwickeln. Diese Kunst lässt sich am besten unter natürlichen Bedingungen entwickeln. Dort, wo keine Ablenkung stattfindet. Wo wir unser Ich spüren, mit uns selbst einig sind. Für mich sorgen Zeit meines Lebens Berge für solche Bedingungen. Wenn ich nachdenken möchte, gehe ich in die Berge. Oder anders formuliert: Wenn ich in die Berge gehe, denke ich nach. Oben angekommen, in die Ferne schauend, über den Tellerrand blickend, bin ich meine Sorgen los, habe Lösungen gefunden, habe im übertragenen Sinn die Spülung betätigt und runtergelassen. Die Verstopfung weicht der fühlbaren Freiheit für Gedanken und Sinne.

Es gibt sicherlich viele Zugänge, die Kunst des Sehens zu erlernen. Für mich öffnen sie sich am leichtesten über den Weg der Natur. Denke ich an meine Kindheit zurück, bleiben viele Erlebnisse *draußen* in Erinnerung. Die Zugänge waren damals andere als heute. Als Kind nörgelnd, als Jugendlicher sportlich, als Botanik-Student wissenschaftlich betrachtete ich die Berge. Mittlerweile betrachte ich sie ohne Anspruch. Die Schönheit der Berge steht für sich selbst. Sie brauchen keine Eroberung, keine Bestzeit, keine Kartierung mehr, um sich mir zu erschließen. Dennoch denke ich oft und gerne an die Zeit des Studiums zurück. Niemals werde ich die Einblicke vergessen, die ich beim Mikroskopieren erhielt. Die Fülle an Formen und Farben in jeder Blüte, in jedem Blatt, in jeder Zelle. Unglaublich, welche Kunstschätze sich hier entfalten. Alles macht Sinn und ist dadurch schön. Ist nicht auch ein sinnvolles Leben voller Schönheit? In dieser Zeit hatte ich das so seltene Gefühl, über das Sehen eins mit der Natur zu sein. Möglicherweise auch, weil sie damals noch nicht den gleichen Stellenwert für mich hatte wie heute, schien die Zeit eben stehen zu bleiben. Ohne Zeitgefühl mit sich eins sein bedeutet glücklich sein. Wir sehnen uns nach dieser, unserer Eigenzeit. Die liegt aber ganz im gegensätzlichen Trend zu unserer sich täglich beschleunigenden Welt. Dass die Sehnsucht groß ist, zeigt die große Zahl an Büchern und Seminaren, die zum Thema Zeit und Entschleunigung angeboten werden. Wer Rat sucht, wird ihn finden – auch dafür gibt es einen *Markt*.

Doch der Weg zu uns selbst führt – welch Überraschung – über uns selbst. Wer sich wochenlang auf Wanderschaft begibt, begleitet von den eigenen Gedanken, wird, egal welche Richtung er wählt, den richtigen Weg, den eigenen, finden. Er ist voll Lust und Frust, Altlasten liegen am Weg und müssen *weggeräumt* werden, Gedankenfelsen rollen hinterher, der Gipfel scheint zum Greifen nahe, ist jedoch noch weit weg. Gott sei Dank begegnen uns am Weg immer wieder blühende Bergwiesen, die uns sagen, dass wir richtig sind. Letztendlich gelangen nur jene ans Ziel, die nie ankommen. Die Suche nach dem Sinn bleibt eine Suche. Eine *Sehnsuche*, die uns das ganze Leben begleiten sollte. Zeit für sich zu haben – zumindest anderen sollte sie zugestanden werden. Wir Menschen haben unsere Zeit zerstückelt, in Maßeinheiten zerlegt, in Geld bewertet. In der Natur gibt es keine Zeitbewertung. Nicht die Zeit vergeht, sondern wir vergehen in der Zeit. Darum benötigt alles in der Natur Zeit zum Wachsen und Reifen. Diese Logik versucht die industrielle Landwirtschaft zu durchbrechen. Pflanzen und Tieren werden Zeiteinheiten zugemessen, die sie zu erfüllen haben. Wachsen sie langsamer oder abseits der Norm werden sie aussortiert, geschlachtet, weggeworfen oder *minderwertigen Produkten* zugeführt. Warum sollten wir Menschen auch auf die *Bedürfnisse* unserer Lebensgrundlagen eingehen, wenn wir unsere eigenen negieren?

Der Biolandbau geht hier einen anderen Weg. Bereits in den Anfängen stand die Verantwortung für die Gesellschaft und deren Lebensgrundlage im Vordergrund. Zu Beginn des 20. Jahrhunderts kam es zu historischen Umwälzungen in der Landwirtschaft. Bäuerliche Betriebe wurden vermehrt als Industriebetriebe betrachtet, wo Stoffe hineingehen, um als verarbeitete Produkte herauszukommen. Der vermehrte Einsatz von externen Betriebsmitteln, z.B. leicht löslichen Handelsdüngern, führte zur steigenden Skepsis in den Bauernfamilien. Sie fürchteten um die Fruchtbarkeit der Böden und die Qualität der Lebensmittel. Aus diesen Sorgen heraus entwickelten sich die Thesen und Grundlagen für den heute praktizierten Biolandbau. Der österreichische Anthroposoph *Rudolf*

Steiner legte 1924 den Grundstein für die biologisch-dynamische Landwirtschaft, auch unter dem Namen »Demeter« bekannt. Als Prinzipien gelten das Arbeiten im Einklang mit der Natur und den Kräften des Kosmos und der Erde, das Wirtschaften im Kreislauf sowie die Beigabe von speziellen Präparaten, die das natürliche Wachstum der Pflanze unterstützen. Die biologisch-dynamische Wirtschaftsweise ist zudem Grundlage für viele anerkannte Bewegungen, wie z.B. für die *Camphill*-Bewegung in der Heilpädagogik oder etwa für die Waldorfpädagogik. Die zweite, große Strömung des Biolandbaus ist jene der organisch-biologischen Landwirtschaft, die heute von der Großzahl der Biohöfe betrieben wird. Für deren Entwicklung war vor allem das Schweizer Ehepaar *Hans* und *Maria Müller* verantwortlich, die ab 1932 am Möschberg im Emmental den biologischen Landbau lehrten. Großen Einfluss auf die Entwicklung des organisch-biologischen Landbaus hatte auch *Dr. Peter Rusch*, der in den 60er-Jahren die Bodenfruchtbarkeit in den Focus der Biolandwirtschaft stellte und in die Lehren von *Hans Müller* integrierte.

Immer mehr Bäurinnen und Bauern interessierten sich in dieser Zeit für die innovative, nachhaltige Wirtschaftsweise. In den 80er-Jahren des vergangen Jahrhunderts besuchten österreichische Betriebe vermehrt die Kurse in der Schweiz, vor allem Biobauerngruppen aus der Steiermark, Oberösterreich und Salzburg hatten enge Kontakte zu *Hans Müller*. So kam es auch, dass in dieser Epoche der organisch-biologische Landbau offiziell geboren wurde. 1979 wurde der Bundesverband, im November 1980 der Salzburger Landesverband des heutigen Biobauernverbandes BIO AUSTRIA gegründet. Gerade einmal 32 Pionierbetriebe schlossen sich in Salzburg zusammen und erarbeiteten Richtlinien, berieten ihre Berufskollegen und führten die Biokontrolle ein. 30 Jahre danach gilt Österreich als Biomusterland, in Salzburg werden bereits über 50 % der Flächen biologisch bewirtschaftet.

Die Pioniere des Biolandbaus galten als *Spinner*, als Sonderlinge, die sich dem Fortschritt verweigerten. Entgegen allen Maximierungsversprechungen der Agroindustrie vertrauten sie einem anderen, *ihrem* Weg. Wir sollten an sie denken, wenn sich bei uns die Stimme meldet, *»dass nichts mehr zu ändern ist«*. Durch Katastrophen wie Tschernobyl und unzählige Lebensmittelskandale wurden auch die KonsumentInnen wachgerüttelt und verbündeten sich vielerorts mit Biobäurinnen und -bauern. Die ersten Absatzmärkte waren geschaffen, zumeist direkt ab Hof. Die weitere Erfolgsgeschichte des Biolandbaus ist den meisten sicher bekannt. Mit dem Einstieg des Lebensmitteleinzelhandels wurden Biolebensmittel auch für die Allgemeinheit erhältlich. Der Biolandbau ist heutzutage gesellschaftlich anerkannt, wissenschaftlich untermauert und aus unseren Einkaufstaschen nicht mehr wegzudenken.

Wer sich über Bioprodukte informieren möchte, findet fundierte fachliche Literatur. Angesichts der Fülle an geschönten Werbebotschaften der konventionellen Lebensmittelbranche bedarf es auch hier wieder der Kunst zu sehen. Dann gehen einem aber im wahrsten Sinne des Wortes die Augen auf. Logisch erscheint, was nun auch längst wissenschaftlich nachgewiesen wurde. Biolebensmittel weisen unzählige positive Eigenschaften auf. Aufgrund ihrer ökologischen Anbaumethode haben sie wesentlich mehr natürliche Inhaltsstoffe als ihre konventionellen *Pendants*. Sie enthalten z.B. bis zu 50 % mehr gesundheitsfördernde, sekundäre Pflanzenstoffe im Vergleich zu konventionellen Nahrungsmitteln. Biogemüse und -obst trägt bis zu 30 % mehr an Vitamin C in sich und aufgrund des höheren Trockensubstanzgehaltes auch mehr Mineralstoffe und Spurenelemente als herkömmliche Lebensmittel. Gleich verhält es sich mit den Aminosäuren in Bioweizen und -hülsenfrüchten oder den gesundheitsfördernden Milchsäurebakterien im Biosalat. Einige Fettsäuren, die wir selbst nicht bilden können, sind in den tierischen Produkten wie Biofleisch und Biomilch in höherem Maße enthalten. Aber auch andere *Energien* sind enthalten, die mit immer sensibleren Geräten physikalisch nachweisbar sind und die einen positiven Einfluss auf unsere Gesundheit haben. Der Biolandbau gilt als Basis für gesunde Lebensmittel. Dies aus gutem Grund. Die biologische Wirtschaftsweise verzichtet zur Gänze auf chemisch-synthetische Pflanzenschutzmittel und auf mineralische Stickstoffdünger. Stattdessen wird auf organische Düngung im Düngekreislauf, geeignete Sortenwahl, Nützlingseinsatz und mechanische Beikrautentfernung geachtet. Nutztiere haben ausreichend Bewegungsmöglichkeit und werden ausschließlich mit biologischen Futtermitteln, wenn möglich vom eigenen Betrieb, gefüttert. Vorbeugender Antibiotika-Einsatz ist bei Biotieren tabu. Einer der zentralen Punkte des Biolandbaus ist die Gentechnikfreiheit in allen Bereichen, sowohl im Futtermittel, im Saatgut und in den Zusatz- und Hilfsstoffen der Biolebensmittelproduktion.

All dies schlägt sich in der Qualität der Bioprodukte nieder. Nicht nur das Mehr an gesundheitsfördernden Faktoren, auch das Weniger an wertmindernden Inhaltsstoffen wie Nitraten, Geschmackverstärkern, Konservierungsstoffen, Farbstoffen, künstlichen Aromen oder Süßungsmitteln spricht für die biologische Produktion. Weltweit werden in der Landwirtschaft rund 1.350 verschiedene chemisch-synthetische Pflanzenschutzmittel verwendet, deren Rückstände verheerende gesundheitliche Auswirkungen auf uns haben können. Bioprodukte weisen grundsätzlich keine Rückstände dieser Substanzen auf. In seltenen Fällen führen Windverfrachtungen der konventionellen Nachbarn auch zum Nachweis bei Bioprodukten. Wer Bioprodukte konsumiert, tut nicht nur sich etwas Gutes. Die Biolandwirtschaft schützt als nachhaltigste Landwirtschaftsform unser Klima und unsere Umwelt vor der Zerstörung. Global betrachtet stammen ca. 25 % der Treibhausgasemissionen aus der Land- und Forstwirtschaft. Die Biolandwirtschaft spart im Vergleich zur herkömmlichen Landwirtschaft 60 % CO_2 pro Hektar. Vor allem Stickstoff-Düngemittel und chemisch-synthetische Pflanzenschutzmittel, die unter hohem Energieaufwand hergestellt werden, sowie der Import von gentechnisch manipulierten Futtermitteln aus dem Süden verschlechtern die Klimabilanz der konventionellen Landwirtschaft. Die positive Wirkung des Humusaufbaus im Biolandbau ist hier noch nicht eingerechnet. Denn die Böden der Biolandwirtschaft sind in der Lage, hohe Konzentrationen an CO_2 einzulagern.

Es gibt noch viele weitere Aspekte, die hier nicht weiter ausgeführt werden sollen. Nicht zu vergessen sei aber unsere eigene Freude am Biogenuss. Denn die Gewissheit, mit dem Einkauf von Biolebensmitteln zu einer besseren Zukunft und lebenswerten Umwelt beizutragen, schafft zudem persönliches Wohlbefinden. Die Biolandwirtschaft gibt viele Antworten auf die Fragen unserer Zeit und zeigt Lösungsvorschläge auf. Natürlich kommen auch neue Herausforderungen auf die Biolandwirtschaft zu. Auch die Biobewegung muss wachsam sein und sich verstärkt an ihre Anfänge erinnern. Unser Planet braucht eine starke Biobewegung als Gegenpol zu Weltkonzernen wie Nestlé, Monsanto und wie sie alle heißen mögen, die unsere Nahrungsmittel fest in Händen halten wollen. Das ist Teil unserer Verantwortung gegenüber unserer Erde und den zukünftigen Generationen.

Peter Hecht

* 1966 in der Stadt Salzburg, studierte Botanik und Ökologie an der Naturwissenschaftlichen Fakultät der Universität Salzburg. Nach mehrjähriger Forschungstätigkeit im Nationalpark Berchtesgaden wechselte er 2000 zum Biobauernverband BIO AUSTRIA in Salzburg und führt dort die Vermarktung und Öffentlichkeitsarbeit durch.

▷ *www.bio-austria.at*

Der perfekte Kreislauf

Biowinzer *Josef Loimer* ist stark mit seiner Umgebung verwurzelt, hört ihr gerne zu und wirkt nur sanft auf sie ein, damit sie ihm das gibt, was er zum Leben braucht. Und das ist nicht viel, denn er hat eine besondere Gabe: Das Alltägliche erfüllt ihn mit besonderer Freude.

Wer als Kind schon Landwirt werden will, wird es dann auch meist. So auch *Josef Loimer*, Biowinzer. 1990, zu einer Zeit also, als es noch recht unüblich war, stellte er den Betrieb seiner Landwirtschaft auf biologisch-organische Produktionsweise um. Zugute kam ihm dabei, dass bereits seine Eltern Selbstversorger waren und als solche den Kreislauf der Natur kannten und auch zu nutzen wussten. Wie schon sie erfüllt auch ihn mit großer Freude, wenn er das Alltägliche zum Besonderen machen kann.

·⌣ Einen Beitrag für dieses Buch zu schreiben, ist trotz der Freude darüber, auch eine große Herausforderung für mich, da ich kaum künstlerische Fähigkeiten besitze. So möchte ich damit beginnen, über mein bisheriges Leben zu berichten und aus dem Erlebten Erkenntnisse und Schlüsse zu ziehen.

Ich hatte das Glück, nicht nur in einem freien Land, sondern darüber hinaus auch noch in einem Zimmer meines Elternhauses, kurz nach Weihnachten, am Stefanitag geboren worden zu sein. Deshalb fühle ich mich mit diesem Ort auch sehr verwurzelt. Das Haus ist schon sehr alt, hat kleine Fenster und niedere Gewölberäume, die fast an Höhlen erinnern. So zumindest war mein Eindruck, der mir gleichzeitig eine enorme Geborgenheit und Sicherheit schenkte. Gleich gegenüber meinem Geburtshaus erhebt sich, 1454 von *Johann Capistran* gegründet, mächtig und stolz das Franziskanerkloster. Die Häuser rund um das Kloster waren für seine Versorgung gedacht. Jedes Haus erfüllte seine spezielle Aufgabe, von der Mühle, Gärtnerei, Tischlerei, Zimmerei, Binderei, Schlachthof, Walkhof, Bäckerei bis hin zur Schmiede. Unser Haus hatte immer eine große Feuerstelle, der riesige Rauchfang darüber dominiert bis heute seine Architektur. Meine Eltern, Großeltern und Urgroßeltern waren allesamt Landwirte mit eigenen Weingärten. In erster Linie waren sie Selbstversorger mit einer perfekten Kreislaufwirtschaft. Aus der Hakenform des Hauses ergeben sich eine ideale Platznutzung und eine einfache Arbeitsweise. Straßenseitig lagen Wohnraum und Küche, in den Hof zurück führten Gesinderäume und Ställe, und hinter dem Stall gab es einen freien Platz für die Mistgrube. Dahinter folgten dann, etwas erhöht, das Presshaus und darunter der Keller. So kann, der Schwerkraft folgend, der frisch gepresste Most in die Fässer fließen und der Pressrückstand – die Trestern – direkt in die Mistgrube geschaufelt werden. Dieser Mist, meist von zwei Schweinen, ein oder zwei Ziegen und einem Pferd verursacht, ergab einen besonders wertvollen Dünger für die Weinstöcke. Die kleinen Ackerflächen brachten etwas Korn für Brot und Erdäpfel für Mensch und Tier. Die Weingärten lieferten den Trunk und als Zahlungsmittel diente das Geld aus dem Fassweinverkauf. Diese Wirtschaftsform existierte bis in die 1960er-Jahre des 20. Jahrhunderts. Von dieser Erlebniswelt meiner Kindheit geprägt, wollte ich immer Landwirt mit Weinbau werden. Aufgehoben in der Geborgenheit einer Bauernfamilie mit Eltern, Großeltern, Geschwistern, Nachbarn, Nachbarskindern, Freunden, stellte sich niemals die Frage »*Was werde ich?*« oder »*Wo werde ich leben?*«. Ich wollte eine Familie mit Kindern und möglichst vielen Tieren.

Erst einmal aber wurde ich in den Kindergarten geschickt, wo es mir nicht besonders gefiel. Da ging ich doch lieber mit dem Knecht und seinem Pferd in unsere Weingärten. Wenn ich beim Pflügen mit dem Pferd Bubi mitgehen durfte, fühlte ich mich enorm wichtig und erwachsen. Da marschierte ich stundenlang, Zeile auf, Zeile ab, neben dem schnaubenden Pferd einher, bis zur Umkehr am schmalen Rain. Das Umkehren erforderte von Pferd und Knecht viel Geschicklichkeit, ein Fehltritt und man stürzte die Böschung hinunter auf die nächste Weinbergterrasse. Wenn der Pflug das Erdreich stürzte, schien es, als ginge eine unendliche Kraft von Pferd und Erdkrume aus. Der Duft der Erdscholle, der Geruch des schwitzenden Pferdes, das Geräusch der Bewegung des Pferdekörpers, das Knarren des Geschirrleders, der Zugstränge und das leise Murmeln der Pflugschar beim Schneiden und Wenden der Erde haben sich mir unvergesslich eingeprägt. Ebenso wie der Geruch des Kalmukjankers des Knechtes, den ich bei Regen von ihm umgehängt bekam. Nach Menschen und Pferdeschweiß, Wein und Tabak … »*Wenn ich groß bin, will ich auch so ein Pferd und einen Kalmuk*«, dachte ich immer. Schon damals ganz aus der Mode gekommen, trug man ihn früher stolz, den Kalmukjanker, aber als Festtagstracht. Einen alten Kalmuk ohne Borten und ohne Perlmuttknöpfe fand man kaum mehr. Auf einem Kirtag habe ich dann noch einen ergattert. Er war mir viel zu groß, aber durch Einnäher wurde er zurechtgemacht. Bei jeder Arbeit getragen verlor er bald seinen neuen Geruch. Wein und Tabak waren kein Problem, jetzt fehlte nur noch etwas sehr Wichtiges: der Pferdegeruch. In der Volksschule dann, in den Ferien, bekam ich Scharlach. Sechs Wochen Quarantänestation – keine Eltern und keine Geschwister. Nur beim Fenster hereinschauen durften sie. Meine Großmutter meinte, wenn ich wieder gesund bin, dürfte ich mir etwas wünschen. Ein Pferd! Na ja, es wurden drei Hühner und ein Kaninchen daraus. Danach kam in der Volksschule die Fürsorge, um uns zu untersuchen – ich war der Erste, der *auf Erholung* geschickt wurde. Für mich stürzte die Welt zusammen, »*ich will doch nur zu Hause bleiben*«. Gott sei Dank fügte der Herr Direktor hinzu »*schickt's an andern, der hat doch genug zu essen daham*«. Gegessen habe ich trotzdem nicht mehr, aber gelernt habe ich dafür brav. »*Kriegst was fürs gute Zeugnis*« hieß es dann. »*Ich will an Hund*«, wusste ich sofort. So kam Harry, ein Boxerrüde, in mein Leben, und sollte mich bis in meine frühe Jugend begleiten. Nach der Volksschule folgte der Besuch des Gymnasiums in Krems. Ich war mager und dünn, mit meiner markanten Nase bekam ich den Spitznamen »Mausbär«. Danach besuchte ich die Weinbauschule in Klosterneuburg. Diese Trennung von zu Hause und meinen Tieren verursachte echtes Heimweh und um ja nicht einen Tag länger im Internat bleiben zu müssen, lernte ich strebsam Theorie und Praxis von Wein- und Obstbau, Bienen- und Bodenkunde. Es war nicht nur der Wissensdurst, der mich zu guten Leistungen trieb, sondern auch die Aussicht auf baldige Heimkehr. Nach der Matura absolvierte ich den Wehrdienst bei den Wasserpionieren in Melk. Da lernte ich den Landstrich der Wachau und des Nibelungengaus schätzen und lieben. Die Wachau und das Kamptal sind die südöstliche Grenze des Böhmischen Granitplateaus. Das Zusammentreffen des Waldviertels und des Tullnerfeldes ergeben nicht nur eine mediterrane Klimanische, sondern auch geruchs- und geschmacksintensive Lebensmittel. Die geruchliche Empfindungswelt ist für mich genauso wichtig wie sehen, hören, tasten und schmecken. Wenn mich in der Jugend meine markante Nase störte, so schätze ich dieses Sinnesorgan heute immer mehr.

Alle diese Eindrücke aus meiner Kindheit ließen mich später, trotz vieler Gegenstimmen, völlig blauäugig und mutig Biowinzer werden. Durch die Spezialisierung unseres Betriebes auf Weinbau ist unser wirtschaftlicher Erfolg auf Weinverkauf ausgerichtet. Da ist ein guter Riecher schon von Vorteil, weil bei der Beurteilung der Weinqualität doch gleich nach dem Sehen, welche Klarheit und welche Farbe der Wein hat, der geruchliche Aspekt das Wichtigste ist. Der Geschmack wird vom Riechen und Sehen letztlich stark mitgeprägt. Mit dem Entschluss, vor beinahe zwei Jahrzehnten auf Bioweinbau umzustellen, sind wir diesem Trend doch um eine Nasenlänge vorausgeeilt. Ackergäule gab es in den 70ern keine mehr, aber ein paar wenige Reitpferde. So verbrachte ich jede freie Minute in irgendeinem Reitstall. Dabei lernte ich Irene kennen, eine Hunde- und Pferdenärrin, deren Eltern einen Bauernhof im Waldviertel bewirtschaften. Mein Traum ging in Erfüllung, nicht nur dass mich Irene heiratete, sondern es schenkten uns ihre Eltern zu unserer Hochzeit zwei Fohlen, zwei braune Warmblüter mit einem Stern. Nach einigen Umbauarbeiten zogen wir in *unser* Haus am Franziskanerplatz ein und arbeiteten beide im elterlichen Weinbaubetrieb mit. Es gab damals noch kein *Rooming-in*, und Hausgeburten waren zu dieser Zeit sehr ungewöhnlich, so musste ich Irene bei ihrer ersten Geburt alleine lassen und habe erst am nächsten Morgen meine Frau und meine Tochter Victoria sehen dürfen. Bei meinem zweiten Kind, Josef, der 1982 zur Welt kam, war schon einiges anders, ich durfte bei der Geburt dabei sein. Und bei Theresa, unserer Jüngsten, habe ich die Geburt vor lauter Erschöpfung schlichtweg verschlafen. Ich habe viele meiner Kindheitsträume verwirklicht, ich bin zu Hause, habe eine Familie mit Kindern, Pferden und vielen anderen Tieren. Ich bin kaum im Urlaub und arbeite auch samstags oder sonntags gerne. Das Heranwachsen der Kinder ging viel zu schnell vorbei, die tägliche gemeinsame Zeit war für Eltern und Kinder ein wunderbares Erlebnis. Den Kindern zu zeigen, wie kleine Gänse unter der Mutter aus dem Ei schlüpfen, wie die Gänsefamilie im Gänsemarsch im Garten marschiert, gemeinsam junge Zicklein aufzuziehen, die Ziege zu melken, die Hühnernester zu suchen und die Eier einzusammeln, Futter mit der Sense zu mähen, die Sense zu dengeln, den Holzrechen zu reparieren, das Pferd zu striegeln und reiten zu lernen, sind für uns alle unvergessliche Erinnerungen. Eine besondere Freude und Wonne war auch das gemeinsame Pflücken der Äpfel von *meinem* Apfelbaum in Omas Garten. Da wusste ich noch nicht, dass ich im keltischen Baumkalender im Zeichen des Apfelbaumes geboren bin.

Nach der Volksschule besuchten unsere Kinder ein sogenanntes »Ökogymnasium«, denn unser Ziel, den Betrieb auf biologisch-organische Produktionsweise umzustellen, konnten wir 1990 schließlich verwirklichen. Somit haben sich Theorie und Praxis vereint, die Kinder haben ihre Berufausbildung abgeschlossen, sind erwachsen, aber das gemeinsame Arbeiten in Stall, Garten und Weinberg erfüllt uns immer noch mit Freude und Befriedigung. Victoria hat sogar schon ihren eigenen Rotwein gekeltert. Die Kinder waren auch der wichtigste Anlass dafür, unseren eigenen roten Traubensaft zu pressen. Danach wollten wir zum Wein noch Sekt für die Familienfeiern und Essig aus eigenem Rebsaft für

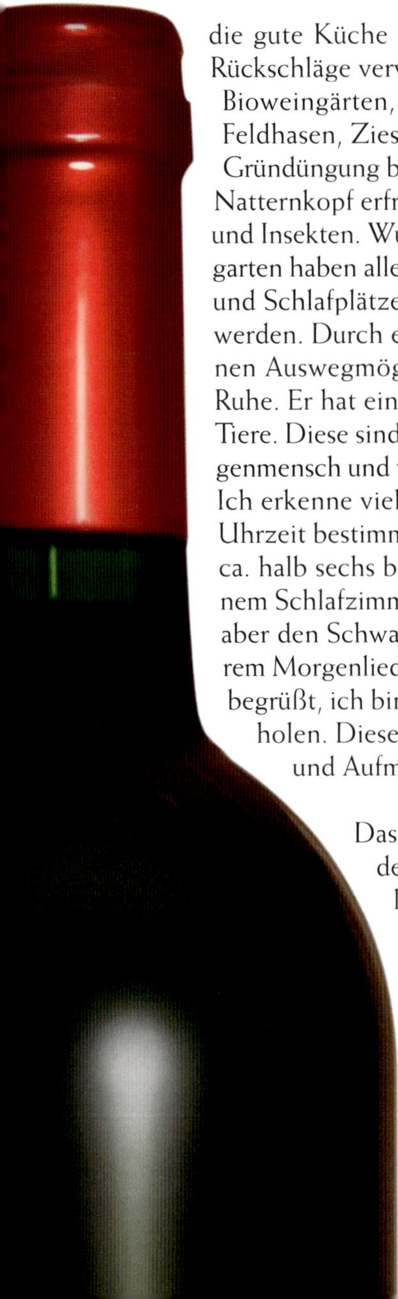

die gute Küche produzieren. Die Bioweinproduktion haben wir gemeinsam trotz mancher Rückschläge verwirklichen können. Nicht nur Weinstöcke allerlei Sorten wachsen in unseren Bioweingärten, auch viele seltene Tiere und Pflanzen haben dort ihre Heimat gefunden: Feldhasen, Ziesel, Rebhühner, Wachteln, Fasane und Weinbergschnecken fühlen sich in der Gründüngung besonders wohl, und Osterluzei, Erdweichsel, wilder Thymian, Kuhschelle und Natternkopf erfreuen nicht nur uns durch ihre Blüten, sondern auch viele Schmetterlingsarten und Insekten. Wunderschön sind die Eidechsen in den Urgesteinsterrassen. Gerade im Bioweingarten haben alle ein regelrechtes Rückzugsgebiet gefunden. Sie finden hier Nahrung, Deckung und Schlafplätze und die Sicherheit, nicht durch Insektizid- und Herbizideinsatz vergiftet zu werden. Durch eine schonende Mähweise, die nie großflächig durchgeführt wird, bleiben ihnen Auswegmöglichkeiten. Unser Sohn Sepp achtet auf Brutzeit, Jungtiere und abendliche Ruhe. Er hat ein besonders gutes Gefühl für die Rebstöcke und die Lebensgewohnheiten der Tiere. Diese sind in den Morgenstunden gut zu beobachten. Ich bin ein ausgesprochener Morgenmensch und wache zeitig auf und lausche im Bett liegend dem morgendlichen Vogelgesang. Ich erkenne viele heimische Vogelstimmen und kann am Zeitpunkt des Erklingens auch die Uhrzeit bestimmen. Das ist die sog. »Vogeluhr«, die wir etwa aus *Romeo und Julia* kennen. Um ca. halb sechs beginnt die Rauchschwalbe mit ihrem Morgengruß, am Telefondraht vor meinem Schlafzimmerfenster sitzend. Das Telefonkabel verläuft schon lange unter dem Gehsteig, aber den Schwalbendraht haben wir belassen, dafür werde ich während des Sommers mit ihrem Morgenlied beschenkt. Täglich werde ich freudig auch von unseren zwei großen Hunden begrüßt, ich bin dann meist einer der Ersten beim Bäcker, um Frühstückssemmeln und Brot zu holen. Dieser liegt am Weg zu meinen alten Pferden, die allmorgendlich ihr frisches Heu und Aufmerksamkeit geschenkt bekommen.

Das tägliche gemeinsame Frühstück aller Familienmitglieder ist mir wichtig, nach dessen Genuss wird über die bevorstehende Arbeit gesprochen. Diese ist natürlich stark vom jeweiligen Wetter und der Jahreszeit abhängig. Schlechtwetter, Herbst und Winter prägen die Kellerarbeit. Bis der Wein abgefüllt werden kann, braucht jeder Wein und jedes Fass seine spezielle Aufmerksamkeit. Schon bei der Ernte werden Weißwein- und Rotweintrauben verschieden verarbeitet. Weißweine werden vormittags geerntet, kühl und rasch gepresst, Rotweintrauben werden nachmittags geerntet, die Wärme erleichtert das Vergären auf der Maische. Das Begleiten des Gärverlaufes durch oftmaliges Kosten, das Bestimmen des richtigen Zeitpunktes zum Trennen des Weines von der Hefe ist alljährlich eine spannende Aufgabe. Der Keller wurde vor einem halben Jahrtausend erbaut und ist perfekt temperiert. Das ganze Jahr über hat er die gleiche, kühle Temperatur. Wenn ich in den Keller zu meinen Weinfässern die Stufen hinabgehe, scheint er im Sommer angenehm kühl, im Winter beruhigend warm zu sein. Der Geruch und die Finsternis der Tiefe sind für mich ein idealer Ausgleich zur Weingartenarbeit. Schönwetter im Frühling und Sommer erlauben die Pflege der Weinstöcke, die im Februar mit dem Rebschnitt beginnt. Der Austrieb der Rebknospen setzt erst Ende April ein, ist dann aber rasch und kräftig. Wir hemmen die Wuchsfreude nicht durch ein beengendes Drahtkorsett, sondern lassen den Reben die Möglichkeit, sich luftig im Wind zu bewegen und der Sonne entgegenzustreben. Durch diese Freiheit erhalten wir unsere individuellen Bioweine. Zwei Tage in der Woche bin ich unterwegs, um den Wein auszuliefern. Dabei besuche ich unsere langjährigen Kunden, mit vielen bin ich auch befreundet und lerne dadurch immer neue interessante Menschen und Geschichten kennen. All das zeigt, wie individuell und abwechslungsreich der Beruf des Winzers doch ist. Nach einem arbeitsreichen Vormittag freue ich mich auf das Mittagessen, ich esse gerne, viel und mit Begeisterung; das Essen muss auch pünktlich am Tisch sein, sonst bin ich grantig. Dass wir ausschließlich Biolebensmittel genießen, ist dabei eine Selbstverständlichkeit. Erst wenn am Abend alle und alles versorgt sind, trinken wir zum Abendessen gern ein Gläschen unseres Weines. Wir können dabei natürlich aus unserer großen Vielfalt wählen, dabei passiert nicht selten, dass wir bei zwei verschiedenen Sorten sitzen. Jedem die seine.

Das Einfache, das Alltägliche zum Besonderen zu machen, erfüllt mich mit großer Freude.

Josef Loimer

* 1955 in seinem derzeitigen Wohnhaus am Franziskanerplatz in Langenlois. Nach der Weinbauschule in Klosterneuburg Studium der Betriebswirtschaft in Wien, das er aber nach der Geburt seiner Tochter Victoria frühzeitig beendete. Seit der Familiengründung 1979 im elterlichen Betrieb tätig, der 1990 von ihm übernommen wurde. Er ist der erste Winzer im Kamptal, der für den gesamten Produktionskreislauf die Biozertifizierung erhalten hat. ▷ *www.loimerwein.at*

Kreativität à la carte

Um bewusst zu leben, muss man erst einmal ein Bewusstsein bilden. *Hermann Rosenstatter*, leidenschaftlicher Biokoch und Biobauer über Nachhaltigkeit, Entschleunigung und die Verordnung von kreativer Betätigung per Rezept.

Wenn man Menschen für den fairen Welthandel, den Klimaschutz und den Einsatz von Alternativ-Energien zu interessieren versucht, wird Langeweile schnell zum Fremdwort. *Hermann Rosenstatter*, leidenschaftlicher Biokoch und Biobauer erzählt, wie es ist, einen Erbhof mit kontrollierter und zertifizierter Bioküche zu führen, was es heißt, Verantwortung für die Nachwelt zu übernehmen und wie man die göttlichen Geschenke Humor, Spiritualität und Sexualität annimmt. Dabei spannt er den Bogen von der *Keimzelle* einer intakten Gesellschaft, der Familie, bis hin zum Jungbrunnen *Kreative Betätigung*, die uns allen per Rezept verordnet werden sollte.

Meine damals siebzehn Jahre junge Mutter schenkte mir im Jahre 1963 als erstem von fünf Söhnen das Leben. Damals war es Tradition, dass der *Erstgeborene* den elterlichen Hof übernahm. Nach intensiver Berufsberatung geschah es jedoch, dass ich nicht wie meine Vorgänger die Landwirtschaftsschule, sondern die Hotelfachschule absolvierte, denn meine Eltern glaubten an mehr Zukunfts- und Entwicklungspotenzial in der Sparte Tourismus. Sie sollten Recht behalten. Mit vereinten Kräften entwickelten wir unseren Betrieb sehr ehrgeizig. Gemeinsam mit meiner Frau Heidi, mit meinen Eltern Elisabeth und Hermann und mit einigen Mitarbeitern führen wir heute ein kleines Biohotel und unseren Biobauernhof mit Milch- und Waldwirtschaft in traditioneller Weise. Seit dem 15. Jahrhundert ist der Schiessentobelhof in Familienbesitz und schmückt sich mit dem Landeswappen »Salzburger Erbhof«. Gerne erinnere ich mich zurück an meine Kindheit, als meine Großeltern noch lebten, die fast jeden Tag vom Dorf heraufkamen, um mitzuhelfen; sowohl bei der Stallarbeit als auch bei der Heuernte, bei der Waldarbeit oder beim Bau der Frühstückspension, die meine Eltern mit hilfreicher Unterstützung einiger Verwandter im wahrsten Sinne des Wortes mit eigenen Händen errichteten und im Jahr 1975 eröffneten. Ab diesem Zeitpunkt hat sich viel in unserem Leben verändert. Landwirtschaft und Tourismus waren nun miteinander verschmolzen und zu einer großen Herausforderung unserer Familie geworden. Das war nicht nur finanziell ein Risiko, sondern auch in fachlicher Hinsicht sprangen meine Eltern *ins kalte Wasser*. Mit viel Fingerspitzengefühl und riesigem Engagement konnten sie bereits in den Anfangsjahren viele Besucher als »Stammgäste« gewinnen. Ein Hallenbad auf dem Bauernhof war damals der *Renner*. Später kamen noch ein Tennisplatz, ein Armbrustschießstand und Seminarräumlichkeiten hinzu. Während meine Mutter die Seele des Hauses war, engagierte sich mein Vater in der Politik und besonders für den Tourismus in unserem Ort und initiierte einige Projekte wie z.B. die Wiedererrichtung der Kugelmühle, den Neubau des Strandbades, das Seefest, die Gründung der Trumer-Seen-Tourismusgesellschaft mit der Seenschifffahrt und das Öko-Kulturprojekt Teufelsgraben – das alles immer mit dem begleitenden Gedanken, Landwirtschaft und Tourismus in Einklang zu bringen. So lag die Latte hoch für uns fünf Söhne. Eine kräftige Portion *Tatendrang* bekam allerdings jeder von uns mit in die Wiege gelegt: auf einem Gasthof aufzuwachsen war für uns vorteilhaft, nicht nur wegen der prall gefüllten Eistruhe, die wir oft nachts heimlich plünderten, sondern auch deshalb, weil wir bereits im Kindesalter verschiedenste Menschen, deren Kulturen und Mentalitäten kennenlernen durften.

Mein Bruder Manfred machte sich bereits im Alter von 22 Jahren selbstständig und gründete die Firma Alumero, in der jetzt auch mein jüngster Bruder Wolfgang als Prokurist tätig ist. Manfred war auch der Gründer der Firma Bauernkörberl, die das Ziel hat, hochwertige, österreichische Lebensmittel zu vermarkten. Nachdem mein Bruder Robert die etwas seltene Kombination Kunsttischler und Koch gelernt hatte, übernahm er die Firma Bauernkörberl, die heute Tochter der BioArt AG ist. Mein Bruder Peter wiederum ist Geschäftsführer einer Firma im Bau-Management und, wie fast alle Familienmitglieder, Aktionär der BioArt AG. Im Laufe der letzten zehn bis fünfzehn Jahre vollzog sich auch in unseren Unternehmungen eine Art *Ökologisierung*. Unser Bauernhof entwickelte sich zu einem Biobauernhof mit Kulturangebot, aus dem Gasthof wurde ein Biohotel für Seminar- und Urlaubsgäste. Nach der Hofübergabe investierten wir gleich in eine Hackschnitzel-Heizung und in eine hauseigene, biologische Pflanzenkläranlage. Wachgerüttelt von Vorträgen der Alternativ-Nobelpreisträger aus verschiedensten Ländern dieser Welt, die im Rahmen der Eröffnungsfeierlichkeiten unseres Öko-Kulturprojektes Teufelsgraben stattgefunden hatten, stellten wir unsere Küche auf eine 100 %ige freiwillig kontrollierte zertifizierte Bioküche um.

Die BioArt AG ist eine der ersten Adressen für den Biolebensmittelhandel. Die Firma Alumero fertigt auch Bauteile für moderne Umwelttechnik. Obwohl im Salzburger Land der Biobauern-Anteil derzeit bereits mehr als 50 % beträgt, hinkt die Vermarktung von Bioprodukten noch immer hinterher. Dieser Umstand war Anlass genug, gemeinsam mit Freunden und Kollegen in Seeham eine Vermarktungsplattform zu gründen, die nicht nur Biolebensmittel, sondern auch Ökotourismus und Ökokultur näher an die Konsumenten heranführen soll. »Seeham, die kleine Biowelt« ist der Absender dieser Vermarktungsinitiative, die mit den »Seehamer Biotagen«, einer jährlich durchgeführten Veranstaltungsreihe, die Menschen für Biothemen wie den fairen Welthandel, den Klimaschutz und den Einsatz von Alternativ-Energien zu sensibilisieren versucht. Zwei über die Gemeindegrenzen reichende Gemeinschaften sind die »Bio-Heuregion Trumer Seenland« und die »Genuss-Wurzler«. Es ist mir ein Anliegen, einige *Biopioniere* namentlich zu nennen: *Maria* und *Andreas Hofer* vom Bio-Hofladen Joglbauer; *Hans Steiner, Paul Sepplbauer; Annemarie* und *Manfred Strasser*, Kräuterhof Oberbichl; *Marianne* und *Josef Mangelberger*, Mattigtaler Hofkäserei; *Margit* und *Thomas Wallner*, erster Bio&Fair-Laden Österreichs; *Franz Keil*, Obmann der Bio-Heuregion und auch meinen Bruder *Robert Rosenstatter* als CEO der BioArt AG. Das »Salzburger Biofrühstück« und das »Bio-Paradies Salzburger Land« sind weitere Initiativen, die zur Bewusstseinsbildung der Konsumenten und zur Vermarktung unseres *Ökolandes* Salzburg beitragen sollen.

Langeweile ist in unserer Familie ein Fremdwort. Ich hatte das große Glück, in einer bäuerlichen Großfamilie aufwachsen zu dürfen. Eine »Kunst zu leben« ist es, ein harmonisches Familienleben zu gestalten. Was gibt es Schöneres als Familienfeste? Zusammensitzen, diskutieren, ein schönes Essen, eine gute Flasche Wein, und danach einmal eine Zigarre rauchen und bis in die Morgenstunden philosophieren. Die Familie ist für mich die *Keimzelle* einer intakten Gesellschaft. Eine harmonische Partnerschaft ist die Grundlage für eine funktionierende Familie. Ein gutes *Vorleben* der Eltern ist für Kinder wertvoller als »Erziehen und Bewerten«. Wir sollten auch die *Geschenke Gottes* dankbar annehmen und damit sorgsam umgehen. Zu solchen göttlichen Geschenken zähle ich bspw. Humor, Spiritualität und Kreativität sowie die Sexualität des Menschen. Der Mensch soll sich als *Ebenbild Gottes* verstehen und danach handeln. Unter anderem verantwortungsvoll, tolerant und nachhaltig. Nachhaltiges Denken ist nicht selbstverständlich. Ich glaube, es entwickelt sich mit der Lebenserfahrung, mit dem Alter und mit der Reife. Ich sehe unsere Kinder heranwachsen, Felix und Maria, meine Neffen, Paul, David und Leo, meine Nichten, Marina, Verena, Helena, Franziska, Viktoria und Johanna, und mache mir darüber Gedanken, wie es wohl weitergeht auf unserer Welt. Machen wir alles richtig im Sinne der nachkommenden Generationen? Sind wir konsequent genug, die entsprechenden Maßnahmen zu setzen? Ja, ich bin überzeugt von einem bewussten Leben. Die Geschenke der Schöpfung in Dankbarkeit annehmen, sie pflegen und bewahren ist unser leitender Gedanke.

Der respektvolle Umgang mit den Früchten der Natur prägt meine tägliche Arbeit, sowohl in der Bioküche als auch auf dem Biobauernhof. Der sorgsame Umgang mit unseren Tieren beschert mir täglich das nötige Seelenheil und eine willkommene Abwechslung zur Arbeit im Biohotel. Bei *Energieknappheit* ist ein Spaziergang oder eine Wanderung mit meiner Frau Heidi das beste Rezept. Das ist eine »Kunst zu leben« – sich einzulassen auf die Natur, sie einfach nur zu betrachten, sich selbst als einen Teil dieser unerschöpflichen Kraft zu sehen und sich selbst etwas *Aus-Zeit* zu schenken. Ich rate allen Menschen zu dieser Art *Entschleunigung*, um neue Kraft für die Aufgaben des Alltags zu schöpfen. Kraft für unsere Arbeit, unsere Berufung, die uns glücklich machen sollte, da wir Menschen einen Großteil unserer Lebenszeit mit unserer Arbeit verbringen. Bei meiner Berufung als Koch erfahre ich große Freude. Täglich darf ich aus besten biologischen Rohstoffen besondere Essen zaubern. Es liegt ganz alleine an mir, ob meine Gäste von meinem Schaffen begeistert sind oder nicht. Natürlich freue ich mich über Lob, das zu weiteren Leistungen anspornt. Entscheidend aber ist meiner Meinung nach nicht, welche Art von Arbeit man ausübt, sondern, dass man sie so gut wie nur möglich macht. Wenn Gäste mich als einen Kochkünstler bezeichnen, fühle ich mich natürlich besonders geschmeichelt.

»Die Kunst zu leben« hat für mich tatsächlich auch mit Kunst im herkömmlichen Sinn zu tun. Kunst und Begegnungen mit Künstlern nehmen in meinem Leben zunehmend größere Bedeutung ein. Künstler sind Könner mit besonderen Fähigkeiten, die als Talente von Gott gegeben oder mit viel Fleiß erlernt worden sind. Kreatives Schaffen sollte allen Erdenbürgern verordnet werden, wie ein Rezept vom Arzt für die Apotheke. Künstlerische Beschäftigungen bringen Körper, Geist und Seele in ein harmonisches Gleichgewicht und tun uns Menschen einfach gut. Dieser Anspruch des kreativen Gestaltens gehört für mich zur »Kunst zu leben« und ist nicht nur den sogenannten Künstlern vorbehalten. Ich fühle mich wohl in der Welt von Musikern, Opernsängern, Malern, Schauspielern und Autoren. Es ist eine fantastische Welt, eine Märchenwelt, eine tolerante Welt mit mehr Spielraum für Individualisten. Ich freue mich, dass heute auf unserem Biobauernhof so viele Kulturveranstaltungen stattfinden und bei unseren Gästen auf große Begeisterung stoßen.

Zu den spannendsten Begegnungen in meinem Leben zähle ich die Bekanntschaft mit Frau *Prof. Margitta Bukovski*, die Seminare für die »*Schule der Phantasie*«, ein Bildungsprojekt für Kinder, leitet. Es war ein großes Erlebnis, als einige Seehamer Bauernfamilien, die mit dem nötigen handwerklichen Geschick ausgestattet waren, zusammen mit *Margitta* viele wunderschöne Märchengestalten und die dazugehörigen Kulissen schufen, die der gestalterische Höhepunkt beim jährlichen Seefest waren. Auf Booten oder alten Zillen dezent beleuchtet, schwammen diese Kunstwerke auf dem Obertrumer See. Leider scheiterte es dann wie so oft am Verständnis der Gemeindevertreter und des Tourismusverbandes, dieses Projekt mit dem notwendigen Kapital auszustatten, um es weiter entwickeln zu können. Schade, denn den beteiligten Bauern war es bereits gelungen, einen Märchenweg mit sieben Stationen zu installieren, der zu einem touristischen Magnet werden sollte. Das Märchen »*Hänsel und Gretel*« schmückt immer noch unseren Bauernhof, und es ist immer schön anzusehen, wie sich Kinder und Erwachsene darüber freuen. Da werden Kindheitserinnerungen wach. In unserem kleinen, alten Austraghaus, von uns *Häusl* genannt, das ganz aus Holz gebaut ist, haben wir ein kleines »Kasperltheater« eingerichtet, wo ich schon einige Male Märchenlesungen für Kinder veranstalten durfte. Schon vor längerer Zeit über mehrere Jahre hindurch setzte ich das Projekt »*Kinder kochen für ihre Eltern*« um. Nun ist die verwegene Idee entstanden, aus dem Kasperltheater das vielleicht kleinste Theater Österreichs mit ca. 20 Sitzplätzen zu errichten. Solche und andere Ideen kommen oftmals von meinem Freund, dem Seehamer Künstler *Oskar-Peter Korber*, mit dem ich auch das Kunstprojekt »*Klanglichter*« realisiert habe. *Ossy* ist ein unermüdlicher Impulsgeber für künstlerische Projekte.

»Die Kunst zu leben« ist es, Menschen zu vereinen und auch verrückte oder verwegen scheinende Ideen gemeinsam zu realisieren. Als der aus den USA stammende Opernsänger *Robert Gambill* mit seiner lieben Familie bei uns zu Gast war, öffnete sich plötzlich für unsere Familie die Welt der Oper. Ich danke *Bob* für die vielen unvergesslichen *Kunstgenüsse*. Inspiriert von seiner Frau Sabine, die mich in meinem weißen Kochgewand gekleidet und an einem Strauß Kräuter riechend mit dem Arzt *Paracelsus* verglich, las auch ich das Buch »*Der König der Ärzte*« und schrieb darauf hin ein Märchen mit dem Titel »*Paracelsus und der Tanz der Elfen*«. Der geniale Mensch *Paracelsus*, welcher im Mittelalter auch in Salzburg als Arzt wirkte, gilt als Erfinder der Naturheilkunde, war Philosoph, Humanist und Wissenschaftler in einer Person. Seinen großen Mut, gegen die damalige Obrigkeit aufzutreten – kirchliche und weltliche Macht waren damals unter dem Erzbischof eins – fand ich besonders faszinierend. Außerdem war *Paracelsus* ein Freund der Bauern. Mit etwas Selbstvertrauen und viel Gottvertrauen wagte ich das Abenteuer, das Stück »*Paracelsus und der Tanz der Elfen*« auch tatsächlich aufzuführen. Die Zeit war knapp, und die Aufführungstermine bereits veröffentlicht. Eines Tages, als ich wie gewöhnlich in der Küche arbeitete, stand wie von Gott gesandt plötzlich *Rairda* vor mir. Genau sie fehlte noch in der Besetzung und spielte die Erdengöttin »*Erda*«, sang, spielte mit der Harfe und studierte mit den *Elfenkindern* den Feuertanz ein. Es war faszinierend mit anzusehen, dass einige Zuschauer bei den gelungenen Aufführungen zu Tränen gerührt waren. Ich bin überzeugt, dass jeder Mensch künstlerische Fähigkeiten besitzt, die einfach nur verborgen liegen und auf die Befreiung warten. Meine Mutter hat die Liebe zum Malen entdeckt. Meine Frau Heidi hat neben ihrem musikalischem Talent – bei der vielen Arbeit kommt das Klavierspielen leider oft zu kurz – die Portrait-Malerei begonnen. Mein Vater war ein begeisterter Trompeter und unterstützt alle unsere Kunstprojekte, nicht nur moralisch, sondern auch handwerklich. Sein letztes Werk war eine überdimensionale Feuerschale, die in einem Steinkreis ihren Platz fand. Insider haben diesen Kraftplatz bereits entdeckt. Mein Bruder Robert schweißt aus alten Metallteilen die verrücktesten Skulpturen zusammen.

»Die Kunst zu leben« hat auch etwas mit Genießen zu tun. Primär mit Essen und Trinken. In meiner Kindheit wurden auf unserem Bauernhof noch Erdäpfel, Kraut und Rüben angebaut. Vor dem Haus erstreckten sich ein großer Garten mit verschiedensten Obstbäumen und ein eingezäunter *Wurzgarten* mit Salat und Kräutern. Wir Kinder lebten unbeschwert wie im *Garten Eden* und konnten aus dem Vollen schöpfen. Besonders beliebt war unser großer Kirschbaum bei der Hofeinfahrt, der unser Kletterbaum war und aus dessen Astgabel eine Ribiselstaude herauswuchs. So hatten wir zwei Früchte auf einem Baum. Unvergesslich und vertraut blieb der Duft des Fliederbaumes und der Holunderblüten. Die gebackenen Holunderblüten und später das dunkelblaue Hollerkoch mit Zwetschken und Schwarzbrotstücken waren ein kulinarischer Höhepunkt im Jahreskreis. Die verschiedenen Jahreszeiten erlebten wir sehr intensiv, waren wir Kinder doch meistens *draußen* und in ständiger Bewegung – und saßen nicht dauernd vor dem Bildschirm. Der Genuss von Erdbeeren im Winter war damals einfach undenkbar und das war gut so. Denn die Natur schenkt den Menschen diejenigen Lebensmittel, die für ihn gerade wichtig sind. Heute legt man Gott sei Dank wieder mehr Wert auf die regionale Herkunft der Lebensmittel, auch im Sinne der Umwelt.

Ich erinnere mich an die Zeit zurück, als mein Großvater noch die Mostfässer selbst hergerichtet hat, mit Schilfhalmen die Zwischenräume der Eichenholztaufeln abdichtete und selbst einen Stöpsel für den Spund schnitzte. Ein guter Tropfen Rotwein, der im Eichenfass gelagert wurde, erinnert mich heute noch an diese Zeit. Mit Traktor und Wagen, beladen mit Mostbirnen und Äpfel, fuhren wir zum Mostpresser. Mit dem Most in den Fässern, dem Apfelsaft in den Flaschen und den ausgepressten Trebern ging es dann zurück nach Hause. Für uns Buben war es ein kulinarischer Genuss, die trockenen, aber doch noch süßen Trebern auszusaugen. Der frische köstliche Apfelsaft ging schnell zur Neige. Spannend war das Mostholen zum Mittagessen. Beim Ansaugen mit einem Gummischlauch gelangte schon mal ein ordentlicher Schluck in den Mund, bevor das köstliche, etwas bittere Getränk seinen Weg in den Mostkrug fand. War der Krug zu voll gefüllt, musste man natürlich da auch noch einen Schluck herunter trinken, bevor man ihn vielleicht gar verschüttete. Meine Großmutter verdünnte den Most mit Wasser und gab etwas Zucker dazu. Dieses Getränk war fast *kindertauglich*. Heute empfehle ich ausdrücklich Zucker nur als Gewürz zu verwenden. Denn die Dosis macht das Gift. Zucker lässt sich wunderbar durch Honig, Ahornsirup oder Birnensüße mehr als ersetzen.

Nach der Krauternte wurden die riesigen Krautköpfe in ein großes Holzfass gehobelt. Ich erinnere mich, dass sich mein Vater für das Krauttreten extra neue Gummistiefel gekauft hatte. Das Sauerkraut war gerade für die Wintermonate ein wichtiger Vitaminspender. Als kulinarischer

Hochgenuss galten für uns Kinder die selbst getrockneten Zwetschken und Birnen. In besonderer Erinnerung blieb mir noch die selbst gemachte Schokolade bei unserer Nachbarin, der Woferlbäuerin. Die gab es nur zur Winterzeit, weil die Schokolade im Schnee gekühlt werden musste. Nur einmal wöchentlich gab es ein köstliches *Fru Fru*, Sauerrahm mit Erdbeermarmelade, das beim Krämer eingekauft wurde. Apfelnudeln, Zwetschkennudeln, Nudeln nur mit Kruste und Milch oder mit Sauerkraut standen immer auf dem Wochenplan. Bei diesen Nudeln handelte es sich um Buchteln aus Germteig. Aus dem restlichen Teig machte man Zelten, ein köstliches Gebäck zur kalten Jause beim *Neun-Uhr-Brot* (Brotzeit um neun Uhr) und beim *Untern-Essen* (Nachmittagsjause um sechzehn Uhr vor der Stallarbeit). Aus den getrockneten Zelten schnitt man das Knödelbrot für die *Semmelknödel*, die zum Bratl oder zum Rostbraten gereicht wurden. In unserer Bio-Küche wenden wir noch viele Erfahrungen aus dieser vergangenen Zeit an. Die Rezepte von meiner Großmutter und Mutter sind sorgfältig verwahrt und werden natürlich immer wieder gerne nachgekocht. Ich freue mich auf die *kulinarische Fortsetzung* in unserem Haus, denn unser Sohn Felix beginnt die Hotelfachschule in Kleßheim und erlernt dort ebenfalls den Beruf des Kochs. Er träumt bereits vom Praktikum in den besten Küchen Österreichs und Frankreichs.

Als Koch glaube ich an Sprichworte wie: »*Die Liebe geht durch den Magen.*« Mit Liebe Kochen sehe ich als wichtige Säule einer gut geführten Familie. Kochen und gemeinsames Genießen ist ein Teil unserer Kultur, fördert das Gefühl der Zusammengehörigkeit und ist ein Zeichen der gegenseitigen Wertschätzung. Ich frage mich sogar, ob dadurch die eine oder andere Ehescheidung, besonders zum Wohl der Kinder, verhindert werden könnte? Außerdem hält Bioessen Leib und Seele zusammen. Und nicht vergessen: Genießen Sie Ihre Arbeit, Ihre Freizeit, die Natur, gesunde Lebensmittel, die Kultur, und »die Kunst zu leben«, denn: »*Wer nicht genießt, wird ungenießbar.*« In diesem Sinne wünsche ich Ihnen ein genussvolles langes Leben und verrate Ihnen eines meiner Lieblingsrezepte aus der Vollwertküche:

»Dinkel-Gemüsestrudel«

(Für den Strudelteig) *300 g Dinkelmehl (am besten frisch gemahlen), 1 Ei, 200 ml Süßrahm und eine Prise Salz*
Alles rasch verkneten, zwei gleich große Kugeln formen und eine Weile rasten lassen.
(Für die Fülle) *1 mittelgroßer Krautkopf, 8 Karotten, 4 gelbe Rüben, 4 kleine Zucchini, 2 Zwiebeln, 1/8 l Gemüsebrühe, 4 EL Sauerrahm oder Creme fraîche, 1 EL gehackte Kräuter, Paprikapulver, Salz, Pfeffer, 1 Ei*
Den Krautkopf in feine Streifen schneiden. Karotten, Rüben und Zucchini grob raspeln. Die Zwiebeln in kleine Würfel schneiden und in einem Topf mit großer Bodenoberfläche in Butter oder Olivenöl anschwitzen. Das vorbereitete Gemüse kurz mitschmoren und mit 1/8 l Gemüsebrühe

aufgießen, 4 Esslöffel Sauerrahm oder Creme fraîche dazugeben mit einer Messerspitze Paprikapulver, einem Esslöffel gehackter Kräuter, Salz und Pfeffer abschmecken. Die Fülle abkühlen lassen. Die Teigkugeln jeweils auf einem bemehlten Küchentuch mit dem Nudelholz ca. 40 x 40 cm ausrollen und 2/3 der Teigoberfläche mit der Fülle belegen. Zusammenrollen und auf einem Blech mit Backpapier platzieren. Die Strudel mit einem verquirrlten Ei einpinseln und bei 190 ° Celsius in Rohr knusprig backen. (Backzeit ca. 40 Minuten)

TIPP ▪ Den Strudelteig kann man auch für einen süßen Zwetschkenstrudel verwenden. 2 kg entsteinte und geviertelte Zwetschken einfach mit Honig und Zimt kräftig würzen und als Fülle verwenden. Dieser Strudel schmeckt warm mit einer Kugel Vanilleeis einfach himmlisch.

Ich danke meinem Bruder Robert, dem Initiator dieses Buches, für die Einladung, als Mitautor einen Beitrag zu leisten, die ich sehr gerne angenommen habe. Es war und ist spannend, über »die Kunst zu leben« nachzudenken.

Hermann Rosenstatter

* 1963 in Obertrum. Er absolvierte die Hotelfachschule in Kleßheim und übernahm den elterlichen Betrieb, den er gemeinsam mit seiner Frau Heidi und seinen Eltern zu einem erfolgreichen Bio-Seminar-Hotel weiterentwickelte. Seine Leidenschaften sind das Kochen mit Biolebensmitteln und Kulturinitiativen auf seinem Biobauernhof in Schiessentobel in Seeham. ▹ *www.schiessentobel.at*

Bereit zu verändern

Wer etwas verändern will, muss oft erst einmal viel Gegenwind aushalten. Biobauer *Hermann Rosenstatter senior* über die Folgen der Technisierung in der Landwirtschaft, den Verlust von Kulturland und das Verhältnis von Qualität und Menge.

Heute weiß *Hermann Rosenstatter*, dass nicht unbedingt mehr mehr sein muss, sondern, dass auch weniger mehr sein kann. In einer Zeit aber, in der das Abdecken der Grundbedürfnisse essen, wohnen, arbeiten Vorrang vor allem anderen hatte, und Umweltschutz und Wasserschutz gesellschaftliche Fremdworte waren, wussten das nur wenige Landwirte. Da er früh auf biologisch betriebene Landwirtschaft umstellte und sich politisch aktiv einbrachte, blieben ihm die negativen Folgen einer lange Zeit rein auf Menge ausgerichteten Produktion erspart.

Als mich mein Sohn Robert, der Initiator dieses Buches »Die Kunst zu leben«, ersuchte, auch einen Beitrag zu diesem Werk zu liefern, gingen meine Gedanken sofort zurück in meine Kindheit, zu meinen Eltern. Bei meinen ersten Erinnerungen als Kind tobte der 2. Weltkrieg. Meine Mutter stammte aus einer kinderreichen Familie auf einem kleinen Bauernhof in Obertrum und war eine seelengute, fleißige und gläubige Frau. Mein Vater war Hoferbe vom Schiessentobelgut, hatte aber das Pech, im zweiten Weltkrieg das rechte Bein zu verlieren. Er war oberschenkelamputiert. Trotz dieser Einschränkung hat er mit meiner Mutter mit viel Fleiß und Ausdauer seinen Hof erfolgreich geführt. Man muss bedenken, dass es in dieser Zeit fast keine Maschinen gab und alles mit Handarbeit getan werden musste. Ochsengespann – später Pferdegespann. Trotz dieser schwierigen Zeit hatte ich eine lustige Kindheit, man musste früh mit *anpacken*, was man aber nicht als negativ empfand. Das gegenseitige Helfen von Nachbarn, Verwandten war sehr ausgeprägt. Zu Kriegsende hatten meine Eltern vier Flüchtlingsfamilien aus dem Osten aufgenommen. Die eigene Familie ist zusammengerückt, die Familien im alten Bauernhaus, eine im Austraghäusl. Nach vier Klassen Volksschule in Seeham hatte ich das Glück, die Hauptschule in Seekirchen besuchen zu können. Hauptschulen waren im Land dünn gesät, nur die Klassenbesten konnten eine Hauptschule besuchen. Der Volksmund seinerzeit war *»der geht in die Hauptschule, der wird kein Bauer«*. Ich arbeitete nach der Hauptschule am elterlichen Hof mit und konnte den Umbruch in der Landwirtschaft miterleben. Durch die Technisierung verließen Knechte und Mägde die Höfe. Geld war am Hof Mangelware. Das ganze erwirtschaftete Geld wurde in neue Maschinen und Geräte gesteckt. Musik war schon immer mein Hobby. Ich spielte ab dem fünfzehnten Lebensjahr bei der Musikkapelle Seeham als 1. Flügelhornist mit, nebenbei war ich Mitglied der Tanzkapelle »*Die Seehamer Buam*«, spielte dort Trompete und besserte dadurch mein spärliches Taschengeld auf. Nach dem Krieg war Essen Mangelware, besonders für die Stadtbewohner war es schwierig die nötigen Lebensmittel für ihre Familien zu beschaffen. Der Auftrag an die Landwirtschaft war, möglichst schnell ausreichend Lebensmittel zu produzieren. Dieser Auftrag war im Lehrstoff der Landwirtschaftsschule in Kleßheim, die ich 1961 und 1962 absolvierte, Grundtenor. Eine hervorragende Schule, wo Persönlichkeitsbildung und Allgemeinwissen nicht zu kurz kamen. Die fortschreitende Technisierung der Landwirtschaft war ein bedeutendes Unterrichtsfach. Einsatz von Handelsdünger und Pflanzenschutzmitteln in hohen Mengen war höchst modern. Der gesamte Lehrstoff, sei es im Pflanzenbau oder in der Tierzucht, war auf Produktionssteigerung ausgerichtet. 1966 heiratete ich meine Frau Elisabeth, eine Bauerstochter vom Schupfnergut in Seeham, und zugleich erbten wir das Schiessentobelgut, einen Erbhof, der seit 1608 in der Familie meiner Eltern war.

Ich hatte das Glück, eine wunderbare, fleißige und intelligente Frau zu bekommen, die heute, auch nach 43 Ehejahren, noch hübsch und elegant ist. Sie ist eine Partnerin, mit der man durch dick und dünn gehen kann. Sie hat mir fünf Söhne geschenkt, die alle mit ihren Familien erfolgreich unterwegs sind. Man kann echt stolz auf sie sein. Als frischgebackener, moderner Bauer bestand natürlich das Bedürfnis, das in der Schule Gelernte in die Praxis umzusetzen. Waren meine Eltern noch zum größten Teil Selbstversorger – es wurden neben der Milchwirtschaft Schweine und Hühner gehalten, Roggen, Weizen, Hafer, Rüben, Kartoffeln und Kraut angebaut – so war diese Betriebsform ohne Knechte und Mägde, nur innerhalb der Familie und mit Maschinen nicht mehr möglich und auch unwirtschaftlich. Der Umstieg auf reines Grünland und eine Produktion in Richtung Menge waren die Antworten. Umweltschutz und Wasserschutz waren in dieser Zeit in der gesamten Gesellschaft ein Fremdwort. Es war die Zeit, in der das Abdecken der Grundbedürfnisse essen, wohnen, arbeiten Vorrang vor allem anderen hatte. Der Einsatz der Maschinen verlangte Begradigungen, ein Ausräumen der Landschaft, Obstbäume standen im Weg. Beim Bauen von Häusern sparte man an den Fassaden, man hatte für das Schöne wenig Sinn. Wilde Mülldeponien und fehlende Kläranlagen der Kommunen – man dachte sich nichts dabei. Durch das Nichterkennen des Wertes wurde besonders in der Landwirtschaft viel altes Kulturgut einfach vernichtet. Es musste einfach neu sein. Ich bin von Grund auf ein sehr naturverbundener und tierliebender Mensch. Schon als Bub war »*Der kleine Brehm*«, ein Buch über Tier und Pflanzenwelt, mein Lieb-

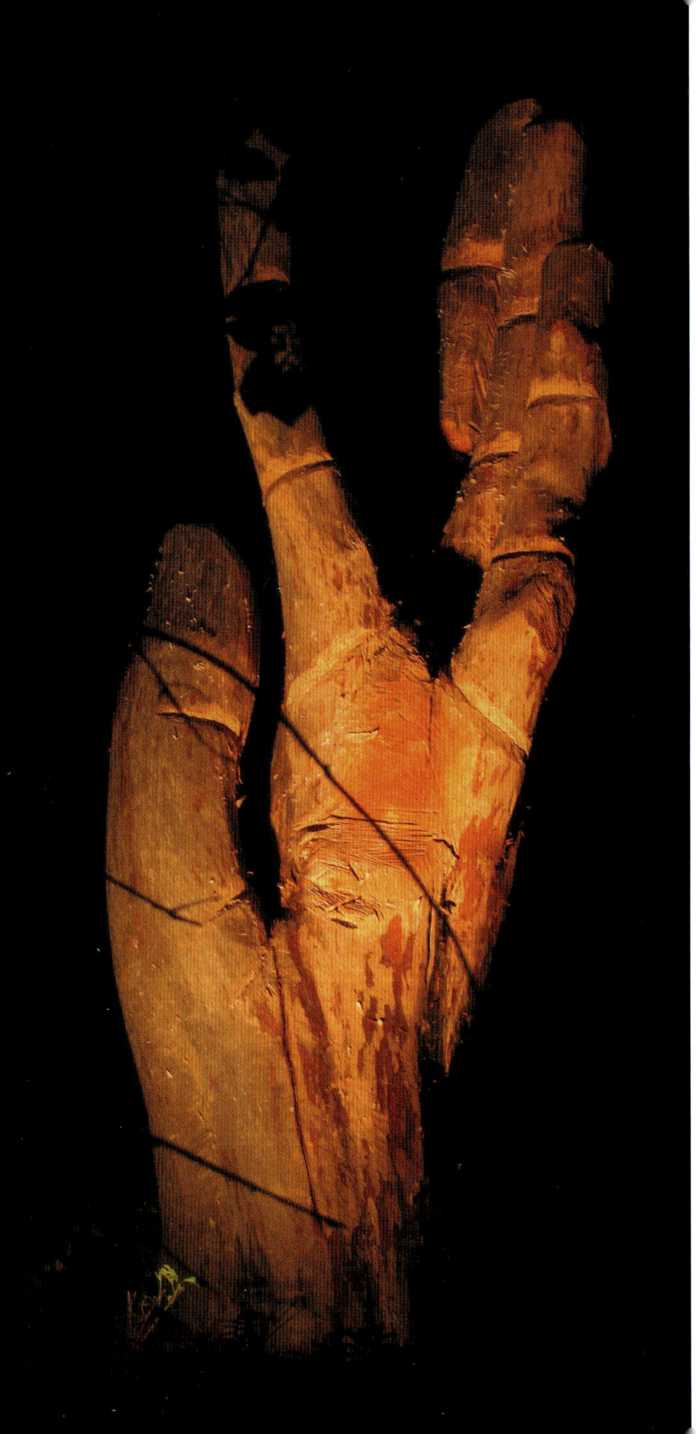

lingsbuch. So hat es mich sehr getroffen, als Anfang der 80er-Jahre eines Tages der Obertrumer See, durch das Fehlen einer Kläranlage bedingt, rot zu blühen begann (Rotalge). Als auf unserer Wiese der Bürstling (Unkraut, das die Kühe nicht fressen) zuerst vereinzelt, dann in rauen Mengen (durch überhöhte Stickstoffgaben und ein verarmtes Bodenleben) zu wachsen begann. Als mich eines Tages ein alter Käsereibesitzer ansprach und sagte: »*Wenn ihr Bauern mit eurer Treiberei (sprich überhöhte Stickstoffdüngung) nicht aufhört, können wir bald aus eurer Milch keinen guten Emmentalerkäse mehr machen.*« Als man in den Medien erfuhr, dass in verschiedenen Gebieten in Ostösterreich durch überhöhten Einsatz von Stickstoffdüngungen und Pflanzenschutzmitteln das Trinkwasser gefährdet war. Und als von uns Bauern dann Absatzförderungsbeiträge verlangt wurden, um Überschüsse von Milch und Butterbergen abzubauen, begann bei mir ein Nachdenken über die Sinnhaftigkeit unseres Handelns einzusetzen. Bei mir hat sich ein Grundsatz verankert, dass nicht unbedingt mehr mehr sein muss, sondern, dass auch weniger mehr sein kann. Qualitätsproduktion muss vor Mengenproduktion stehen. Ich hatte die Möglichkeit im Gemeinderat und Tourismusverband von Seeham meine Anliegen einzubringen. Es freute mich, dass Seeham Modellgemeinde für ökologische Wirtschaftsdüngertechnik wurde und dass die beiden Liefergenossenschaften Matzing und Aspoding Initiatoren bei der Einführung des freiwilligen Lieferverzichts bei Milch in Österreich waren. Das Zusammenspiel zwischen Biolandwirtschaft, Ökotourismus und Ökokultur spielt heute in Seeham eine zentrale Rolle. Das Bestreben, durch Züchtung und Fütterung die Milchkühe zu Höchstleistungen zu bringen, hatte ich schon damals nicht mehr mitgemacht. Die Grundsätze des biologischen Landbaues – gesunde Böden, gesundes Wasser, gesunde Tiere, gesunde Pflanzen, gesunde Lebensmittel, gesunder Mensch – haben sich bei mir immer mehr vertieft. Ich bewundere heute noch die Pionierarbeit der Biobauern der ersten Stunde. Sie mussten viel Gegenwind aushalten. Wir haben 1995 nach Bau eines neuen Laufstalles unseren Betrieb auf biologische Landwirtschaft, eine moderne und nachhaltige Form der Landbewirtschaftung, umgestellt. Das Land Salzburg ist eine Hochburg im Biolandbau. 50 % der Bauern betreiben eine Biolandwirtschaft. Nun gilt es durch eine richtige Verarbeitung und Veredelung der Bioprodukte und einer klugen Vermarktung die Konsumenten und Urlaubsgäste von der Hochwertigkeit dieser Produkte zu überzeugen.

»Die Kunst zu leben« ist die Bereitschaft Dinge, die man als nicht richtig erkannt hat, zu ändern.

Hermann Rosenstatter sen.

*1937, absolvierte die Landwirtschaftsschule in Klessheim und übernahm 1966 die Landwirtschaft von seinen Eltern. 1975 folgte der Einstieg in die Sparte Tourismus – als zweites Standbein – durch den Bau einer Pension. In verschiedenen politischen Gremien und Berufsvertretungen tätig, bleibt sein großes Anliegen die Zusammenarbeit von biologischer Landwirtschaft und ökologischem Tourismus.

epilog

Die KUNST *zu* LEBEN

… steht immer im Mittelpunkt der vorliegenden Ausführungen. Die Lebenskunst hingegen stets in der Gegenwart – dem Mittelpunkt der Zeit.

Das vorliegende Buch schreitet mehr und mehr in die Vergangenheit. Seine Inhalte mögen die Gabe besitzen, in die Zukunft hinein zu wirken.

Wie dieses Buch Niederschriften für die Zukunft aus der Vergangenheit festzuhalten sucht, so mögen die Erfahrungen aus der Vergangenheit die Zukunft befruchten!

Dieses erste Buch einer sich womöglich weiterentwickelnden Reihe bildet die Grundlage, das Fundament für die Zukunft. Autoren für weitere und dann themenbezogene Bände, wie etwa BioArt-*Handwerk*, BioArt-*Kulinarik*, BioArt-*Gesundheit* und viele mehr sind ausreichend vorhanden – eine große Freude und Bestätigung für uns.

Nun fehlen nur noch entsprechend viele Interessenten, welche durch ihren Kauf und Vertrieb dieses Buches den Wunsch unterstreichen, dass es weitergehen soll!

Mit BioArt in die Zukunft, das wünsche ich uns allen und bedanke mich von Herzen für das bisher Geleistete bei sämtlichen Mitwirkenden.

Peter Daniell Porsche
Salzburg, im November 2010

Bildnachweis

Titel ▪ Foto *(Peter Hecht)* Bildgestaltung *(Alexandra Diess)* © MIG ● 9/13/14 ▪ © BioArt AG ● 17 ▪ *Robert Rosenstatter* / © Daniela Reiter ● 19 ▪ ›Aktionsmalerei in Gelb‹ *(Robert Costa)* / © Daniela Reiter ● 23/24/27/28 ▪ © Tobias Hitsch ● 30 ▪ © Hannes Reithmayr ● 31 ▪ *Peter Daniell Porsche* / © Andreas Hechenberger ● 36 ▪ © Mario Del Curto ● 41 ▪ © Boris Zapata ● 42 ▪ © Mario Del Curto ● 45 ▪ *Georg Daxner* / © Andreas Hauch ● 47/48/50/51/52 ▪ © Peter Semperboni ● 53 ▪ *Peter Semperboni* / © Nermina Auböck ● 55 ▪ ›Die Nonne‹ *(O.P. Korber)* / © Oskar-Peter Korber ● 56 ▪ ›Der rote Felsen‹ *(O.P. Korber)* / © Oskar-Peter Korber ● 59 ▪ ›Die Kraft‹ *(O.P. Korber)* / © Oskar-Peter Korber ● 60 ▪ ›Die Päpstin‹ *(O.P. Korber)* / © Oskar-Peter Korber ● 61 ▪ *links*¬ ›Der Moloch‹ *(O.P. Korber)* / © Oskar-Peter Korber *rechts*¬ *Oskar-Peter Korber* / © Daniela Reiter ● 63 ▪ ›Abstraktion‹ *(Robert Costa)* / © Daniela Reiter ● 64 ▪ *links*¬ ›Abstraktion‹ *(Robert Costa)* / © Daniela Reiter *rechts*¬ ›Akt‹ *(Robert Costa)* / © Daniela Reiter ● 66 ▪ ›Abstraktion‹ *(Robert Costa)* / © Daniela Reiter ● 67 ▪ *Robert Costa* / © Daniela Reiter ● 69 ▪ ›Ausblick‹ *(1000&)* / © ›MAHA‹ ● 70 ▪ ›Graffiti‹ *(1000&)* / © ›MAHA‹ ● 75 ▪ ›LebensZeichen‹ [2001]: Ein Kilo Rind 4 Mark 50. Ein Meter Gucci 300 Mark‹ *(1000&)* / © ›MAHA‹ ● 76 ▪ ›LebensZeichen‹ [2004]: Warum achten die uns schlachten‹ *(1000&)* / © ›MAHA‹ ● 78 ▪ *links*¬ ›Stele 9/11 [2006] Vorderseite‹ *(1000&)* *rechts*¬ ›Stele 9/11 [2006] Rückseite‹ *(1000&)* / © ›MAHA‹ ● 80 ▪ ›LebensZeichen [2007]: Freedom‹ *(1000&)* / © ›MAHA‹ ● 81 ▪ *1000&* / © ›MAHA‹ ● 85/86 ▪ © Beckmann-Musik® ● 89/90 ▪ © PHOTOGRÄFIN Schloss Hagenau ● 91 ▪ *Matthias Michael Beckmann* / © PHOTOGRÄFIN Schloss Hagenau ● 93 ▪ © Fotolia XXII ● 95 ▪ Kalligraphie / © Alexandra Diess ● 105 ▪ © Peter Hecht ● 111 ▪ *Anton A. Bucher* / © Anton A. Bucher ● 114/117/120/124 ▪ © Gerhard W. Hacker ● 125 ▪ *Gerhard W. Hacker* / © Ursula Demarmels ● 127 ▪ Else-Klink-Ensemble Stuttgart/Goetheanum-Bühne Dornach: Symphonie/Eurythmie 2008 / © Charlotte Fischer ● 128 ▪ Goetheanum-Bühne Dornach: Symphonie/Eurythmie 2008 / © Charlotte Fischer ● 132/137 ▪ *Astrid Walter* / © Ilmarin Hitsch ● 139 ▪ © NASA/courtesy of nasaimages.org ● 144 ▪ © Ursula Demarmels ● 145 ▪ *Ursula Demarmels* / © Foto-Studio Haidenthaler ● 147 ▪ © IWOK-group.com ● 150 ▪ © Max Deml ● 155 ▪ © BioArt AG ● 159 ▪ *Max Deml* / © Tobias Deml ● 166 ▪ © Tlrmq/published under Creative Commons license ShareAlike 3.0 ● 171 ▪ *Markus Pausch* / © Yuliya Tsivkovska ● 174 ▪ © Günter Standl ● 177 ▪ © Todd Pierce ● 178 ▪ © Ronny Kreimel ● 179 ▪ *Erwin Thoma* / © Harald Willenbrock ● 183/184 ▪ Grafiken *Reinhard Simbürger* © Walter Trausner ● 185 ▪ *Walter Trausner* / © Miguel Dieterich ● 187/188/189/190 ▪ © Rolf Karner / karnerkreativ.com ● 191 ▪ *Reinhold Barta* / © Brauhaus Gusswerk ● 193 ▪ © Tobias Hitsch ● 197/198/199 ▪ © Theo Häni ● 201 ▪ © Peter Hecht ● 204 ▪ ›Letztes Abendmahl‹ *(Robert Costa)* / © Daniela Reiter ● 207 ▪ *Jutta Costa* / © Daniela Reiter ● 212 ▪ © Gottfried Sandböck ● 213 ▪ *Gottfried Sandböck* / © Kathleen Sandböck ● 218 ▪ ›Abbruchkante‹ *(Sylvia Vandermeer)* / © www.galerie-meiku.com ● 219 ▪ *Roswitha M. Reisinger & Christian Brandstätter* / © Herfert ● 221 ▪ © Tobias Hitsch ● 223 ▪ *Katerina Jacob* / © SammyHart.com ● 225 ▪ *Katerina Jacob* / © ManfredBaumann.com ● 229/230 ▪ © Peter Hecht ● 233 ▪ *Peter Hecht* / © BioAustria ● 237 ▪ © Beatrix Neiss ● 238 ▪ © Daniela Reiter ● 239 ▪ *Josef Loimer* / © Beatrix Neiss ● 243 ▪ © BioArt AG ● 244 ▪ © EZA ● 246 ▪ © Hermann Rosenstatter ● 249 ▪ *Hermann Rosenstatter* / © Daniela Reiter ● 252 ▪ © Hermann Rosenstatter ● 253 ▪ *Hermann Rosenstatter sen.* / © Daniela Reiter